应用文写作教程

主编　林树梓　司晓辉

图书在版编目(CIP)数据

应用文写作教程/林树梓,司晓辉主编.—天津:天津大学出版社,2015.9(2019.1重印)
ISBN 978-7-5618-5404-4

Ⅰ.①应… Ⅱ.①林… ②司… Ⅲ.①汉语-应用文-写作-教材 Ⅳ.①H152.3

中国版本图书馆CIP数据核字(2015)第199071号

出版发行 天津大学出版社
地　　址 天津市卫津路92号天津大学内(邮编:300072)
电　　话 发行部:022-27403647
网　　址 publish.tju.edu.cn
印　　刷 北京盛通印刷股份有限公司
经　　销 全国各地新华书店
开　　本 185mm×260mm
印　　张 15.5
字　　数 393千
版　　次 2015年9月第1版
印　　次 2019年1月第9次
定　　价 34.00元

《应用文写作教程》编委会

总策划　祝瑞花

主　编　林树梓　司晓辉

副主编　高淑珍　任淑芹

前　言

在现代社会，应用文已经逐渐社会化、大众化，应用文写作是人们必须具备的技能之一。应用文写作课程是高等院校人才培养课程体系中一门重要的公共基础课，它对学生综合素质的提高，知识结构、逻辑思维和分析能力的完善与加强等都有极其重要的作用。应用文写作作为体现和拓展大学毕业生素质与技能的一个重要载体，以其愈加显著的广泛性和实用性，对大学毕业生未来发展起到了非常重要的作用。近年来，各级各类高等院校在积极探索应用文写作课程的与改革建设，更新教学理念，创新教学模式与方法，注重学生应用写作的思维训练，强化实践教学，创设接近工作实际的场景或任务，既注意形式上的真实感，更注意内容上的真实需要，使学生有明确的目的性和强烈的应用意识，达到了良好的教学效果。

作为教学改革和课程建设的一个重要组成部分，教材建设一直是人们下大力气在做的一项基础工作。如何编写出一套能突出实践、利于训练、有效提高学生实际操作能力的应用文写作教材，是大家一直追求的目标。经过多年的积累和探索，依据《教育部关于“十二五”职业教育教材建设的若干意见》精神，我们编写出版本册教材，将最大可能从教材内容、类型结构、创新形式和配套建设等方面体现出自己的特色。

1. 在内容体系设计上，本着“必需、够用”的基本原则，尽量避免以往同类教材中“系统性和严密性”的套路，坚持以实用性和针对性为出发点，只求适用，不求大全，以立足于解决实际问题为目的，把教学的侧重点定位在对学生应用写作能力的培养方面，使学生能够切实掌握生活与工作中所必需的应用文体写作技能。

2. 适应项目学习、案例学习，科学安排知识模块，体现出合理性和逻辑性。每一单元均明确知识目标、能力目标，突出实际案例体验，加强实际操作训练环节。

3. 每一文体引入实际案例，增强直观性，创设实用情境，使学生易于完成学习（工作）任务。

4. 在编写中将对例文的选择作为重点工作，力求选用最新、最具代表性的，反映当下与人们工作和生活密切相关的真实而规范的应用文作为例文,并进行准确而到位的评析,利于激发学生的学习兴趣,直观地掌握应用文写作要领。

5. 写作训练避免以知识记忆为目的,强调实践性和适用性。

本书由林树梓、司晓辉担任主编,高淑珍、任淑芹担任副主编,陈艳、张荣和、马艳、刘成拥参加编写。

本书在编写过程中,参考了一些同类教材、专著或有关资料,在此向各位专家表示诚挚的谢意。由于编者水平所限,书中难免有不当之处,敬请批评指正。

编　者

2015 年 6 月

目　录

第一章 绪论

第一节 应用文概述

在我国,一般认为应用文是伴随着文字的产生而产生的,最早可以追溯至距今三千多年前的殷商晚期甲骨文。而正式把应用文作为一种文体提出并进行深入研究的是清代学者刘熙载,他在《艺概·文概》中说:辞命体,推之即可为一切应用之文。应用文有上行,有平行,有下行。重其辞乃所以重其实也。20世纪30年代,著名作家、翻译家陈子展先生著有《应用文作法讲话》,这对应用文成为一门独立的学科以及应用文教学和研究产生了重要的影响。

现代社会,人们对应用文非常重视,因为应用文的使用领域和范围非常广泛,几乎涵盖了人们日常工作和生活中的各种事务;应用文的作用也日益突出,很多时候它决定了工作的效率和质量。尤其是对当代大学生来讲,对应用文的掌握是构成大学毕业生综合素质的重要因素,对大学生的工作发展和职业规划将发挥重要作用。美国著名的未来学家约翰·奈斯比特在他的代表作《大趋势》一书中指出,由工业社会向信息社会的过渡中,有三件最重要的事应该记住,其中一件即在这个文字密集的社会里,我们比以往更需要具备基本的读写技巧。我国著名的教育家叶圣陶先生更是明确指出,大学毕业生不一定要能写小说、诗歌,但一定要能写工作和生活中实用的文章,而且非写得既通顺又扎实不可。应用文写作作为体现和拓展大学毕业生素质与技能的一个重要载体,以其愈加显著的广泛性和实用性,使人们越来越认识到应用文写作能力成为一个大学毕业生能否最大限度地发挥其专业技能、快速成长的重要因素。

一、应用文的概念

虽然人们对应用文的概念还没有一个统一的表述,但在应用文与人们的工作、学习、生活紧密联系的实用性,处理不同情况下不同事务的明确针对性,基本结构和写法具有规范或惯用的格式等基本特征上,人们的认识是明确而统一的。

因此,我们可以对应用文的概念作如下表述:应用文是人们在工作、学习、生活中处理公务和个人事务时所使用的具有规范或惯用体式,并具备明确的目的性的一种实用文体。

二、应用文的特点

应用文作为一种文体与其他文体相比，有其鲜明的特点。一般来说，应用文的特点主要有以下几个。

1. 实用性

应用文最大的特点体现在“实用”上，这是应用文与其他文体最主要的区别之一。应用文的写作就是为了解决实际问题，机关之间布置任务、汇报工作或反映情况，经常要用到公文；经济活动中，要用到合作意向书、经济合同、市场调查报告等；日常工作中，要有计划，有总结；大学毕业生就业，要用到求职信和个人简历；个人购房、购车，要用到购房合同、购车合同以及保险合同和贷款合同；其他如请假、借款借物，要写请假条，要立下借据。凡此种种，每写一种应用文，其目的就是为了实用，所以人们也往往称应用文为实用文。

2. 真实性

真实性是应用文的本质要求，应用文的写作内容必须真实、客观，实事求是地反映问题、反映情况，客观的事实、确凿的依据、充分的理由、准确的数据，一切从实际出发，不能渲染、夸张，更不能发挥主观想象虚构或进行艺术再加工，否则就会歪曲事实真相，起到误导、蒙骗的副作用，给人们带来损害，给社会带来不良影响。

3. 程式性

程式性是应用文区别于其他文体的又一显著特点。由于应用文的使用范围、使用程序、使用目的无不关系各种机关、团体、社会组织及其日常工作中的公共事务，无不关系个人工作与生活中的各种事务，而这些个人事务又必须与他人和机关、团体、社会组织发生联系，这就决定了应用文鲜明的程式性特点，决定了应用文的基本结构和写法必须有统一的要求，不能像其他文体一样，不拘一格，行文无定式，标新立异，随意编排。应用文在长期的实践中形成了统一的、规范的或惯用的格式，有的是由国家、有关部门统一制定的规范的格式，如党政机关公文，任何机关不得随意更改；更多的是长期以来人们约定俗成、相沿成习而形成的惯用的格式，如事务文书、日常文书等，细微之处可以有差别，但主要内容和基本结构必须遵守。当然，应用文的格式也是发展的，不是一成不变的，随着社会的发展、人们生活的变化和工作的需要、观念的变化，应用文写作格式也会变化，使它更能适应人们工作和生活的需要，更加顺应社会发展的需要。但这种变化也是统一的变化，不能任意改变，如 2012 年 7 月 1 日起执行的《党政机关公文处理工作条例》，对党政机关公文的格式作了新的规定，今后的党政机关公文就要按照新的格式制作。

4. 针对性

应用文的实用性特点决定了应用文具有明确的针对性，应用文的每一个文种都有明确、直接的对象，如书信的收信人、请示与报告的上级机关、合同的双方、求职的单位，即使广告、启事和海报也是有针对的群体，只不过对象的范围大一些。而文学作品的阅读对象往往不明确，没有严格的针对性，像一首诗、一篇小说，没有设定的对象，无法设定读者群，谁都可以看，也可以没有人看。

5. 时效性

应用文是为了解决实际问题而写，实际问题的处理和解决在时间上是有着严格要求的，所以应用文对时效性有着很高的要求。现实生活与工作中，新闻事件的报道、突发情况的报告、重要通知的下发，必须迅速及时；工作计划的制订、总结的完成、求职文件的制作，都要按规定时间完成；尤其是在当今竞争激烈的市场经济中，市场信息的传递与反馈是否迅捷、经济活动能否及时把握，关系到企业的经济效益乃至企业的生存和发展，而这些都要落实到经济类应用文书上。因此，应用文的制作，包括应用文的处理，都要讲求时效性，否则贻误时机，错过解决问题的最佳时间，将会给学习、工作和生活带来诸多不利。

6. 平实性

应用文的实用性特点，也决定了其语言的简洁、朴实、明确、规范，不求生动形象，只求客观准确、明快易懂，以便于理解执行。简明平实是应用文写作的基本风格。

三、应用文的作用

1. 规范管理作用

机关、团体、企事业单位和其他社会组织在处理公务时，会产生大量的应用文，无论是上级部门传达文件、部署工作，还是下级部门汇报工作、反映情况，也包括日常工作中的计划、总结等，都是规范管理的重要内容和方式，具有重要的作用。

2. 沟通联系作用

人们在处理公务和个人事务时，单位与单位之间、个人与单位之间、个人与个人之间，需要保持良好的沟通联系，应用文在这种沟通联系中发挥着重要的桥梁和纽带作用，比如上下级之间的上情下达、下情上报，各单位之间的信息传递、经验交流，个人之间通过书信表达意愿等。

3. 宣传教育作用

党和国家通过应用文下达各种文件、法规、制度，向全国宣传党和国家的方针政策，各级政府和部门也通过应用文推广先进经验、表扬先进人物、批评揭露不良现象，以此来提高人们的思想政治觉悟，规范人们的行为，保障社会的安定，推动各项事业的健康发展。应用文起到了重要的宣传教育作用。

4. 依据凭证作用

在开展工作，解决、处理各种问题时，应用文发挥着重要的依据和凭证作用。上级下达的文件、党和政府颁布的法规、有关方面的规章制度，都可作为开展工作和检查工作的依据；而协议书、合同文本、单据等，则是经济活动和个人事务中的凭证，可以对当事方起到约束作用，一旦出现问题和纠纷，唯有相关凭证，才能保证问题和纠纷的合理解决，维护当事人的自身利益。此外，很多重要的应用文也是历史档案资料，起到重要的历史凭证作用。

四、应用文的分类

应用文种类繁多，分类标准不一，并没有统一的分类体系，我们根据教学的需要，依据应用文的适用范围，作如下划分。

1. 党政机关公文

根据2012年4月16日发布的《党政机关公文处理工作条例》规定，我国党政机关公文包括决议、决定、命令(令)、公报、公告、通告、意见、通知、通报、报告、请示、批复、议案、函、纪要共15种。

2. 日常文书

日常文书包括条据、启事、海报、书信等。

3. 事务文书

事务文书包括计划、总结、调查报告等。

4. 经济文书

经济文书包括合同、市场调查报告、商业广告等。

5. 科技文书

科技文书包括产品说明书、毕业论文、毕业设计报告等。

6. 诉讼文书

诉讼文书包括起诉状、上诉状、申诉状、答辩状等。

7. 新闻

新闻包括消息、通讯等。

第二节　应用文写作概述

一、应用文写作的基本构成要素

应用文写作具有鲜明的规范性和程式化特点，必须按照应用文在格式和写法上的要求，掌握应用文写作的基本构成要素，如主旨、材料、结构、语言等，才能写出规范得体的应用文。

(一)应用文的主旨

1. 主旨的概念

应用文的主旨是一篇应用文的中心思想或基本观点，具体是指文章在说明问题、反映情况、提出意见时所要表达的意图、信息、观点或态度。应用文的主旨是应用文的灵魂，一篇应用文写得好不好，主要看主旨是否正确、鲜明。主旨不正确、不鲜明，必然影响应用文的作用，达不到应用文的写作目的。

2. 主旨确立的原则

(1)正确

正确，是对主旨的基本要求，即任何一种应用文的主旨都要符合国家的法律、法令，符合党和国家的方针政策，符合客观实际情况，正确反映事物的本质和规律，这样才能保证应用文的正确使用。

(2)明确

应用文的主旨必须是确定无疑的，不能隐晦、含糊，不可模棱两可；否则，会在使用当中造成理解上的偏差，影响工作的处理和问题的解决。所以，任何一种应用文的主旨都要做到明确、清晰、具体。

(3)集中

应用文的实用性和针对性特点决定了应用文的主旨必须单一，重点突出，其中心思想或基本观点要集中于一点，针对的是一个工作或一个问题，如果主旨不集中，则会使应用文的写作目的模糊不清，影响应用文的使用。所以，大多数应用文是一文一事一主题，有些比较复杂的应用文，如总结、报告、通讯等，有时涉及的是几件事情，但必须围绕一个中心，体现的依然是一个主题。

(二)应用文的材料

1. 材料的概念

应用文的材料是指作者为体现文章主旨而使用的客观事实和理论依据。应用文的材料可以分为事实材料和理论材料,事实材料包括事件、情况、数字等,理论材料包括方针、政策、法律法规、科学原理等。应用文的材料是体现文章主旨的客观依据,主旨是靠材料来支撑的。

2. 材料选择的原则

(1)真实

应用文的材料必须是客观准确的,既能全面反映事物的真实情况,又能揭示事物的本质规律。材料只有真实,才能为应用文主旨的表述增加说服力。

(2)典型

典型性是材料选择的一个重要原则,要求材料全面真实,而不是无原则的堆砌,而是要选择具有代表性的能反映事物主要矛盾的材料,这样才能有助于体现文章主旨,发挥应用文的实用性功能;否则,不仅无助于应用文主旨的表达,而且也会影响应用文的效能与权威。

(3)新颖

材料的新颖是指选择那些能反映时代特点的新事物、新材料、新经验、新问题、新做法,加以科学的总结和概括,才能写出新意,更好地发挥应用文的作用。

(三)应用文的结构

应用文的结构是指文章对材料进行的组织安排。应用文的结构安排得是否合理,直接关系到应用文的质量。人们通常把主旨称作应用文的灵魂,材料称作应用文的血肉,结构则是应用文的骨架。可见,应用文的结构安排好,可以使应用文更好地发挥效用。

应用文结构的主要表现形式是层次的安排和开头与结尾的方式。

1. 层次的安排

层次是文章内容的表现次序,是文章内容之间的逻辑联系,也是作者思路的反映。层次与段落有机相连,可以说段落是层次的一种外在表现形式。应用文常见的层次安排有三种形式:递进式、并列式、总分式。

(1)递进式

递进式是按照人们认识事物的规律逐层深入展开文章内容的结构形式,或按时间关系,或按因果关系,或按工作步骤,一层一层步步深入。通知、决定、指示、通讯的结构形式多采用这种形式。

(2)并列式

并列式是按照平行关系逐一展开文章内容的结构形式。计划、合同、报告、讲话、纪要、指示、通知等常采用这种结构形式。

(3)总分式

总分式是按照总述和分述的关系展开文章内容的结构形式,即各个层次之间的关系是由"总"到"分",或者由"分"到"总",有的先总述后分述,有的先提出问题,然后分述,最后得出结论。政府工作报告、调查报告、总结等常采用这种结构形式。

以上就应用文结构中的层次作了简要介绍,但在实际运用中,上述3种形式并不是界限分明的,而是几种形式相互交叉使用。总之,形式的选择与运用,主要应遵循有利于应用文主旨的表述和结构顺畅严谨的原则。

2. 开头和结尾的方式

应用文的开头与结尾有以下几种方式。

(1)开头

1)概述式。这种开头是用叙述的方法,概括地写出基本情况、问题或过程,多用于报告、总结、决定、决议等。

2)目的式。这种开头通常以简明的语言说明应用文的目的,或开头概述情况,而后引出主旨。这种写法多用于通知、通告、决定、条例、规则等。

3)缘由式。缘由式开头即以上级文件、领导指示或有关法规、规定作为行文的依据和出发点,多用于通知、通告等。

4)直述式。这种开头的方式,开宗明义,直接切入正题,多用于批复等。

(2)结尾

1)自然结束。一份应用文要阐明的问题说完了,全文也就自然结束。

2)提出请求。这种结尾都用于上行文。请示、报告、函等文件常用这种方式结尾。如请示的结尾一般是:"以上意见妥否,请批示。"请求上级批转的报告,结尾一般是:"以上报告如无不妥,请批转各地或相关部门依照执行。"

3)指出方向。此种方式即在结尾提出努力方向,发出号召,多用于通知、通报、决定等。

4)提出要求。在结尾时就贯彻执行中的有关事项提出要求,这种方式多用于通知、通报等下行文。如通知的结尾:"请按照通知的要求,认真执行。"

(四)应用文的语言

应用文的语言不同于文学作品的语言,它必须符合应用文实用性、真实性、程式性的特点,否则就会影响应用文的作用。

1. 应用文语言的要求

(1)准确

准确是对应用文语言的最基本要求。语言准确,才能使概念明确,语义清晰,表述符合逻辑,从而保证应用文在使用过程中不会出现偏差,更好地发挥作用。因此,在撰写应用文时,用词要确切、恰当,语法要规范,对关键词句要仔细斟酌推敲,尤其注意同义词、近义词在词义、色彩、适用范围等方面的细微差别,从中选用最确切的词语;正确使用专业术语和行业用语,不能生造词语,不能滥用简缩词语。

如果语言不准确,对传达、理解和贯彻执行文件精神以及维护应用文的权威性都是不利的,会影响应用文政治性、指导性、权威性、实用性作用的发挥以及工作的开展和问题的解决。

(2)简明

简明是指应用文的语言要简洁明了。写应用文的目的是为了解决实际问题,所以应用文的语言应讲求实用,抓住关键问题、关键矛盾,简明扼要,表达主旨,避免冗长繁杂,影响应用文的效用。

(3)得体

得体是指语言要符合应用文的需要,要符合具体文种的要求。写作应用文,要使用通俗易懂而又规范化的语言,朴实无华,不追求华丽和技巧,根据不同的文种,使语言与文章的作用和目的和谐一致,或者庄重严肃,或者平和委婉,或者有理有力,或者谦恭有礼,这样才能保证应用文主旨的准确表达。

2. 应用文常用专用语

应用文在使用过程中逐渐形成了一些专用的词语，这些词语在不同的文种中有特定的含义和使用功能，是应用文准确、简明、得体的语言特点的体现。

1）称谓词语。如“你（贵）部”“你（贵）委”“你（贵）公司”等。

2）常用开头词语。如“近接”“收悉”“悉”“按照”“根据”“遵照”“据反映”“兹因”“由于”“为了”等。

3）请示词语。如“请”“拟请”“特请”“恳请”“希望”“望”等。这些词语的共同应用原则是在行文中表示要求、请示。在部署工作的指示、通知、通报中，多用“请”“希望”“望”等。在情况报告或有关请示及商请类函中常用“拟请”“恳请”“特请”等。

4）综合词语。如“鉴于”“为此”“据此”“总之”“综上所述”等。这些词语的共同应用原则是在行文中对上部分进行综合，对下部分表示承启性的概括。

5）表态词语。如“同意”“拟同意”“准予备案”“遵照执行”“按照执行”“参照执行”“研究办理”等，多用于对下级机关请示、报告的事项进行批复，还有下发通知、转发文件后，对受文单位提出要求。

6）结尾用语。如“以上请示如无不当，请批示”“以上请示如无不妥，请批转有关部门执行”用于请示，“特此通知”“以上通知请认真贯彻执行”用于通知，“特此报告”“专此报告”用于报告，“特此公告”用于公告，“特此通告”用于通告，“特此批复”“此复”用于批复，“特此函商”“特此函告”“即请函复”“特此函复”用于函。

二、应用文写作的基本原则

（一）要有严肃认真的态度

应用文是传达贯彻党和国家的方针、政策，发布命令、指示，请示和答复问题，指导、部署和商洽工作，报告情况，交流经验的重要工具，是各级领导机关对所属部门、单位实施领导的重要手段，是现代经济社会中各种经济活动正常进行的重要保证，是人们日常生活中维护自身合法权益的重要依据和凭证，因此应用文的撰写、制发，要严肃认真、一丝不苟。从主旨到材料，从内容到形式，从语言文字到标点符号，都必须认真对待，力争做到主题鲜明、结构合理、文字严谨、言简意赅、礼貌得体。

（二）要符合党和国家的方针、政策

应用文是各级领导机关统一意志、部署工作、协调行动的重要依据和检查工作的重要凭证。应用文要正确发挥其依据和凭证的作用，就必须符合国家的法律、法规和党的路线、方针、政策。因此，写好应用文必须不断加强对国家法律、法规和党的路线、方针、政策的学习，以保证应用文符合国家的法律、法规和党的路线、方针、政策。无论是处理公务时使用的应用文，还是解决个人问题时使用的应用文，都必须遵守这一原则。

（三）要实事求是、有的放矢

撰写应用文是为了解决实际问题，每一篇应用文针对一个问题或一类问题，所以应用文写作要从实际出发，针对要解决的问题，有的放矢、实事求是地表达真实内容。如果应用文不符合实际或脱离实际，就会使应用文难以发挥作用，甚至会造成失误，对工作和生活造成不利影响。

（四）要遵守应用文写作程式和使用程序

应用文在发展过程中形成了成熟而完备的写作程式和使用程序，写作应用文必须遵守其规范的或惯用的程式化的要求，按照其固定的使用程序，这样才能保证应用文在使用过程中易于理解、便于执行。否则，就会影响应用文的效用，如任何机关的职责都有一定范围，它所制发的应用文所决定的事项不能超越本机关的职责，各级机关必须在自己的职责范围内对相关问题作出决定，应由上级机关决定的问题，下级机关无权决定，属于几个部门共同决定的问题，本部门无权决定；否则，行文不仅无效，还会造成工作上的混乱。

三、提高应用文写作水平的方法

（一）学习理论，钻研业务，掌握较高的政策水平和业务水平

应用文写作不单纯是一个写作技巧和文章形式的问题，是一项包括研究问题、处理工作、进行交流、解决问题的综合性工作，写作应用文要具备多方面的条件：要有鲜明的政策观念，正确的思想认识，丰富的业务知识，敏捷的思维能力，端正的写作态度。因此，要写好应用文，首先要做到认真学习政治理论，学习党和国家的方针、政策，了解形势的发展，深入社会实际，把握工作情态，才能以正确的立场、观点、方法去认识事物、分析问题、解决问题。其次，要有丰富的业务知识，熟悉自己工作范围内的业务。知识贫乏，不熟悉业务，不深入了解情况，就不可能写出内容充实、材料精确的应用文章。特别是专业性非常强的应用文书，如经济类、法律类和科技类的应用文书，要有专门的知识和业务能力，才能正确地反映客观事物的规律，达到解决问题的目的。所以，写好应用文必须认真地学好理论，深入钻研业务，这是写好应用文的重要基础。

（二）理论联系实践，培养自己的综合能力

应用文写作的实践性很强，不能仅仅停留在应用文写作理论知识的层面上，还要从培养适应现代社会需要的富有创造精神和竞争力人才的角度出发，理论联系实践，使自己在理论与实践的结合上掌握写作规律，提高应用文写作水平，提高自己的综合能力。以写作一篇调查报告为例，首先必须走出书本，步入社会，深入实际生活，获得书本上根本无法学到的实际内容。在调查过程中，必须仔细观察调查对象的形状、特征，也可以通过提问、谈话、交往、问卷等方式进一步了解深层次的材料，采集到大量第一手和第二手资料，获取到感性认识，这才完成了调查报告的第一步。而要把这些感性认识上升到理性认识，还必须对材料进行“去粗取精，去伪存真，由此及彼，由表及里”的科学分析、深入研究，从中归纳出一些规律性的东西，这是调查报告写作的第二步，也是能否写好调查报告至关重要的一步。然后从材料分类、归纳，到观点提炼，再到确立全文主旨，最后到构思、结构安排以及动笔写作。这样，不仅培养自己科学分析的意识，而且锻炼了自己独立分析研究问题的能力。

（三）多读范文，多加练习

提高应用文写作水平和能力，多读范文，多加练习，实践证明是最基本、最有效的方法。叶圣陶先生说得好：“所谓能力不是一会儿就能够从无到有的，看看小孩子养成走路说话的能力多么麻烦。阅读跟写作不会比走路和说话容易，一要得其道，二要经常历练，历练成了习惯，才算有了这种能力。”多读范文，仔细揣摩，从中领悟“应该怎么写”和“不该怎么写”，是谓“得其道”；多加练习，养成一种勤学多练的习惯，把知识变成技能，写多了，练多了，就能写出得心应手的文章来，是谓“有了这种能力”。

写作训练

1. 什么是应用文？
2. 应用文有何特点？
3. 应用文有何作用？
4. 应用文可以分为哪些种类？
5. 简述应用文写作的基本原则。
6. 什么是主旨？简述应用文主旨的写作要求。
7. 什么是材料？简述应用文材料选择的方法。
8. 简述应用文开头和结尾的主要写法。
9. 简述应用文语言应符合的要求。
10. 简述提高应用文写作水平的方法或途径。

第二章 党政机关公文写作

第一节 概述

知识目标：了解党政机关公文的概念、特点、作用和种类。
掌握党政机关公文格式要素划分和行文原则。
能力目标：能正确识别和制作出行文公文版式。

一、党政机关公文的概念

党政机关公文即公务文书。《党政机关公文处理工作条例》(中办发〔2012〕14号)第三条规定“党政机关公文是党政机关实施领导、履行职能、处理公务的具有特定效力和规范体式的文书，是传达贯彻党和国家的方针政策，公布法规和规章，指导、布置和商洽工作，请示和答复问题，报告、通报和交流情况等的重要工具。”

二、党政机关公文的特点与作用

(一)党政机关公文的特点

1. 作者的特定性

公文的作者是特定的。它是由依据宪法和其他有关法律等成立的并能以自己的名义行使法定的职能权利和负担一定的任务、义务的机关、组织或代表机关组织的领导人来完成的。

2. 法定的权威性

公文具有代行法定职权的功能。它可以代表机关发言，代表制发机关的法定权威。因此，公文也就成为各级机关、组织开展工作的可靠依据。

3. 明确的效用性

公文主要是在现行工作中形成，在现行工作中使用，为推动现行工作而制发的。因此其效用具有一定的时间性。任何公文都不是永远有效的。

4. 体式的规范性

《党政机关公文处理工作条例》中对公文的格式、字形、字号和纸张大小、图文、颜色、印刷等，都有详细的规定。公文的体式必须符合《党政机关公文处理工作条例》规定的体式，即规范体式。

（二）党政机关公文的作用

1. 领导与指导作用

党和国家的各级领导机关，经常通过制发公文来部署工作，传达意见和决策，对下级机关或部门的工作进行具体的领导与指导。因此党政机关公文是上级机关传递领导意图、发挥其领导与指导作用的重要工具。

2. 传递信息作用

公务处理中，上下左右关系的机关间常以公文的形式传递信息。比如上级机关的决策、方针、意图等通过下发公文的方式传达给下级机关；而下级机关则通过阅读上级机关的指示、决议、通知等文件，及时掌握从上级机关传来的信息动态，并根据这些信息动态，开展工作、完成规定的任务。

3. 行为规范作用

公文的行为规范作用，是由公文本身所具有的强烈的政治性与法定的权威性等赋予的。规范性公文一经发布，便成为全社会的行为规范，无论社会组织或个人都应当依照执行，不可违反，而且实行强制执行。

4. 公务联系作用

各机关单位在处理公务中，经常要与上下左右有关机关进行联系，而联系的重要工具就是公文。因此，公文能起到沟通情况、商洽工作、协调关系、处理问题的公务联系作用。

5. 凭据记载作用

各种公文都反映了制发机关的意图，收阅机关以此作为处理工作的根据，这类公文就具有依据作用。还有一些公文具有明显的记载作用，如记录等。所以，每一份对日后工作具有查考利用价值的公文在完成其现实使命后，都要整理归档保存，以备查找利用。

三、党政机关公文的种类

党政机关公文按照不同的标准可以分成不同的种类。

（一）按适用范围分

2012 年 7 月 1 日实行的《党政机关公文处理工作条例》（中办发〔2012〕14 号）第八条按适用范围将公文分为 15 种。

1. 决议

适用于会议讨论通过的重大决策事项。

2. 决定

适用于对重要事项作出决策和部署、奖惩有关单位和人员、变更或者撤销下级机关不适当的决定事项。

3. 命令（令）

适用于公布行政法规和规章、宣布施行重大强制性措施、批准授予和晋升衔级、嘉奖有关单位和人员。

4. 公报

适用于公布重要决定或者重大事项。

5. 公告

适用于向国内外宣布重要事项或者法定事项。

6. 通告

适用于在一定范围内公布应当遵守或者周知的事项。

7. 意见

适用于对重要问题提出见解和处理办法。

8. 通知

适用于发布、传达要求下级机关执行和有关单位周知或者执行的事项,批转、转发公文。

9. 通报

适用于表彰先进、批评错误、传达重要精神和告知重要情况。

10. 报告

适用于向上级机关汇报工作、反映情况,回复上级机关的询问。

11. 请示

适用于向上级机关请求指示、批准。

12. 批复

适用于答复下级机关请示事项。

13. 议案

适用于各级人民政府按照法律程序向同级人民代表大会或者人民代表大会常务委员会提请审议事项。

14. 函

适用于不相隶属机关之间商洽工作、询问和答复问题、请求批准和答复审批事项。

15. 纪要

适用于记载会议主要情况和议定事项。

(二)按行文方向分

1. 上行文

指下级机关向上级机关报送的公文,如请示、报告等。

2. 平行文

指同级机关或不相隶属机关间的行文,如函等。

3. 下行文

指上级机关向所属下级机关的行文,如决定、公告、通告、通知等。

(三)按保密等级分

按公文内容是否涉及党和国家的秘密,需要控制知密范围和知密对象,公文可分为普通公文和保密公文两类。保密公文的等级分为“绝密”“机密”和“秘密”三个等级。“绝密”是最高保密等级。

(四)按缓急程度分

公文有送达和办理的时限要求。根据缓急程度可分为紧急公文和普通公文两类。紧急公文又分为“特急”“ 加急”两类。

（五）按内容性质与作用分

按内容性质与作用分，公文可分为以下四类。

1. 指挥性公文

指上级领导机关对下级机关或企事业单位和其他社会组织发出的用以领导与指导工作的公文，如命令、指示、决定、意见、批复等。

2. 报请性公文

指下级机关向上级机关汇报工作、反映情况、请示问题所使用的陈述性、请求性公文，如报告、请示等。

3. 知照性公文

指机关单位发布的需要周知或遵守以及各机关单位之间联系工作、通报情况所使用的公文，如公报、公告、通报、函等。

4. 记录性公文

指各机关、组织用以记载公务活动以备查考的公文，如记录等。

四、党政机关公文格式要素划分

（一）公文格式各要素的划分

2012 年 6 月 29 日发布，2012 年 7 月 1 日实施的中华人民共和国国家标准《党政机关公文格式》（GB/T 9704—2012）将版心内的公文格式各要素划分为版头、主体、版记三部分。

公文首页红色分隔线以上（含红色分隔线）的部分称为版头；公文首页红色分隔线以下、公文末页首条分隔线以上的部分称为主体；公文末页首条分隔线以下（含分隔线）、末条分隔线（含分隔线）以上的部分称为版记。页码位于版心外。

1. 版头

公文版头包括：份号、密级和保密期限、紧急程度、发文机关标志、发文字号、签发人、版头中的分隔线。

（1）份号

份号是指公文印制份数的顺序号，即将同一文稿印刷若干份时每份公文的顺序编号。涉密公文应当标注份号。一般用 6 位 3 号阿拉伯数字，顶格编排在版心左上角第一行，如“No. 000015 或 000015”。

（2）密级和保密期限

公文如需标注密级和保密期限，一般用 3 号黑体字，顶格编排在版心左上角第二行；保密期限中的数字用阿拉伯数字标注；保密等级和保密期限之间用“★”隔开，如“机密★3 年”。

（3）紧急程度

公文如需标注紧急程度，一般用 3 号黑体字，顶格编排在版心左上角；如需同时标注份号、密级和保密期限、紧急程度，按照份号、密级和保密期限、紧急程度的顺序自上而下分行排列。

（4）发文机关标志

发文机关标志是表明公文的作者的。一种是发文机关全称或者规范化简称加“文件”，如“××省农业厅文件”“国务院文件”；另一种是只标识发文机关全称或者规范化简称。联合行文时可并用联合发文机关名称，也可单独使用主办机关名称。发文机关标志居中排布，上边缘至版心上边缘为 35 mm，推荐使用小标宋体字，颜色为红色，以醒目、美观、庄重为原则。

(5)发文字号

发文字号由发文机关代字、年份和发文顺序号组成。编排在发文机关标志下空二行位置，居中排布。年份、发文顺序号用阿拉伯数字标注；年份应标全称，用六角括号“〔〕”括入；发文顺序号不加“第”字，不编虚位(即1不编为01)，在阿拉伯数字后加“号”字。如“国办发〔2012〕7号”，表示国务院在2012年发的第7号文件。联合行文时，使用主办机关的发文字号。

(6)签发人

签发人是在上报的公文中批准签发的领导人姓名。只用于上行文。由“签发人”三字加全角冒号和签发人姓名组成，居右空一字，编排在发文机关标志下空二行位置(发文字号居左空一字编排，与最后一个签发人居同一行)。“签发人”三字用3号仿宋体字，签发人姓名用3号楷体字。

如有多个签发人，签发人姓名按照发文机关的排列顺序从左到右、自上而下依次均匀编排，一般每行排两个姓名，回行时与上一行第一个签发人姓名对齐。发文字号要与最后一个签发人姓名处在同一行并使红色分隔线与其距离为4 mm。

发文字号之下4 mm处居中印一条与版心等宽的红色分隔线。

2. 主体

主体是公文的主要部分，它包括标题、主送机关、正文、附件说明、发文机关署名、成文日期、印章、附注、附件九个内容。

(1)标题

标题是对公文主要内容准确、简要的概括。由发文机关名称、事由和文种组成，如《××人民政府关于××××的请示》。

发文事由是由介词“关于”引出的，写事由时，要注意语言措辞的准确简要，不加修饰成分。

在公布性公文(如公告、通告)标题中，有时可以省略事由，但只要出现事由，则“关于”一词就不能省略。

一般只有在机关内部行文，并且涉及的都是一般性、常务性的简单事项时，才会只写公文种类名称作为标题。

标题中的公文种类名称是不可省略的。

标题一般用2号小标宋体字，编排于红色分隔线下空二行位置，分一行或多行居中排布；回行时，要做到词意完整，排列对称，长短适宜，间距恰当，标题排列应当使用梯形或菱形。多个发文机关名称之间用空格分开，不加顿号，换行时省略。除法规名称加书名号外，一般不用标点符号。

(2)主送机关

主送机关指公文的主要受理机关。主送机关应当使用机关全称、规范化简称或者同类型机关统称。编排于标题下空一行位置，居左顶格，回行时仍顶格，最后一个机关名称后标全角冒号。

公文首页必须显示正文。如主送机关名称过多导致公文首页不能显示正文时，应当将主送机关名称移至版记。

(3)正文

正文是公文的主体部分,是用来表述公文内容的,通常分为导语、主体和结束语三部分。导语一般写发文的依据、目的或原因;主体部分是文章的主要内容,写事项、事件或情况等;结束语或提出希望、要求,或发出号召等。

正文一般用3号仿宋体字,编排于主送机关名称下一行,每个自然段左空两字,回行顶格。文中结构层次序数依次可以用"一、""(一)""1.""(1)"标注;一般第一层用黑体字、第二层用楷体字、第三层和第四层用仿宋体字标注。

(4)附件说明

附件说明是指公文附件的顺序号和名称。如有附件,在正文下空一行左空两字编排"附件"二字,后标全角冒号和附件名称。如有多个附件,使用阿拉伯数字标注附件顺序号(如"附件:1. ×××××");附件名称后不加标点符号,附件名称较长需回行时,应当与上一行附件名称的首字对齐。

(5)发文机关署名

发文机关署名应署发文机关全称或者规范化简称。单一机关行文时,一般在成文日期之上、以成文日期为准居中编排发文机关署名。

(6)成文日期

成文日期署会议通过或者发文机关负责人签发的日期。联合行文时,署最后签发机关负责人签发的日期。标识在正文之下,空两行右空四字。用阿拉伯数字将年、月、日标全,年份应标全称,月、日不编虚位(即1不编为01)。

(7)印章

公文中有发文机关署名的,应当加盖发文机关印章,并与署名机关相符。有特定发文机关标志的普发性公文和电报可以不加盖印章。

印章使用红色,不得出现空白印章。

印章端正、居中下压发文机关署名和成文日期,使发文机关署名和成文日期居印章中心偏下位置,印章顶端应当上距正文(或附件说明)一行之内。

联合行文时,一般将各发文机关署名按照发文机关顺序整齐排列在相应位置,并将印章一一对应、端正、居中下压发文机关署名,最后一个印章端正、居中下压发文机关署名和成文日期,印章之间排列整齐、互不相交或相切,每排印章两端不得超出版心,首排印章顶端应当上距正文(或附件说明)一行之内。

(8)附注

附注是公文印发传达范围等需要说明的事项。如公文的发放范围、使用时注意的事项、联系人及联系方式等。公文如有附注,居左空两字加圆括号编排在成文日期下一行。

(9)附件

附件是公文正文的说明、补充或者参考资料。附件应当另面编排,并在版记之前,与公文正文一起装订。"附件"二字及附件顺序号用3号黑体字顶格编排在版心左上角第一行。附件标题居中编排在版心第三行。附件顺序号和附件标题应当与附件说明的表述一致。附件格式要求同正文。

如附件与正文不能一起装订,应当在附件左上角第一行顶格编排公文的发文字号并在其后标注"附件"二字及附件顺序号。

3. 版记

版记由版记中的分隔线、抄送机关、印发机关和印发日期、页码组成。

(1)版记中的分隔线

版记中的分隔线与版心等宽,首条分隔线和末条分隔线用粗线(推荐高度为 0.35 mm),中间的分隔线用细线(推荐高度为 0.25 mm)。首条分隔线位于版记中第一个要素之上,末条分隔线与公文最后一面的版心下边缘重合。

(2)抄送机关

抄送机关指除主送机关以外的其他需要告知公文内容的上级、下级和无隶属关系的机关。抄送机关应当使用机关全称、规范化简称或者同类型机关的统称。如有抄送机关,一般用 4 号仿宋体字,在印发机关和印发日期上一行、左右各空一字编排。"抄送"二字后加全角冒号和抄送机关名称,回行时与冒号后的首字对齐,抄送机关名称之间用逗号隔开,最后一个抄送机关名称后标句号。

如需把主送机关移至版记,除将"抄送"二字改为"主送"外,编排方法同抄送机关。既有主送机关又有抄送机关时,应当将主送机关置于抄送机关之上一行,之间不加分隔线。

(3)印发机关和印发日期

印发机关和印发日期一般用 4 号仿宋体字,编排在末条分隔线之上,印发机关左空一字,印发日期右空一字,用阿拉伯数字将年、月、日标全,年份应标全称,月、日不编虚位(即 1 不编为 01),后加"印发"两字。

(4)页码

页码一般用 4 号半角宋体阿拉伯数字,编排在公文版心下边缘之下,数字左右各放一条一字线,一字线上距版心下边缘 7 mm。单页码居右空一字,双页码居左空一字。公文的版记页前有空白页的,空白页和版记页均不编排页码。

公文的附件与正文一起装订时,页码应当连续编排。

(二)公文用纸幅面尺寸及版面要求

公文用纸采用 A4 型纸,其成品幅面尺寸 210 mm × 297 mm。公文用纸天头(上白边)为 37 mm ± 1 mm,订口(左白边)为 28mm ± 1mm,版心尺寸为 156 mm × 225 mm。

公文版式见附录《党政机关公文格式》。

五、行文规则

行文关系是各级党政机关、各个部门和单位之间的组织关系和业务关系在公文运行中的体现。一般可分为相互隶属关系、平行关系、不相隶属关系。

(一)行文总规则

1)行文注重必要性、针对性和可操作性。

2)根据隶属关系和职权范围确定行文关系。

3)一般不得越级行文。特殊情况需要越级行文的,应当同时抄送被越级机关。

(二)向下级机关行文的规则

1)主送受理机关,根据需要抄送相关机关。重要行文应当同时抄送发文机关的直接上级机关。

2)党委、政府的办公厅(室)根据本级党委、政府授权,可以向下级党委、政府行文,其他部门和单位不得向下级党委、政府发布指令性公文或者在公文中向下级党委、政府提出指令性要求。需经政府审批的具体事项，经政府同意后可以由政府职能部门行文，文中须注明“已经政府同意”。

3）党委、政府的部门在各自职权范围内可以向下级党委、政府的相关部门行文。

4）涉及多个部门职权范围内的事务，部门之间未协商一致的，不得向下行文；擅自行文的，上级机关应当责令其纠正或者撤销。

5）上级机关向受双重领导的下级机关行文，必要时抄送该下级机关的另一个上级机关。

（三）向上级机关行文的规则

1）原则上主送一个上级机关，根据需要同时抄送相关上级机关和同级机关，不抄送下级机关。

2）党委、政府的部门向上级主管部门请示、报告重大事项，应当经本级党委、政府同意或者授权；属于部门职权范围内的事项应当直接报送上级主管部门。

3）下级机关的请示事项，如需以本机关名义向上级机关请示，应当提出倾向性意见后上报，不得原文转报上级机关。

4）请示应当一文一事。不得在报告等非请示性公文中夹带请示事项。

5）除上级机关负责人直接交办事项外，不得以本机关名义向上级机关负责人报送公文，不得以本机关负责人名义向上级机关报送公文。

6）受双重领导的机关向一个上级机关行文，必要时抄送另一个上级机关。

（四）其他行文的规则

同级党政机关、党政机关与其他同级机关必要时可以联合行文。属于党委、政府各自职权范围内的工作，不得联合行文。

党委、政府的部门依据职权可以相互行文。部门内设机构除办公厅（室）外不得对外正式行文。

第二节　通知　通报

知识目标：了解通知、通报的概念、特点、种类和使用。

掌握通知、通报的写作格式。

能力目标：具有写作通知、通报的基本技能，在教师的指导下，能够完成通知、通报的写作。

具有运用所学通知、通报理论知识分析通知、通报的基本能力。

实际案例：

1. 通知

教育部办公厅关于做好2015年普通高等学校招生全国统一考试考务管理工作的通知

各省、自治区、直辖市普通高等学校招生委员会、教育厅（教委）：

为全面贯彻落实党的十八大和十八届三中、四中全会精神，稳步推进《国务院关于深化考试招生制度改革的实施意见》的工作部署，确保2015年普通高等学校招生全国统一考试（以下简称高考)工作安全、平稳、顺利进行,根据教育部总体部署,现将做好2015年高考有关考务管理工作的要求通知如下。

一、加强组织领导,落实考试安全责任

各地要从维护社会和谐稳定的高度,重视考试安全工作,切实加强领导,周密部署。按照属地"谁主管,谁负责"的原则,严格执行考试安全工作责任制,确保安全责任落到实处。各地教育行政部门和招生考试机构要把安全保密工作作为高考的第一要务、作为"一把手"工程,主要负责同志要亲自抓、负总责。要一级抓一级,层层抓落实,逐级签订安全责任书,把安全保密工作的责任落实到岗、落实到人。切实抓好命题、制卷、运送、保管、分发、组考、评卷等关键环节的安全保密规章制度和责任制度的落实,规范操作流程。

二、加强部门配合,综合治理考试环境

各地要充分发挥省级招委会统筹协调的作用以及联席会议的职能,教育行政部门和招生考试机构要主动与联席会议成员单位协调、配合,落实本地考试环境综合治理工作方案。开展"净化涉考网络环境""打击销售作弊器材""净化考点周边环境"等3个专项行动。重点打击利用无线电设备考场内外串通作弊、替考和有组织的团伙舞弊等严重违规违法行为,切实保障考试公平和考场秩序。同时,要做好考点周边、考生集中食宿地的安全保卫以及卫生防疫工作。

三、加强教育培训,完善制度规范

各地教育行政部门和招生考试机构要进一步加强选人用人工作,要对所有考试工作人员进行职业道德、警示案例、法律法规等方面的教育和安全保密规定、考务管理规定、操作规程等考务业务培训。切实增强考务工作人员的法律意识、危机意识和责任意识,提高考务管理水平和防范、识别高科技手段作弊的能力。要进一步明确重点岗位的职责,采取一岗多控、人技联防等办法,监督工作执行情况。要严格执行回避制度、值班制度和报告制度。

四、加强监督检查,狠抓考风考纪

各省级教育行政部门和招生考试机构要积极会同保密、公安等部门,制定高考安全保密检查工作方案,加强对考试安全工作责任制、考试规章制度落实情况以及重点岗位和关键环节等的监督检查,确保检查工作不留盲点和死角。要加强对高考考务管理工作的监督检查,增加省派考试巡视员和考务业务能力较强的工作人员提前进驻考风考纪薄弱地区,监督、检查和指导当地加大工作力度,切实改善考风考纪。

五、加强评卷管理,按时报送考试信息

(略)

教育部办公厅
2015年4月3日

案例分析:这是一篇指示性通知,是上级机关教育部向下级机关指示、部署做好2015年高考有关考务管理工作的。通知开头首先概括地提出了2015年高考有关考务管理工作的总体要求,然后采用分条列项的写法,从加强组织领导、治理考试环境、完善制度规范、加强监督检查等方面具体指示了工作的思路和方法。行文简明扼要,使被通知者一目了然,便于遵照执行。

2. 通报

国家质量监督检验检疫总局
关于2014年烟花爆竹产品质量国家监督专项抽查情况的通报

各省、自治区、直辖市及新疆生产建设兵团质量技术监督局：

根据《中华人民共和国产品质量法》和《产品质量监督抽查管理办法》的规定，2014年，质检总局组织对烟花爆竹产品质量进行了国家监督专项抽查，现将抽查情况通报如下。

一、基本情况

本次共抽查200家企业生产的200批次产品（不涉及出口产品）。经检验，158家企业生产的158批次产品合格，抽查合格率为79%，检出42批次产品不合格，不合格产品检出率为21%，主要质量问题是引燃时间、引燃装置、结构尺寸、单筒内径、燃放性能、药量、烧成率、标志项目不合格。按企业生产规模划分，本次抽查的大、中、小型企业数分别占抽查企业总数的18%、32%、50%，抽查合格率分别为91.7%、76.6%、76%。

二、抽查结果分析

本次抽查依据《烟花爆竹 安全与质量》（GB 10631—2013）、《烟花爆竹 组合烟花》（GB 19593—2004）等标准的要求，对烟花爆竹产品的引燃时间、引燃装置、底塞和底座、手持部位、漂浮物和雷弹、部件牢固度、材质、结构尺寸、单筒内径、药种（禁用药物氯酸盐定性）、药量、燃放性能、计数误差、烧成率、标志15个项目进行了检验。本次抽查结合产品区域分布特点，重点抽查了集中产区湖南省和江西省119家企业生产的119批次产品，占抽查总批次的59.5%，检出不合格产品29批次。其中，爆竹类产品的引燃时间过短问题相对突出。引燃时间不合格的主要原因是部分生产企业为节约生产成本或提高生产效率，故意遗漏人工安装引火线的工序。

三、工作要求

针对本次产品质量国家监督抽查中发现的问题，各省（区、市）质量技术监督部门要按照《中华人民共和国产品质量法》和《产品质量监督抽查管理办法》等法律法规的规定，认真做好后处理工作。

（一）对于本次抽查中产品质量不合格的生产企业，要依法开展后处理工作。对抽查中发现产品质量不符合国家强制标准的，应依法责令企业停止生产销售不合格产品，按照有关规定监督销毁或者作必要的技术处理。

（二）针对本次抽查中反映出的突出质量问题，如引燃时间、引燃装置、标志不合格等，要加大对生产企业的后续跟踪监督检查力度。

（三）将本次抽查不合格产品情况通报地方政府及相关部门，采取有力措施，督促企业依法落实产品质量安全主体责任，引导企业严格按照标准组织生产，切实维护产品质量安全。

国家质量监督检验检疫总局
2015年2月12日

案例分析:这是一份国家质检总局发出的情况通报。通报对抽查的200个烟花生产企业的200批次产品的基本情况和结果进行了全面科学的分析,进而提出了今后的工作要求。本通报情况全面、充分,提出的要求具体可行、指导性强。

一、通知

(一)通知的性质

通知属于下行文。它适用于发布、传达要求下级机关执行和有关单位周知或者执行的事项,批转、转发公文。

通知是使用最多、用途最广的一种公文。而且通知的内容涉及的面很广,既可以是国家大事、重要的政策措施,也可以是具体的工作事项。它的作用也很广泛,既可以指示工作、发布规章,又可以用来批转下级公文或转发上级和不相隶属机关的公文。所以,它的使用频率是最高的。

(二)通知的类型

1. 批示性通知

批示性通知分为三种。

1)发布性通知。用于发布各种行政法规、规章、领导讲话。

2)批转性通知。用于上级机关批转下级机关的公文(如请示、报告等),要求有关单位执行或参照执行。

3)转发性通知。用于转发上级机关和不相隶属机关的公文给下级单位。

2. 指示性通知

用于上级机关向下级机关指示、部署工作。

3. 会议通知

用于知照召开会议时间、地点、内容等的专用通知。

4. 任免性通知

用于任免和聘用干部。

(三)通知的写作

通知行文部分的主要要素有标题、主送机关、正文、附件说明、发文机关署名、成文日期、印章、附注、附件。

1. 标题

通知的标题一般由发文机关、事由及文种组成。在事由前加介词"关于"引出发文事由。有的标题也可以省略发文机关,如特殊情况或需要也可在文种前加"紧急""重要""联合"等形容词,如:《××省财政厅关于×××的重要通知》。标题中除法规、规章名称加书名号外,一般不用标点符号。

批转性通知、转发性通知的标题一般是批转、转发机关+原发文机关+事由+文种。如《××公司批转××公司第一分公司关于安全质量检查方案的通知》。

会议通知的标题是由发文机关、会议名称及文种组成。

2. 主送机关

主送机关是公文的主要受理机关,应当使用机关全称、规范化简称或者同类型机关统称。

3. 正文

正文是公文的主体部分，用来表述公文的内容。通常分导语、主体和结束语三部分。

不同种类的通知主体部分也有不同的写法。下面分别加以说明。

(1)批示性通知

批示性通知一般有两种写法：一种是先对被批转或转发的公文表明态度，然后提出执行的要求；另一种是在前一种基础上，对被批转或转发的公文的内容作进一步的阐述、补充，指出意义及执行的重点等。写明批转、转发、颁布什么文件，要求贯彻执行。被颁布或批转、转发的公文均为通知的附件。

(2)指示性通知

指示性通知的正文一般由通知缘由、通知事项和执行要求三部分组成。

通知缘由一般写制发通知的原因、依据、目的或意义，然后用“通知如下”或“特作如下通知”等承启语转入写通知事项。

通知的事项要写清楚部署的工作任务，阐明工作意见、措施及需要注意的问题等，条理要清楚，语言要简洁。

结尾写明贯彻落实通知的要求，如“以上通知，望认真贯彻落实”等。

(3)会议通知

会议通知的正文一般包括会议缘由、会议名称、会议时间、会议地点、会议内容、与会人员及其他事项等内容。会议通知的正文写得要全面、具体。

(4)任免性通知

任免性通知的正文一般只要写明什么权力机关任或免去什么人的什么职务就行。

【例文】

例文一　批转性通知

国务院批转发展改革《委关于2015年深化经济体制改革重点工作的意见》的通知

各省、自治区、直辖市人民政府，国务院各部委、各直属机构：

国务院同意发展改革委《关于2015年深化经济体制改革重点工作的意见》，现转发给你们，请认真贯彻执行。

附件：关于2015年深化经济体制改革重点工作的意见

国务院

2015年5月8日

例文二　会议通知

商务部办公厅关于召开全国商贸物流工作现场经验交流会的通知

各省、自治区、直辖市、计划单列市及新疆生产建设兵团商务主管部门：

为贯彻落实2013年10月国务院召开的部分城市物流工作座谈会精神，我部将召开全国商贸物流工作现场经验交流会。现将有关事项通知如下。

一、会议内容

总结全国商务系统贯彻部分城市物流工作座谈会精神取得的阶段性成效，研究部署下一步促进商贸物流发展工作。

二、会议时间及地点

时间：2014年10月14日下午（周二）报到；15日全天会议；16日上午考察调研，下午返回。

地点：××省××迎宾馆。

三、参会人员

各省、自治区、直辖市及新疆生产建设兵团商务主管部门负责同志1名。

四、其他事项及要求

（一）请各参会人员准备会议发言材料（不超过15分钟）。

（二）本次会议交通费自理，食宿费用由我部负担。

（三）会议期间请严格遵守中央八项规定。

联系人：×××　××。

电话：××××××××（兼传真）。

电子邮件：×××××××××。

商务部办公厅

2014年9月24日

二、通报

（一）通报的性质

通报适用于表彰先进、批评错误、传达重要精神和告知重要情况。通报属于下行文。

（二）通报的种类

1. 表彰性通报

用于表彰个体或集体的先进人物，公布他们的事迹，宣布给他们的奖励，介绍单位或个人的成功经验、做法，分析他们的先进思想，指出应该向他们学习什么。

2. 批评性通报

用于批评犯错误的个人或群体，公布他们的错误事实，分析错误的性质，指明应该吸取的教训，提出解决办法或处理意见。

3. 情况通报

用于将领导掌握的精神或情况传达给下属，让其了解全局，与上级协调一致，统一认识，统一步调，以便在开展工作、处理问题时能做到心中有数。这类通报具有沟通和知照的双重作用。

（三）通报的作用

通报对下级和有关方面起到的作用主要是倡导、警戒、启发、教育和沟通。

1. 嘉奖和告诫的作用

通报表扬先进、弘扬正气，批评错误、打击歪风。通过对当事人的奖励或惩罚，达到行政约束目的。

2. 交流作用

传达重要情况和知照事项的通报，能及时交流信息，上情下达，并能促进上下级之间、有关部门之间的相互了解。

（四）通报的写作

通报的行文部分主要要素由标题、主送机关、正文、发文机关署名、成文日期组成。

1. 标题

通报的标题一般由发文机关、事由及文种组成，在事由前加介词“关于”引出发文事由，如《国务院办公厅关于对少数地方和单位违反国家规定集资问题的通报》；有时也可省略发文机关，由事由和文种两部分构成，如《关于给王××记功表彰的通报》；有的也可省略事由，由发文机关和文种两部分构成，如《××委员会通报》；有的既省略发文机关，又省略事由，直接标出文种，如《通报》。

2. 正文

不同类型的通报其正文写法上也有所不同。

（1）表彰性通报正文的一般写法

先叙述先进事迹，包括时间、地点、人物、事迹、怎么做、结果；然后对上述事件进行分析、评议，指出其典型意义，或概括其主要经验；最后提出表彰或发出号召。如果是转发式的表彰通报，正文部分先对下级机关所发的这个材料进行评价，加上批语，即对被表彰者进行评议等，再发出号召或提出要求。

（2）批评性通报正文的一般写法

先通报缘由，即将事故或错误事实的经过情况、时间、地点、事故、后果等交代清楚；然后对事故进行分析评议，重点分析事故发生的原因，指出事故的性质及其危害，并提出处分决定；最后对症下药，写明防止此类事故的措施，提出告诫，或重申某一方面的纪律。

（3）情况通报正文的一般写法

情况通报关键在于对情况的掌握要确实、全面、充分。它的正文一般包括三个部分：叙述情况；分析情况，阐明意义；提出指导性意见。

（五）通报写作需要注意的事项

1）要做好调研工作。通报写作前一定要对事件进行详细了解，反复核实，做到实事求是，以免发文后造成被动、失信的局面。

2）对事件的“分析”“评议”，切忌就事论事，要站到一定的高度来认识问题。

3)叙述典型事实要准确、平实、简明。

4)讲究时效性,及时行文。

5)通报的决定事项不能与事实、政策相抵触。

(六)通知与通报的区别

通知与通报的特点和作用不同,它们的主要区别如下。

1. 目的要求不同

通知的目的是告知事项,布置工作,内容具体,要求受文机关了解要办什么事,该怎样办理,有严格的约束力,要求遵照执行;通报的目的主要是或交流、了解情况,或通过正反面的典型去教育人们,宣传先进的思想和事迹。

2. 内容范围不同

通知可以发布行政法规和规章,批转和转发公文,传达需办理和周知的事项等;通报则是表扬先进,批评错误,传达、交流重要的情况、信息。两者虽然都有告知的作用,但通知告知的主要是工作的情况以及共同遵守执行的事项;通报则是告知正反面典型,或有关重要的精神或情况。

3. 运用的表达方式不同

通知主要运用叙述,告知人们做什么,怎样做,叙述具体,语言平实;通报的表达方式往往是叙述、说明、议论兼用,有较强的感情色彩。

【例文】表彰性通报

上海市人民政府关于表扬2014年应急管理工作优秀单位的通报

各区、县人民政府,市政府各委、办、局:

2014年,各区县政府、市政府各部门和各有关单位贯彻落实《中华人民共和国突发事件应对法》和《上海市实施〈中华人民共和国突发事件应对法〉办法》等法律法规,创新社会治理,加强基层基础应急管理,提升应急联动处置能力,促进城市安全运行,取得了新的成效。

根据《上海市应急管理工作考核办法(试行)》(沪府办发〔2013〕23号),市应急办组织对各区县政府、市政府有关部门和市级基层应急管理单元牵头单位以及相关单位等65家单位进行了2014年应急管理工作考核。在此基础上,市政府决定,对浦东新区政府、闸北区政府、松江区政府、市卫生计生委、市民政局、市安全监管局、市消防局、市气象局、申通集团、市电力公司等10家2014年应急管理工作优秀单位予以通报表扬。

希望上述单位再接再厉,争取应急管理工作的更大成绩。

希望各区县政府、市政府各部门和各有关单位坚持把安全作为一切工作的底线,全面加强应急管理,为本市创新驱动发展、经济转型升级提供公共安全服务和保障。

上海市人民政府

2015年2月6日

第三节 报告 请示

知识目标：了解报告、请示的概念、特点等理论知识。

掌握报告、请示的写作格式。

能力目标：具有灵活运用所学理论知识分析报告、请示的能力。

具有一定的写作报告、请示的能力，在教师的指导下，能较好地完成报告、请示的写作。

实际案例：

1. 报告

海口市交通运输和港航管理局关于“4·10”事故有关情况的报告

省交通运输厅：

4月10日上午，文昌市东阁镇路段发生重大道路交通事故，造成严重的人员伤亡。我局立即启动紧急预案，协助事故救援、处理等工作。现将有关情况报告如下。

一、事故基本情况

2014年4月10日上午，一辆满载乘客的琼××××××号宇通牌大客车于10时30分许行经文昌市东阁镇路口右转弯路段时，因雨天路面湿滑、车速过快，车辆冲出道路左侧后侧翻至路边1.5米边坡下，造成8名乘客当场死亡、16人受伤的道路交通事故。

二、应急处置情况

“4·10”事故发生后，作为事故车辆车籍所在地的交通管理部门，我局领导高度重视，立即召开紧急会议，决定一是立即督促车属企业马上组织救援队伍赶赴事故现场，协助有关部门处理事故，尽最大努力抢救伤者；二是及时向市政府及安监局报告有关情况；三是由一名副局长带队，赶赴现场，进一步了解情况；四是对事故车辆、驾驶员的相关信息进行核查；五是做好事发企业的稳定工作，防止因事故发生而导致企业管理混乱、驾驶员思想不稳定而再次发生事故；六是组织召开海口市内包车企业负责人会议，并向海口所有客运企业下发《关于“4·10”重大事故的情况通报》，要求各企业要依法依规经营，增强安全意识，落实安全责任，开展隐患排查，完善安全设施，加强车辆监管。

三、下一步工作

下一步，我局将认真吸取“4·10”事故教训，针对海口客运市场的特点，着重做好以下工作。

一是开展安全生产大检查。组织三个检查组，分别对客运（包括班线、旅游、公交、出租客运）、危货运输、维修行业进行为期一个月的安全生产大检查，重点排查隐患，完善安全设施，落实管理制度。

二是加强源头管理。督促企业完善二级监控平台建设，落实监管主体责任，强化对车辆的动态监控。

三是加大执法处罚力度,保持高压态势,对违规经营行为要及时纠正与查处。

四是根据事故调查的结论,依据相应法律法规,对企业和相关责任人进行处理。

特此报告。

海口市交通运输和港航管理局

2014 年 4 月 15 日

案例分析:本报告是由下级机关向上级机关汇报关于道路交通事故有关情况的,目的在于将道路交通事故的基本情况和处置情况上报上级机关,使其了解情况。报告首先简要汇报了事故发生的情况,然后重点汇报了对事故的救援和处理情况,并提出了下一步的管理工作重点。报告结构完整、重点突出,陈述情况清楚、具体,工作重点针对性强,是一篇典型的情况报告。

2. 请示

兰州市民政局关于解决救灾应急资金的请示

兰州市人民政府:

由于我市 50% 以上的人口分布在气象、地震、地质等灾害多发区,救灾防灾任务十分繁重。近几年,全市的干旱、风雹、暴洪、泥石流、滑坡等灾害发生频率高,灾情重,损失大,给人民群众的生命财产造成了较大损失。

今年仅前五月,全市就发生雹洪、山体滑坡等灾害多起,受灾人口 49. 43 万人次,直接经济损失 2. 3 亿元。随着灾情持续加重,救灾压力随之增大,救助资金缺口也不断加大,仅靠争取上级民政部门的支持已不能满足救灾工作需求。2011 年我市受灾人员生活救助需资金 4 649. 33万元,上级下拨救灾资金 1 646 万元,有 3 000 万元资金缺口无法解决,严重影响了救灾工作的顺利开展。

鉴于此,请市政府研究解决今年市级救灾应急预备资金 2 000 万元,以保证当前及今后救灾工作需要。

妥否,请批示。

兰州市民政局

二〇一二年六月一日

案例分析:这是一份请求批准的请示。兰州市民政局请求上级机关市政府解决救灾应急资金问题。本请示首先摆情况,提出请示的原因和理由,以突出解决问题的必要性,然后提出请求事项请求上级批准。结构完整,请示理由充分,请示事项合理,行文简洁明确,对学生写作这一类公文有很好的示范作用。

一、报告

(一)报告的性质

报告适用于向上级机关汇报工作、反映情况,回复上级机关的询问。它属于上行文。

(二)报告的特点

1. 内容的汇报性

报告是下级机关向上级机关或业务主管部门汇报工作,让上级机关掌握基本情况并及时对自己的工作进行指导的公文,因此在内容上具有汇报性的特点。

2. 语言的陈述性

报告在汇报工作、反映情况时,所表达的内容和使用的语言都是陈述性的。本单位遵照上级的指示,做了什么工作、怎样做的这些工作、取得了哪些成绩、还存在哪些不足,必须要一一向上级陈述。反映情况时,也要把时间、地点、人物、事件、原因、结果叙述清楚,向上级机关提供准确的现实性信息。即便是提出建议的报告,也要在汇报情况的基础上,才能深入一步提出建议来。

3. 成文的事后性

在机关工作中,有“事前请示,事后报告”的说法。因此,多数报告,都是在开展了一段时间的工作之后,或是在某种情况发生之后向上级作出的汇报,具有事后性的特点,但意见报告没有事后性特点。

4. 行文的单向性

报告是下级机关向上级机关汇报工作、反映情况、提出建议时使用的单方向上行文,不需要上级机关给予批复。在这方面,报告和请示不同,请示具有双向性特点,必须有批复与之相对应,报告则是单向性行文,不需要任何相对应的文件。所以类似于“以上报告当否,请批示”的说法是错误的。

(三)报告的种类

1. 工作报告

下级单位就单一阶段工作情况向上级单位汇报所写的汇报材料,主要汇报工作的基本情况、取得的成绩、经验教训、存在的问题,并作出恰当的分析和判断,对下一步工作提出具体意见。

工作报告又可分为综合性报告和专题性报告。

(1)综合性报告

对某一工作的各方面情况及下阶段的打算进行如实的汇报,以便上级了解情况,是一种有广度的报告。

(2)专题性报告

向上级报告某一特定情况时使用,内容单一,有针对性,是一种有深度的报告。

2. 情况报告

下级机关向上级机关汇报工作中发生或发现的某些问题和情况时使用的一种报告。内容主要涉及两方面:一是对工作反省方面的,对于工作中出现的重大事故或失误,进行认真检查并总结经验教训;二是就公务活动中出现的新情况、新问题写成材料,上报上级机关,使其了解情况。

3. 意见报告

由于受职权范围和隶属关系限制，不能直接行文给有关单位，于是呈报意见报告给上级机关，希望上级机关能批转给有关单位遵照执行。这是一种业务部门就自己主管业务范围内的某项工作提出意见、建议，要求上级机关予以审核、批准的报告。

4. 答复报告

答复报告是一种对上级机关询问的问题作出答复的报告。

5. 报送报告

报送报告是向上级机关报送文件、物件时，随同文件或物件一起发送的报告。

(四)报告的写作

报告的行文部分主要要素由标题、主送机关、正文、发文机关署名、成文日期组成。

1. 标题

报告的标题写作有两种形式：一是由发文机关、事由、文种三部分组成，如《××市人民政府关于××××年度工作情况的报告》；二是省略发文机关，只由事由、文种两部分组成，如《关于××××年上半年工作情况的报告》。在事由前一般应加上介词“关于”。

2. 正文

报告的正文一般由报告缘由、报告事项、报告结语构成。

(1)报告缘由

报告缘由即报告的正文开头部分，简明扼要地交代报告的根据、目的、背景或总的基本情况。然后根据不同类型的报告用承启语“兹报告如下”“特作如下报告”“为此，提出如下意见”等过渡到下文。

(2)报告事项

这是报告正文的主体部分，要写明主要情况、措施与结果、成效与存在的问题等。不同类型的报告，这部分的写作也略有不同。

1)工作报告：要写明前段工作的主要情况，取得的成绩和经验，存在的主要问题以及下一步的工作计划。

2)情况报告：以陈述、反映情况为主，写清楚情况、问题、事件的原委及自己的看法等。

3)意见报告：以提意见、建议为主，说明本机关对某些事情或工作的看法或提出某些规定和建议，需经上级机关批准后转发，作为执行的规范。

4)答复报告：简洁明了直接回答上级机关或领导的询问。

5)报送报告：简单说明报送的文件、物件名称即可。

(3)报告结语

一般用惯用结语，“特此报告”“以上报告当(妥)否，请指正”“特此报告，请审阅(请审查、请查收、请审核)”或“以上报告如无不妥，请批转有关部门执行”等。

【例文】工作报告

××市环境保护局关于城乡环境综合整治工作的报告

××市城乡环境综合整治办：

现将我局城乡环境综合整治工作推进情况报告如下。

一、完成主要工作

（一）制定实施方案。根据省城乡环境综合治理工作领导小组《关于进一步深化城乡环境综合治理的意见》和我市城乡环境综合整治指挥部《关于做好2013年城乡环境综合治理工作的意见》要求，制定了我市《2013年城乡环境综合治理环境保护实施方案》，成立了工作领导小组，明确工作目标、工作内容，确立了组织保障体系。

（二）加快我市小流域环境综合整治进度。城乡环境综合治理的核心和关键在治理本源上。为此，我局于2013年4月成立专门工作组，下发《关于开展小流域水环境污染调查工作的通知》，明确三县两区要加大小河流综合治理，要求我市三县两区现场摸底所辖范围内所有小流域水环境情况（包括各乡镇的生活污染治理、畜禽养殖污染治理、农村面源污染治理等）。6月初，局党组召开党组会，对各县区上报的小流域水环境情况进行分析、汇总，并以小清河和明水河两条具有代表性的小流域作为污染治理试点，于7月编制《××市重点小流域污染治理方案》，呈市委、市政府审议。目前，各县区正按实施方案精心组织、狠抓落实。

（三）督导农村环境连片综合治理进度。2013年我市农村环境连片治理分三项内容：重点示范区、典型带动区和国控出川水质断面环境综合治理。涉及三县一区11个乡镇30多个村，投资总额4 500余万元，其中国家、省补助专项资金2 472万元。1月至8月，我局对综合整治项目进行了5次督导。目前，项目按工程进度持续推进中。

二、存在的主要问题

（一）农村环境综合整治点多、面广，治理难度大。随着农村经济快速发展和各种人为因素影响，农村点源、面源污染危害日趋严重，导致耕地退化，同时自然环境日益恶化，严重影响农村生活环境，综合整治工作难度加大。

（二）自然灾害导致治理效果不明显。6月30日，我市发生特大洪涝灾害，淹没了大片村庄、冲毁了已综合整治的项目，给农村生活居民的生活环境造成了严重影响，治理效果表现不明显。

三、下一步工作打算

（一）继续加大治理力度。积极申请国家、省专项补助资金，加大自筹资金力度，确保治理范围向纵深发展。

（二）加强督导，确保治理效果。今年农村环境综合整治项目比较多，由于各地情况不同，推进速度不一样，为确保进度和质量效果，我局将进一步加大督导力度。

附件：1. 城乡环境综合治理工作推进情况统计表（略）

2. 2013年城乡环境综合治理民生工程项目建设季度统计表（略）

××市环境保护局

2013年10月4日

二、请示

(一)请示的性质

请示适用于向上级机关请求指示、批准。

行文的目的主要是对有关事项、问题等,请求上级机关给予明确及时的指示和批准,以便开展工作,办理、解决问题。它属于上行文。

(二)请示的特点

请示主要有以下三个特点。

1. 单一性

请示行文必须一文一事。在一个请示中只能提出请求批准一件事项,或者请示解决一个问题。如果是几件事,则必须是与一个具体问题密切相关的几个侧面,同时必须是受文机关能一次给予解决并批复的。

2. 事先性

请示必须在解决问题、行事之前行文,等到上级机关的批复后才能办理、实施。不能事前不行文,先斩后奏。

3. 期复性

请示不仅向上级机关请求,更期盼上级机关尽快给予答复。

(三)请示的种类

按内容和性质来分,请示可分为三类。

1. 请求批准的请示

请求上级机关对本单位处理工作、解决问题等将要采取的方法、步骤等予以批准,包括请求增加设备、经费等。

2. 请求解答的请示

在工作中,对遇到的有关政策、法规等方面的疑难问题请求上级机关给予解释、答复。

3. 请求批转的请示

请求上级机关批准其对某项工作的意见并转发有关部门执行。

(四)请示的写作

请示一般是由标题、主送机关、正文、发文机关署名、成文日期等组成的。

1. 标题

请示的标题通常有两种形式:一种是比较规范的形式,即由发文机关、事由及文种组成,如"××大学关于派教师出国进修的请示";另一种是省略了发文机关,即由事由、文种组成,如"关于××年××工作的请示"。

2. 主送机关

请示的主送机关是其直属上级机关,即负责受理和答复请示的机关。主送机关只有一个。

3. 正文

请示的正文一般由请示缘由、请示事项和请示结语等内容组成。

(1)请示缘由

请示缘由即请示的原因、根据及目的。这一部分要写得充分、具体和恰当。因为一份请示能否得到上级机关的批准或同意，关键就在于其理由是否充分、恰当，是否言之有据。

(2)请示事项

这是正文的主体部分，也即请示上级机关予以指示、批准的具体事项或问题。由于请求的事项是上级机关给予答复和批准的直接依据，所以一定要写得明确、具体。

(3)请示结语

这部分比较简单，多以习惯用语如“以上意见当否，请批示”“以上请示，请予批准”“妥否，请批示”等结束全文。

(五)请示的写作要求

1.只有一个主送机关

请示不可多头请示，因为“多头”请示会造成责任不清、上级无法答复或同时答复而内容不一致的局面，因而耽误工作。如果确实需要请示两个或两个以上的上级机关，一种办法是另外行文分别请示；另一种办法是必须分清主次，把上级主管单位(一个)和其他上级单位用“并”字分开，如“省发改委并财政厅、物资厅”，以视区别。

2.逐级请示

请示一般不得越级，如因特殊情况需要越级时，要同时抄送被越过的机关。此外，请示一般不直接送领导者个人。

3.理由充分，要求合理

只提要求、不讲理由的“无理要求”是难以获得上级批准的。请示的理由多是摆情况、述原因，以突出解决问题的必要性、重要性、迫切性。

4.实事求是

请求的理由要符合客观实际，不可夸大或缩小，也不能含糊不清。

(六)请示与报告的区别

1.写作性质不同

报告属陈述性公文，请示属呈请性公文。

2.行文目的不同

报告行文目的在于汇报工作、反映情况、提出意见和建议、答复等，故不要求上级机关回复；请示行文目的在于请求指示或审核批准，需要上级机关给予答复。

3.内容含量不同

报告的内容含量比较大，往往涉及多个事项，可以一文多事，即使是专题报告，也常常包括一个事项的多个方面，篇幅较长；而请示则要求一文一事，一事一请，篇幅相对短小。

4.行文时间不同

报告在事前、事中、事后均可行文；而请示必须事前行文，不能边干边请示或先斩后奏。

5.对上级机关的要求不同

报告不需要上级机关作出回答，因此常用“特此报告”“以上报告，请审阅”“以上报告如无不妥，请批转……”等词语来收尾；而请示则要求上级机关给予答复，所以常用“以上所请，妥否(当否)，请批复(批示、答复、回复)”“以上所请如无不妥，请批转……”等词语作结语。

【例文】请求批准的请示

××市交警支队
关于文化路禁行4吨以上汽车的请示

××市公安局：

我辖区内主要马路文化路路面狭窄（仅6米），近年来，马路两侧商店日渐增多，行人拥挤，往往占用马路行走，造成与自行车和汽车争道、交通经常堵塞的现象，引发交通事故多起。为了保证行人安全和道路的畅通、杜绝交通事故的发生，拟从5月1日起禁止4吨以上汽车在文化路通行。上述车辆可绕到附近的××路行驶。如无不当，请予批准。

××市交警支队（公章）

××××年×月×日

第四节　批复　函

知识目标：了解批复、函的概念、特点、种类等有关理论知识。

掌握批复、函的写作格式。

能力目标：具有运用所学理论知识分析批复、函的能力，并在教师的指导下能较好地完成批复、函的写作。

实际案例：

1. 批复

国务院关于同意将江苏省常州市列为国家历史文化名城的批复

江苏省人民政府：

你省《关于申报常州市为国家历史文化名城的请示》（苏政发〔2014〕25号）收悉。现批复如下。

一、同意将常州市列为国家历史文化名城。常州市历史悠久，遗存丰富，文化底蕴深厚，街区特色鲜明，城区传统格局和风貌保存完好，具有重要的历史文化价值。

二、你省及常州市人民政府要根据本批复精神，按照《历史文化名城名镇名村保护条例》的要求，正确处理城市建设与保护历史文化遗产的关系，深入研究发掘历史文化遗产的内涵与价值，明确保护的原则和重点。编制好历史文化名城保护规划，并将其纳入城市总体规划，划定历史文化街区、文物保护单位、历史建筑的保护范围及建设控制地带，制定严格的保护措施。在历史文化名城保护规划的指导下，编制好重要保护地段的详细规划。在规划和建设中，要重视保护城市格局，注重城区环境整治和历史建筑修缮，不得进行任何与名城环境和风貌不相协调的建设活动。

三、你省和住房城乡建设部、国家文物局要加强对常州市国家历史文化名城规划、保护工作的指导、监督和检查。

国务院

2015 年 6 月 1 日

案例分析：这是一篇指示性批复。批复中针对下级机关请示的事项，不仅给予了答复，还提出了处理意见，对下级工作进行了指导。批复的开头引叙来文名称《关于申报常州市为国家历史文化名城的请示》，注明批复的依据。批复的主体部分，"一"对请示中的请示事项表达了完全同意的意见，即"同意将江苏省常州市列为国家历史文化名城"；"二"和"三"则原则性地从两个方面提出了自己的意见和希望。

2. 函

青岛市商务局关于协助核查广交会企业参展资质的函

青岛市质监局：

为加强我市参加第 118 届广交会企业展品质量监督管理，优化我市参展出口商品结构，进一步提升企业整体参展水平，根据商务部办公厅《关于加强中国进出口商品交易会展品质量监管有关工作的通知》（商办广函〔2010〕1700 号）要求，现商请贵局协助核查本届广交会我市参展企业中有无产品质量不良记录企业。请于 2015 年 9 月 18 日（星期五）前将核查意见反馈我局。

特此致函。

青岛市商务局

2015 年 9 月 10 日

案例分析：这是一份青岛市商务局商请青岛市质监局协助核查本届广交会青岛市参展企业资质的商洽函。本函先写行文的缘由，再写行文的目的和商洽的事项，最后请求对方给予答复。结构完整，行文规范，是一份规范的商洽函。

一、批复

（一）批复的性质

批复适用于答复下级机关请示事项。

批复一般是专门就某一事、某一问题的答复，内容都比较单一，而且是先有来自下级的请示，然后才有上级的批复。它是与请示相呼应的一种公文。批复是一种下行文。

（二）批复的特点

1. 行文具有被动性

批复的写作以下级的请示为前提，它是专门用于答复下级机关请示事项的公文，先有上报的请示,后有下发的批复,一来一往,被动行文。

2. 内容具有针对性

批复是针对"请示" 这一文种而发的,内容一定要扣住请示中提出的事项、提到的问题,给予答复。

3. 效用的权威性

批复表示的是上级机关的结论性意见,下级机关对上级机关的答复必须认真贯彻执行,不得违背,带有很强的权威性。

4. 态度的明确性

批复要针对下级所请示的问题表明立场和看法,拿出方案和策略,所以内容要具体明确,不能有模棱两可的语言,使得请示单位不知道如何处理。

(三)批复的种类

批复可分为以下两类。

1. 表态性批复

针对下级机关请求批准类的请示,答复要表明态度,或同意,或不同意。一般说来,同意的不必说理由,不同意的要略说理由。

2. 指示性批复

针对下级机关请示的事项或提出的问题,答复时要提出处理意见,对下级工作进行指导。

(四)批复的写作

批复一般由标题、主送机关、正文、发文机关署名、成文日期等组成。

1. 标题

批复的标题由发文机关、批复事项、文种三部分组成,如《××关于建立东风电机厂工会委员会的批复》;也可只写批复事项及文种,省略发文机关。

2. 主送机关

主送机关即来文请示的单位。

3. 正文

正文分为开头、主体和结语三部分。

(1)开头

开头一般注明批复的依据,即引叙请示来文。可用四种方法引叙:一是简要引叙来文的请示事项,如"你们关于××问题的请示收悉";二是引叙来文的日期和文号,作为批复的根据,如"××年×月×日×号文收悉";三是引叙来文日期和来文名称,如"收到你们×月×日《关于××同志任职的请示》";四是引叙请示日期,如"××年×月×日来文收悉"。用以说明是针对哪个请示所作的批复。然后,一般用"经××研究,现批复如下"或"经研究,批复如下"等引出主体内容。

(2)主体

请示的内容决定批复的写法。

下级机关只就某个具体事项请示,批复的内容亦简单明了,可直接表态,同意的就写肯定意见,不同意的要提出有根据的、有针对性的缘由。有的批复具有一定的普遍性,则需上级机关较为详细地写明批复态度,充分阐明理由。还有些批复可在同意的前提下,原则性地提出希望。

对请示的批复一般分为三种意见:完全同意、不完全同意、完全不同意。意见不同,写法也不同。

1)完全同意的批复可以不写同意的理由,只明确表态。

2)不完全同意的批复,在写此类批复时先说同意部分,再讲清不同意部分及其原因。

3)完全不同意的批复,一定要在周密的思考和研究后,讲明不同意的理由和根据。

(3)结语

批复的结语多用“此复”“特此批复”。结语一般另起一段,也可省略不写。

(五)批复的写作要求

1.批复态度要慎重

收到请示后,批复机关要对有关情况进行调查了解,并根据现行政策和法令,经认真研究后,方可给予下级答复。因此,撰写批复要慎重。

2.批复时间要及时

上级机关对于下级机关的请示,要及时给予答复,不可延误,以提高行政工作效率。

3.批复内容要单一

请示是一事一请示,批复也是一事一答复,两者的内容都是单一的。

【例文】表态性批复

×××省人民政府
关于举办第十二届齐鲁文化节的批复

××市人民政府:

你市《关于举办第十二届齐文化节的请示》(×政呈〔2015〕5号)收悉。经研究,同意你市于2015年9月12至16日主办第十二届齐鲁文化节。具体事宜请按照×政字〔2014〕167号文件要求办理。

××省人民政府
2015年6月23日

二、函

(一)函的性质

函适用于不相隶属机关之间商洽工作、询问和答复问题、请求批准和答复审批事项,是机关之间办理日常公务的交往性公文。一般用于平行机关和不相隶属的机关,但有时也可用于上下级之间的交往。

（二）函的特点

1. 适用范围广泛

函不仅可用于相互商洽工作、询问答复问题，又可以用于向主管部门请求批准事项，也可用于答复审批事项。

2. 多向行文

函一般看成是平行文，但根据需要又可以是上行文、下行文。

3. 短小精悍，简便灵活

函一般内容单一，语言简洁明了，篇幅短小。

（三）函的种类

函可以从不同的角度分成不同的种类。

1. 按行文方向划分

按行文方向划分，函可以分为发函和复函两种。发函即主动提出了公事事项所发出的函，复函则是为回复对方所发出的函。

2. 按行文用途划分

按行文用途划分，函可以分为商洽函、询问函、答复函、请批函等。

（1）商洽函

这是一种相互商洽工作、讨论问题的函。单位之间有事项、问题需要联系商洽，用其他公文联系不合适的，都可用函来联系商洽。一般用于平行机关和不相隶属机关之间。

（2）询问函

这是用于机关之间了解、询问问题的函。它既可用于平行机关和不相隶属机关之间，也可用于上下级机关间的交流。

（3）答复函

这是针对机关商洽、询问或请求批准的事项，在法定权限内给予答复的函。

（4）请批函

这是用于向没有隶属关系的有关主管部门请求批准的函。一般在平行机关和不相隶属的机关之间使用。

3. 按行文格式划分

按行文格式划分，函可以分为公函和便函两种。公函用于机关单位正式的公务活动往来，便函则用于日常事务性工作的处理。便函不属于正式公文，没有公文格式要求，甚至可以不要标题，不用发文字号，只需要在尾部署上机关单位名称、成文时间并加盖公章即可。

（三）函的写作

函一般由标题、主送机关、正文、发文机关署名、成文日期等组成。

1. 标题

函的标题可以有以下三种写法。

1）由发文机关、事由、回复函对象、文种组成，如《国务院办公厅关于××等问题给×省人民政府办公厅的复函》，这是较重要复函常用的标题。

2）由事由、文种组成，如《关于请求增拨设备维修费的函》。

3）由发文机关、文种组成，如《××省高级人民法院函》，这种情形并不多见。

2. 正文

函的正文包括发函缘由、事项、结语三部分。

1)发函缘由指发函的原因,一般简明扼要。

2)事项指函的主体内容。根据需要把内容写出来,或商洽,或请求批准,或询问,或答复等。不管写哪种函,事项必须清楚、具体,表达明确、简要。

3)结语是指函的结尾。一般使用"特此函告""此复""特此函达""特此函复""请复"等公文用语。

(四)函的写作要求

1. 开门见山,直叙其事

函篇幅短小,写作时行文要简洁,叙事要明确,直截了当,切忌长篇大论。

2. 语言平实自然,措辞得体,平等待人

函是一种多向平行文的公文,因此行文时,语言要平实自然,态度要诚恳,措辞要讲究,平等待人,对上要尊重而不恭维,对下要严肃而不自傲,对平级单位、不相隶属单位,要以礼待人。

3. 一事一函,注意时效性

特别是复函更应该迅速、及时,以保证公务活动的正常进行。

(五)函与请示、批复的区别

1. 函与请示的区别

函与请示都有"请求批准"的用途,其区别在于,函主要用于平级单位之间、不相隶属单位之间以及有业务主管和被主管关系的单位之间,向主管单位请求批准有关事项,主管单位用函答复批准请求事项;请示则是用于有隶属关系的上下级机关,下级机关用请示向上级机关行文请求批准重要事项。因此,我们在使用请示和函时,要弄清楚发文机关和受文机关的关系,然后确定用什么文种。

2. 函与批复的区别

函有发函与复函之分,复函是用于回复来函单位商洽的事项,用于平级单位、不相隶属单位,也可回复上级单位的来函。批复则是用于批准答复下级机关的请示,批复的事项一般比较重要。另外,函比批复的适用范围更广,使用时也更具灵活性。

【例文】答复函

环境保护部办公厅关于
2015欧亚经济论坛生态合作分会相关事宜的复函

欧亚经济论坛秘书处:

《关于明确2015欧亚经济论坛生态合作分会相关事宜的函》收悉。经研究,我部同意主办2015欧亚经济论坛生态与环保合作分会。现函复如下。

一、会议名称及主题

(一)名称:欧亚经济论坛生态与环保合作分会。

(二)主题:共建绿色丝绸之路:绿色经济发展与转型。

二、主办、承办、协办单位

(一)主办:环境保护部。

(二)承办:中国—东盟(上合组织)环境保护合作中心。

(三)协办:陕西省环境保护厅。

三、时间与地点

(一)时间:2015年9月24日下午至25日上午。

(二)地点:西安市欧亚经济论坛永久会址(西安凯宾斯基酒店)。

四、会议规模及中外方主要与会人员

(一)会议规模:150人以内(其中:外方代表约30人)。

(二)中方参会代表:环境保护部领导、部分企业代表。

(三)外方参会代表:欧亚国家部级嘉宾、欧亚国家驻华使馆代表。

五、其他

会议主要活动及相关经费安排,请与会议承办单位协商后,进一步细化落实分工方案,并签署合作协议。

特此函复。

环境保护部办公厅
2015年6月15日

第五节　纪要

知识目标:了解纪要的理论知识,掌握纪要的写作格式。

能力目标:能灵活运用纪要理论知识分析、写作纪要。

实际案例:

全国城市经济体制改革试点工作座谈会纪要

(××××年×月×日)

××××年×月×日至×日,国家体改委在××省××市召开了全国城市经济体制改革试点工作座谈会。三十一个省、自治区、直辖市体改委(办)的负责同志,五十八个试点城市的负责同志以及中央、国务院有关部门的负责同志共二百多人参加了会议。会上传达学习了中央领导同志最近的重要讲话,交流了试点城市改革的情况和经验,研究了新形势下为积极推进城市经济体制改革需进一步开展的工作。

一、统一认识,明确今年改革的方针和主要任务。(略)

二、进一步简政放权，政企分开，搞活企业。（略）

三、充分发挥社会主义市场经济，理顺经济关系。（略）

四、精心指导，保证改革健康发展。（略）

与会同志一致表示，当前改革进入攻坚阶段，我们要坚定地贯彻党中央和国务院的部署，精心组织，精心指导，搞好调查研究，把城市经济体制改革引向深入，为建立有中国特色的社会主义市场经济作出新贡献。

案例分析：这是一篇专项纪要，主要记载了全国城市经济体制改革试点工作座谈会的主要情况和议定事项。目的在于传递城市经济体制改革试点工作的信息，研讨城市经济体制改革工作中的问题。本纪要开头部分主要写了会议的概况，包括会议时间、地点、名称、与会人员、基本议程等。主体部分主要从四个方面写了会议议定的事项。最后的结束语部分主要是对会议进行了概括的总结。

一、纪要的性质

纪要适用于记载会议主要情况和议定事项。

纪要是在会议记录的基础上，对会议的主要内容及议定的事项，经过摘要整理的、需要贯彻执行或公布于报刊的具有纪实性和指导性的文件。

二、纪要的种类

根据适用范围、内容和作用，纪要可分为以下两类。

1. 办公纪要（也指日常行政工作类纪要）

办公纪要主要用于开会研究问题，布置工作，为开展工作提供指导和依据。

2. 专项纪要（也指协商交流性纪要）

专项纪要主要用于各类交流会、研讨会、座谈会等，目的是传递信息、研讨问题、启发工作等。

三、纪要的特点

1. 内容的纪实性

纪要要如实地反映会议内容，它不能离开会议实际搞再创作，不能搞人为的拔高、深化和填平补齐。纪要是将归纳整理的会议主要精神和议定事项表述出来，因此具有纪实性的特点。

2. 表达的要点性

纪要是依据会议情况综合而成的。撰写时重点应放在围绕会议主要精神和议定事项来整理、提炼和概括上，而不是叙述会议的过程。

3. 称谓的特殊性

纪要一般采用第三人称写法。由于纪要反映的是与会人员的集体意志和意向，所以常以“会议”作为表述主体，“会议认为”“会议指出”“会议决定”“会议要求”“会议号召”等，体现出其称谓的特殊性。

四、纪要的写作

纪要由会议主持机关撰写，一般是在会议结束后起草的，经主管领导人签字同意后才能定稿。

纪要通常由标题、正文、结束语、发文机关署名和成文日期组成。

纪要的发文机关署名可以署在最后,也可以只在正文中写出主持机关,不另外署名。成文日期可以写在标题的下方,也可以写在正文的右下方,发文机关署名后。

1. 标题

纪要的标题通常有单标题和双标题两种拟写方法。

(1)单标题

单标题由会议名称、文种构成,如《农村工作会议纪要》。

(2)双标题

双标题由正标题、副标题构成。正标题揭示会议主旨,副标题写明会议名称和文种,如《维护财政制度加强经济管理——在××部门××座谈会上的发言纪要》。

2. 正文

正文一般分为会议概况、会议内容、结束语三部分。

(1)开头

开头主要写会议概况,包括会议时间、地点、名称、主持人、与会人员、基本议程等。具体写法常见的有两种:一种是将会议的时间、地点、参加人员和主持人、会议议程等基本情况采用分条列出的写法,这种写法多见于办公会议纪要;另一种是将会议的基本情况作为一段概述,使人看后对会议轮廓有所了解,一般放在正文开头,有时也可移至正文最后。

纪要的开头要简要。

(2)主体

这是会议纪要的核心部分,主要写会议的精神和议定事项。常见的写法有三种。

1)条文式写法,就是把会议议定的事项分条写出来。办公会议纪要、工作会议纪要多用这种写法。

2)综述式写法,就是将会议所讨论、研究的问题综合成若干部分,每个部分谈一个方面的内容。较复杂的工作会议或经验交流会议纪要多用这种写法。

3)摘记式写法,就是把与会人员的发言要点记录下来。一般在记录发言人首次发言时,在其姓名后用括号注明发言人所在单位和职务。为了便于把握发言内容,有时根据会议议题,在发言人前面冠以小标题,在小标题下注明发言人的名字。一些重要的座谈会纪要,常用这种写法。

3. 结束语

结束语主要是对会议的总结、发言评价和主持人的要求或发出的号召、提出的要求等。有时纪要可不写结束语,主体部分写完就结束。

五、纪要与会议记录的区别

1. 性质不同

会议记录是讨论发言的实录,属事务文书;纪要只记要点,是法定党政机关公文。

2. 功能不同

会议记录一般不公开,无须传达或传阅,只作资料存档;纪要通常要在一定范围内传达或传阅,要求贯彻执行。

【例文】办公纪要

××县人民政府第六次常务会议纪要

时间:××××年×月×日上午八点半至十二点

地点:县政府常务会议室

主持:县长×××

出席:副县长×××、××、××、×××,办公室主任×××

请假:×××(出差)

列席:×××、×××、×××

记录:×××

现将会议讨论及决定的主要事项纪要如下。

一、会议听取了副县长×××关于召开经济工作会议准备的情况汇报,讨论了扩大县属企业自主权的十条规定。会议同意县经济工作会准备情况汇报,并决定于×月×日召开全县经济工作会议。今年各项经济工作指标,要以市经委下达的为准,不再调整县原各公司的主要经济指标。在县经济工作会议上,由县经委与县原各公司签订经济责任书。

二、会议原则同意县民政局关于民政事业费管理使用办法的修订意见。

三、会议同意将县政府办公室提出的转变机关工作作风的规定意见(讨论方案)印发各部门,广泛征求意见,作进一步修改后,以县政府文件印发。

××县人民政府办公室

××××年×月×日印发

写作训练

一、判断题

根据下列提示判断应该使用的公文种类。

1. ×省建设厅通报2012年上半年建筑施工事故情况。

2. ××实业总公司欲组建××集团,向其上级机关××市××区人民政府行文请示,××市××区人民政府给予答复。

3. ××省教育厅行文召开省内各高校校长会议。

4. 春运期间×省交通厅为了及时运送在×省工作的外省民工回家过年,组织了民工运送专门车队,但由于车辆不足,不能满足民工要求,特请××省派出大型客车20辆,帮助运送××省在×省工作的民工。

5. 国务院办公厅下发公文,要求切实解决下岗职工生活困难问题。

6. ×政府请求国务院给予抗旱资金支持。

7. ××市政府关于《××省村民委员会选举办法》中,“空挂户”是否具有选民资格和村委会成员预选的法定人数的问题有疑问,行文向×省民政厅询问。

8. ×省民政厅就××市政府的询问给予了答复。

二、改错题

(一)指出下列公文标题的错误

1. 城市工作会议的会议纪要

2. ××公司向总公司申请资金的请示

3. ××市关于××会议的通知

4. ××大学关于××的商洽询问函

5. ××省教育厅关于表扬的通报

(二)下列文章每篇至少有三个明显的错误,请找出这些错误,并说明理由

1.

××省人民政府关于开通××市——××海上货运航线的请示报告

国务院:

我省××市自开通至××海上客货运输航线以来,客货运输量日益增加。通过合资经营的“金桥”轮运输进出口货物总量达2 500多个标准集装箱。去年我省对××地区出口已达3.13亿美元,从发展趋势看,今后出口仍将有大幅度增长。但因为“金桥”轮是客货两用船,且以客运为主,吨位小,远远不能满足双方进出口货物运输的需要。造成了许多出口货物到××港后,需再转运,既延误了时间,又增加了费用,急需开通××市至××航线。该航线开通后由我省所属的海运公司负责经营。

××省人民政府

2.

关于××大楼发生重大火灾事故的报告

20××年2月20日上午9点10分,××市××大楼发生重大火灾事故。火灾虽然未造成人员伤亡,但直接经济损失792万元。

今后,我们要吸取教训,切实加强对安全工作的领导,尤其加强对零售企业的安全管理,及时消除各种不安全的因素和隐患,为企业创造良好的经营环境。

二〇〇〇年二月二十五日

3.

关于建立××市全民健身中心的请示

省人民政府、建设厅:

我市全民健身活动在省委、省政府的关怀下,有了一定发展,在开展群众性体育活动、提高身体素质方面取得了一些成绩。我们认为,我市急需建立一所全民健身中心,以增加市民运动

场所。具体意见如下：

一、健身中心地址及规模（略）

二、场地设施（略）

三、工作人员配备（略）

四、经费（略）

××市人民政府

二〇一一年六月十五日

4.

××关于应对雾霾天气的紧急要求

全区各级各类学校、幼儿园：

一、各校要严格执行冬季作息时间，小学不得要求学生早于8:20到校，放学时间不得晚于16:30；初中不得要求学生早于7:50到校，放学时间不得晚于17:00。

二、各校要做好课程调整工作，暂停户外体育课和体育活动；体育课改为室内课。

三、各学校要加强宣传教育，提醒学生做好自我防护，尽量减少户外活动，出入戴好口罩，注意遵守交通规则，确保交通安全。

4. 各学校要高度关注校门口交通秩序，协助交警疏导交通，确保师生出入安全。联合公安、交通部门，对校车驾驶员进行安全警示，确保学生乘车安全。

5. 有住读学生的学校可及时调整食堂菜谱，指导学生注意饮食卫生，多饮水，饮食清淡。

6. 各学校要密切关注新闻媒体、武汉市环保局网站发布的空气预警信息，按照空气质量指数级别启动相关应急措施。

东西湖区教育局基础教育科

2013年1月18日

5.

中国科学院××研究所关于建立全面协作关系的函

近年来，我所与你校双方在一些科学研究项目上互相支持，取得了一定的成绩，建立了良好的协作基础。为了巩固成果，建议我们双方今后能进一步在学术思想、科学研究、人员培训、仪器设备等方面建立全面的交流协作关系。

一、定期举行所、校之间学术讨论与学术交流。（略）

二、根据所、校各自的科研发展方向和特点，对双方共同感兴趣的课题进行协作。（略）

三、根据所、校各自人员配备情况，校方在可能的条件下对所方研究生、科研人员的培训予以帮助。（略）

四、双方科研教学所需要高、精、尖仪器设备，在可能的条件下，予对方提供利用。（略）

五、加强图书资料和情报的交流。

三、模拟写作题

（一）拟写一份完整的、标准的上行文公文版式，内容自定

（二）根据下列内容提示，拟写公文标题

1. ××市人社局请求市政府给予资金帮助，以解决购置防暑设备经费问题。

2. ××公司向其分公司下发中秋节放假通知。

3. ××大学与××林场商洽植树有关事宜。

4. ××公司员工×××临危不惧，舍己救人，公司对其通报表彰。

5. 国务院下发通知，要求进一步规范彩票管理工作。

（三）根据下列材料拟写党政机关公文（材料可以补充）

1. ××学院团委、学生处为了丰富新生课余文化生活，引导新生明确大学学习目标，有目的地规划自己的大学生活，决定××××年十月十日在院大学生活动中心举办一次"我的大学生活"主题演讲比赛。参赛对象为全体新生，要求内容积极向上，主题鲜明，能体现当代大学生的精神风貌，时间限于5分钟。要求各学院于9月30日前将参赛选手名单（每学院限报选手3名，男女不限）上报院学生处。

请代该学院团委、学生处拟写通知下发各系。

2. ××公司为了总结该公司本年度家电销售工作经验，部署下一年销售工作任务，表彰在销售工作中作出突出贡献的先进集体和个人，决定在12月6日至8日在××大厦召开一次分公司负责人业务工作会议。

请以××公司名义下发会议通知。

3. ××大学新闻学院欲增加××、××两位教师为该院×××委员会委员，行文《关于增补××、××两位教师为新闻学院×××委员会委员的请示》，请校领导批准。经校长办公会议研究，已经同意了经济学院的请示。

请代拟公文给予答复。

4. ××市工商局张××、李××、王××组队，参加了省工商局组织的法律法规知识竞赛，获得了第一名的好成绩。经市局党组研究决定对这三名同志进行通报表彰，并号召全局干部职工学习他们好学上进、认真钻研、刻苦训练以及不畏强手、勇夺荣誉等优秀品质和精神。

请以××市局名义起草一份表彰性通报。

5. ××公司新近上岗的8名营销人员专业知识薄弱，业务素质亟待提高，公司欲委托××经济学院对公司营销人员进行为时半年的营销知识培训。

请代××公司行函商洽培训事宜，并以××经济学院名义给××公司复函。

6. ××市第二中学由于住宿生激增，床位紧缺，宿舍拥挤，住宿条件差，已严重影响了学生的学习、生活和身心健康。为解决这一困难，学校打算再建一栋学生宿舍楼（建筑面积2 000

平方米,6层)。

请代××市第二中学拟写公文。

7. ××公司在二〇一〇年三月一日下午三点,召开中层干部工作例会。会议由公司总经理辛××主持,公司领导张××、李××、王××及办公室、财务部、合同部、城网工作部、运管部、工程部和袁××等有关负责人参加了会议,设备部负责人因其他工作未参加会议。各有关部(室)对第一季度的工作完成情况作了交流,对下一步的工作安排进行了研究,分管财务的张××、分管运输的李××、分管合同部、城网工作部的王××等领导就各自分管工作发表了意见,××董事长就公司面临的形势和公司中心工作提出了要求,辛××总经理对第二季度的工作进行了部署。

会议认为,2009年度由于受世界经济危机的影响,公司的财务压力较大,要求大家要进一步做好节约型企业创建工作,在如何节约成本上动脑筋、想办法,尤其是要加强××成本的控制,加强×××的改革和研究,进一步做好×项工作。

根据上面的材料写一份纪要。

第三章 日常文书写作

第一节 概述

知识目标：了解日常文书写作的有关理论知识。
掌握写作日常文书的格式。

能力目标：具有一定的分析和写作日常文书的能力。

一、日常文书的概念

日常文书是一个内涵十分广泛的概念，一般是指人们在处理日常事务、进行礼仪社交活动时所使用的各种文书。它具有较为广泛的社会功能，在人们的日常生活中起着礼尚往来、互通信息、交流经验、沟通思想、联络情感等作用。

二、日常文书的种类

日常文书主要有以下几类。

1. 礼仪类

礼仪类文书主要包括请柬、慰问信、感谢信、邀请函、祝词、贺词、欢迎词、欢送词、答谢词、讣告、悼词等。

2. 告启类

告启类文书主要包括启事、声明、海报、捷报、喜报等。

3. 条据类

条据类文书主要包括请假条、留言条、托事条、借条、欠条、收条等。

4. 书信类

书信类文书主要包括介绍信、证明信、聘书、申请书、建议书、倡议书、求职信、履历表、保证书、决心书、感谢信、慰问信、表扬信、检讨书、恐吓信、举报信等。

三、日常文书的特点

日常文书种类繁多，形式多样，但也有一些共同的特点。

1. 相对严格、固定的格式

日常文书使用范围广，在长期使用过程中逐渐形成了相对严格、固定的格式，体现了一定的规范性。

2. 相对固定的惯用语

日常文书由于篇幅限制或内容的特殊性，形成了一些相对固定的惯用语，一般情况下不能变更。

3. 特殊的语言要求

各类日常文书根据内容及表达的不同需要，都有特殊的语言要求，如条据、告启类文书语言要求平直、朴实、言简意赅；而礼仪类文书语言上除要求简洁、明确外，还要措辞文雅、大方和热情。

四、日常文书的写作要求

1. 中心明确

行文的目的、提出的主张要明确，不能模棱两可、似是而非。这样可以使读者一目了然地把握文章的主题，也可以很好地提高办事效率，解决实际问题。

2. 语言简洁明了

简洁明了是指用最少的文字，清楚无误地表达出唯一的思想内容；用恰当的语言来表情达意，反映客观事实的本质。

3. 书写格式规范

在长期的写作实践中，各类日常文书都形成了自己的固定格式，不能随意改动。

第二节 条据

知识目标：了解条据在日常生活中的应用范围。

掌握条据的写作规范。

把握条据写作的要点。

了解条据写作的相关法律知识。

能力目标：能根据需要写作比较规范的条据。

实际案例:

1. 借条

借　　条

今借到张晓刚(身份证号码:32120219700720 ××××)现金人民币壹拾陆万元整(160 000元)。约定于2015年9月1日前归还。年利率为8%。全部本息到期一次性偿还。此据。

借款人:李小明(签字　按印)

(身份证号码:37092319750118 ××××)

2015年3月1日

案例分析:这张借条格式规范,由标题、性质关系语、正文、尾语、落款、日期六部分构成。借债双方明确,借款数额清楚,还款日期明确,利息未超过同期人民银行基准利率的四倍,有借款本人亲自签字、手印,并附上身份证号码,具有法律效力。

2. 请假条

请　假　条

李老师:

昨晚我突发高烧,急诊诊断为流行性感冒。为此今天不能到校上课,请假两天,请予批准。

附:医院病假证明单一张

此致

敬礼!

您的学生:顾恺

2014年10月25日

案例分析:请假条主要说明请假的原因和时间。请假的理由必须充分且符合相关规章制度。这张请假条格式规范,由标题、称谓、正文、署名和日期五部分构成。请假理由充分,时间具体,用语礼貌得体。

一、条据的概念

条据是人们在日常工作、学习、生活中,彼此之间为处理财物或事务往来,写给对方的作为某种凭证的或有所说明的字条。“条”指便条,“据”指单据。

条据是日常生活中最常见而又最简便的应用文,它起到证明一定事实,分清各方责任的作用。

二、条据的特点

1. 凭证性

条据的主要功能就是凭证作用,条据类作为钱物借还的重要凭据,应该严加保管,供日后核对情况甚至可以作为档案保存起来。

2. 说明性

条据内容涉及钱物的名称、用途、时间、数目、去向等重要信息,具有说明事实的性质,其语言要遵守说明文语言的规范。

3. 简便性

条据类应用文一般在熟悉的人员之间使用,运用起来灵活、方便,文小功能大。

三、条据的分类

根据条据的内容和性质，通常可以把条据分为凭证性条据和说明性条据两大类。

1. 凭证性条据

凭证性条据主要是作为证据、凭证，具有法律效力。如借条、欠条、领条、收条等（也叫单据）。

借条是向他人或单位借钱物时，写给对方的凭据，又称借据。

欠条是单位或个人在付钱物时，不能全部付清或部分付清，留给对方作为约期归还的凭据。

收条是收到东西时写给对方的凭条，又称收据。

领条是到仓库或其他有关部门领取财物时，交给对方的凭条。

2. 说明性条据

说明性条据主要是告知对方某个信息，向对方说明某件事情。这类条据只起说明告知的作用，不具有法律效力。如请假条、留言条、托事条等（也叫便条）。

请假条是指因故需要请假而写给有关当事人的字条，主要说明请假的原因和时间。

留言条常在联系工作、交代任务或访问不调时使用，要交代清自己的意图和要求。

托事条是有事委托他人办理时留给别人的条子，要写清托办的事及要求。

四、条据的写作格式

（一）凭证性条据的结构、内容和写法

凭证条据的结构公式：标题 + 正文 + 尾语 + 落款 + 日期。

1. 标题

在条据正文上方居中，根据条据性质写明条据的名称。如“收条”“借条”“代收条”等。

2. 正文

凭证类条据一般不写称谓。在标题下第一行空两格直接写明条据的性质、关系，如“兹借到”“现收到” “代领到” “今欠”等；随后写明条据事项（收到谁的，借到谁的，欠谁的），出具条据的原因，钱物名称、数量、归还日期等。

本部分是条据的核心，要表达准确，以免将来发生纷争。

3. 尾语

凭证类条据的尾语可在正文的下一行写明“此据”二字。亦可不写。

4. 落款与日期

经手人签名，出具日期，并加盖印章。

（二）说明性条据的结构、内容和写法

说明条据的结构公式：标题 + 称谓 + 正文 + 祝颂语 + 落款 + 日期。

1. 标题

在条据正文上方居中，写明条据名称，如“留言条”“请假条”等。

2. 称谓

在条据标题下第一行顶格写受文者姓名或称谓，如“ × ×经理”“ × ×老师”等。

3. 正文

另起一行,空两格,简单明了地写明告知、说明的事项。有时,请假条还需附上有关证明,如医院证明、住院证明等。

4. 祝颂语

祝颂语最常用的有“此致敬礼”“谢谢”等,常可省略。请假条往往写“请予批准”“请准假”等语收结,“此致敬礼”可省略不写。

5. 落款

落款包括署名和日期。正文后另起一行,右下方署名。署名下一行,出具日期。

五、条据的写作要求

1)条据必须由对方亲笔书写,接收方不能代笔,要交代清楚四项要素,即写给谁、什么事情、谁写的、什么时间写的,要一一写明。

2)款项金额、物品数量,数字要用大写,数字前不能留空白,后面要写明计量单位,以防恶意添加或篡改。款项金额要注明币种,金额后要加“整”字。

3)语言要避免歧义,以免造成纠纷。名称、数量、立据人、日期及各款项准确无误。

4)内容简明,条理清晰,字迹工整,以免误认。用钢笔或中性笔,不要用铅笔、易褪色的墨水或红色墨水。

5)条据写成后,不得涂改。确需涂改,出据单位或个人要在改动处盖章。打印稿格式不变,但必须有签名、盖章。

六、借条和欠条的区别

1)借条证明借款关系,欠条证明欠款关系。借款肯定是欠款,但欠款不一定是借款。

2)借条形成的原因是特定的借款事实,而欠条形成的原因很多,可以是因劳务产生的欠款、因买卖产生的欠款、因损害赔偿产生的欠款等。

3)没有还款期限的借条,诉讼时效最长为 20 年;而没有履行期限的欠条,诉讼时效是在欠条出具起 2 年。

【例文】

例文一

欠　条

原借王东人民币捌佰元整,已还伍佰元,尚欠叁佰元整。两个月内还清。此据。

李晓华

二〇〇九年六月八日

例文二

收　　条

今收到会计1251班同学上交捐款伍佰元整(500元)。此据。

财务科　李玲

二〇一三年五月十日

第三节　启事　海报

知识目标:了解启事与海报的概念、特点、种类等知识。

掌握启事、海报的写作格式。

能力目标:能根据需要写作比较规范的启事、海报。

实际案例:

1. 招聘启事

招 聘 启 事

因我公司业务发展的需要,现面向社会公开招聘董事长秘书一名。

一、基本条件

1. 男女不限,三十五岁以下。

2. 最低学历:大专。

3. 工作经验:三年以上。

4. 岗位职责:具有深厚的文字功底,擅长撰写各种文稿,熟悉各种公文、商务信函等的写作,熟悉相关办公软件,熟悉社交礼仪,具有良好的商务接待和公关交际能力,具有良好的人际沟通、组织协调能力。

二、月薪

1 000~1 500元。

三、报名方式

请将个人简历及生活照发送至邮箱:zhangsheyu@ exceedon. net

联系人:张××老师

电话:(020)6762××××

招聘截止时间:2011年9月16日

广州市将帅企业管理咨询有限公司人事科

二〇一一年九月一日

案例分析:这则招聘启事格式规范,用语简洁,条理清楚,告知事项具体。标题由事由和文种构成,正文写了招聘的目的、对象、条件、办法等,落款注明了招聘单位名称和成文日期。

2. 海报

海　　报

你想与成功者分享成功的喜悦吗?你想一睹成功者的风采吗?你想学习如何创业吗?你

想了解大企业家的创业历程吗？你想感悟创业的酸甜苦辣吗？请听著名企业家金振峰的精彩报告。

报告题目：我的创业心路

地点：学院大礼堂

时间：6月1日下午2点30分

××职业技术学院学生会

2009年5月28日

案例分析：这则海报由标题、正文、结尾三部分构成，符合格式要求。文字简洁明了，有一定的鼓动性。正文除写明活动项目、时间、地点外，还介绍了活动的目的和意义。

一、启事

（一）启事的概念

某单位或个人，为公开向人们告知、表白某事，并请求公众协助支持而写的文书。“启”含有陈述的意思，“事”即事情，“启事”就是公开陈述某件事情。

（二）启事的特点

1. 周知性

启事所涉及的内容必须是需要向社会大众公开陈述的有关事项。因此，周知性便成为其第一个特点。为了使有关事项在社会上得以周知，它往往采用多种多样的发布途径和发布形式。启事既可抄写张贴在公共场所，也可制成印刷品广泛传播；既可在报刊登载，也可利用广播、电视播放。

2. 商洽性

启事和通知、通告一类的公文虽然都具有周知性，但它不像通知、通告等公文那样具有行政的强制性和约束力。它不能硬性规定人们必须阅读、收看或者收听，更不能强制别人必须办理、执行。它所周知的事项，知悉者可以参与，也可以不参与。

3. 祈请性

启事的目的不仅在于向人们公开告知有关事项，而且更侧重于请求人们协助办理。

（三）启事的类别

启事的内容广泛，凡是能够公开陈述告白的事情，几乎都可以采用启事的形式。根据启事的不同作用和目的，启事大体可分为以下类别。

1）征召类启事，包括招生、招聘、招标、招工、征文、征稿、征婚、换房等启事。

2）寻领类启事，包括寻人、寻物、招领等启事。

3）声明类启事，包括遗失、作废、迁移、更名、更期、开业、停业、竞赛、讲座等启事。

此外还有鸣谢启事、道歉启事、丧祭启事等。

（四）启事的结构和写法

启事一般由标题、正文和落款三部分组成。

1. 标题

标题的写法可以有以下形式。

1）以文种作标题，如“启事”“紧急启事”。

2）以事由作标题，如“招聘”。

3)以启事单位和文种作标题,如“××公司启事”。

4)以事由和文种作标题,如“招标启事”。

5)由启事单位、事由、文种构成标题,如“××商城开业启事”等。

2. 正文

正文一般包含启事目的、原因、具体事项、要求等。如果内容较多,可分条列项,逐一交代。正文部分是体现各种启事不同性质和特点的关键部分,应依据不同启事的内容和要求,变通处置。

招聘启事一般包括招聘基本情况、招聘对象、应聘条件、招聘待遇、招聘方法等内容。征稿启事应明确写出征集目的、相关背景、内容要求、体裁限定、字数、截止日期、投寄地址、奖励办法、注意事项等。如寻物启事应着重交代丢失物品的名称、特征、时间、地点、失主姓名、住址或单位名称、地址,交还办法和酬谢方式等。寻人启事要写清楚被寻找人的姓名、性别、年龄、身长、体型特征、口音、临行时穿戴、携带什么物品、出走的原因等,以便大家辨认,最后还要写明联系人的姓名和地址。开业启事则应写明开业单位的名称、概况、性质、地点、经营项目和开业时间等内容。

正文后可以写上“此启”或“特此启事”的结束语,也可省略。

3. 落款

写明启事单位名称或个人姓名和启事日期。如果标题或正文中已写明单位名称,此处可以省略。

有的启事还需要写明单位地址、时间、电话、电子邮箱、联系人等。凡以机关、团体、单位的名义张贴的启事,应加盖公章,以示负责。

(五)启事的写作要求

1. 内容严密、完整

启事的事项要严密、完整,不遗漏应启之事,而且要表述清楚,切忌含糊不清。

2. 用语热情、恳切、文明

只有态度诚恳,语言有礼貌,言词恳切,才能使公众产生信任感,达到预期效果。

3. 不能将“启事”错写成“启示”

“启示”含有“启发指示,使人有所领悟”之意,它跟“启事”毫无关系。

【例文】

开业启事

为满足广大师生的餐饮需求,饮食服务中心与广州市大型餐饮连锁企业清心堂合作,在第三食堂首层开设“8090专营店”。该店供应西点、奶茶、咖啡、牛杂、烧烤等100多个品种。环境舒适优雅、品种丰富。该店定于2月21日正式开业,欢迎师生前往品尝并提出宝贵意见。

消费方式:持金龙卡消费(不收现金)

营业时间:6:40—22:30

韶关学院后勤集团饮食服务中心

2012年2月17日

二、海报

(一)海报的概念

海报是机关、单位、团体向公众公布有关文化、艺术、体育、科技、学术和展览等消息的一种具有宣传广告性质的招贴式应用文。海报可以在媒体上刊登、播放,但大部分是在公共场所大型张贴或悬挂。

海报的名称最早出现于上海。那时,人们习惯把职业性的戏剧表演界叫作“海”,而把那些从事职业戏剧表演的人称为“下海”,那些作为演出剧目信息的招贴就被叫作“海报”。

(二)海报的特点

1. 宣传性

海报具有浓厚的广告色彩,重在告知和宣传。不论是商业性的演出还是体育赛事、学术报告等,都需要以某种方式告知公众。

2. 商业性

海报是为某项活动做的前期广告和宣传,其目的是让人们参与其中。演出类海报占海报的大部分,往往着眼于商业性目的。当然,学术报告类的海报一般不是商业性的。

3. 灵活性

海报字体大小、颜色、形式都可根据具体情况灵活变化,巧妙设计,配以形式多样的图案,使之醒目、美观。

(三)海报的分类

1. 文艺类海报

文艺类海报主要是指告知电影、戏剧、文艺演出和大型公众综艺活动的信息海报。

2. 体育类海报

体育类海报主要是指介绍体育赛事和活动的海报。

3. 报告类海报

报告类海报主要是指告知举办各种讲座,学术报告、英模报告,政治形势、国际形势报告等内容的海报。

4. 展销类海报

展销类海报是指告知各种展览活动的海报,比如商品展销、科普展览等。

(四)海报的结构和写法

海报的写作比较灵活,内容和结构基本包括标题、正文、结尾三部分,还有整体创意和美术设计。

1. 标题

海报的标题是海报的主题和内容的焦点。可以直接用“海报”作标题,也可以根据活动内容拟定标题,如“舞讯”“影讯”“球讯”,或使用修辞手法突出海报的效果,如“奇异的世界——海洋生物展览”。

标题必须醒目、简洁、新颖。设计时要在字体的大小、颜色和形式上下功夫。

2. 正文

正文部分因海报的种类不同而不同,但必须写明活动的内容(如电影、赛事、报告等)、时间、地点(必要时还要标出乘车路线)三个要素。

其他如活动的目的和意义、具体活动介绍、是否收费、票价及注意事项等可根据海报的不同种类进行增减。

正文部分的文字可根据版面的大小设计格式、字体和文字位置，以清晰、美观为标准。有的海报还有一些说明性文字。

3. 结尾

在正文之后另起一行，可加上一些吸引人的口号，如“莫失良机”“欢迎参加”等，也可省略。

结语之后写落款部分，包括举办单位名称、海报的张贴日期。

（五）海报的写作要求

1）海报的内容必须真实，可以适当地用一些鼓动性的词语，以吸引观众，但不可夸张失实。

2）海报的文字要求简洁明了，篇幅要短小精悍。

3）海报的设计贵在创新，文字、色彩、构图要醒目突出，手法明快，有新颖的形式美和装饰美。

（六）海报与启事的区别

1. 期求不同

启事是告知信息但还要求公众知道了以后给予支持、给予协助；而海报主要在于告知上。

2. 内容不同

启事在公私事务方面几乎都可以告知；而海报则主要负责文化艺术、体育学术等属于公益事业方面的消息。

3. 形式不同

启事一般只以文字的形式来告知，海报则可以配上照片、图画，图文并茂。

【例文】

周末电影

《2012》

总耗资2亿美元的灾难片　　　　片长：158分钟

地区：美国

剧情简介：

故事发生在2012年12月，根据玛雅预言，2012年的12月21日，正是世界末日，玛雅人的日历也到那天为止，再没有下一页。人类要如何才能阻止一切被毁灭呢？强烈的地震伴随大量陨石的坠落，让眼前熟悉的家园变成了人间炼狱。各种各样的自然灾害也以前所未有的规模爆发。已经制作完成的方舟数量远远不能满足从世界各地闻讯涌来的受灾人群。

谁去谁留已然成为挑战整个人类的道德抉择。面对灾难，来自不同国家的人类作出了怎样的抉择呢？

时间：本周五晚19:30

地点：新校区第一教学楼503

经济学院学生会生活部
2009 年 12 月 9 日

第四节　证明信　介绍信

知识目标：了解证明信、介绍信的概念、特点、种类等理论知识。
掌握证明信、介绍信的结构和写法。

能力目标：能根据需要写作比较规范的证明信、介绍信。

实际案例：

1. 证明信

证　明　信

泰安市业通商贸有限公司：

你公司张广顺同志，2009 年 9 月至 2012 年 6 月在我院管理系物流管理专业学习。在校期间，学习刻苦，工作积极，要求进步，连续三年被评为“三好学生”。

特此证明

山东职业学院（公章）
2012 年 11 月 30 日

案例分析：这是一则以组织名义所发的证明信。证明某人在校表现的情况，交代在校学习时间、所学专业及表现。语言简明扼要，证明的事实清楚、明白，具体、实在。

2. 介绍信

介　绍　信

三润集团公司负责同志：

兹介绍我校电子通信学院刘子饶等三位同志前往贵公司联系有关安排学生毕业实习等事宜，望接洽为盼！

此致

敬礼！

江苏信息职业技术学院（公章）
2011 年 4 月 18 日

案例分析：这是一封书信式介绍信，格式规范，由标题、称谓、正文、结尾、署名五部分构成。正文部分写明了被介绍人的姓名、身份、人数、联系事项、接洽要求等。

一、证明信

（一）证明信的概念

证明信是行政机关、社会团体、企事业单位或个人凭借确凿证据证明某人的身份、经历、学历、职称或某件事情的真实情况时所使用的一种专用书信应用文书。一般简称证明。它具有凭证的作用。有的证明信有长久的证明作用，可归档。

（二）证明信的特点

1. 凭证性

证明信的作用贵在证明，是持有者用以证明自己身份、经历或某事真实性的一种凭证，所以证明信具有客观、真实、可靠的凭证性特点。

2. 书信体

证明信是一种专用书信，尽管证明信有好几种形式，但它的写法同书信的写法基本一致，它大部分采用书信体的格式。

（三）证明信的种类

证明信大致有三类，即单位证明信、个人证明信、随身携带的证明信。写法大致相同。

1）单位证明信，以组织名义所发的证明信。

2）个人证明信，以个人名义所发的证明信。

3）随身携带的证明信，由被证明者随身携带，具有证件作用的证明信。它区别于前两种的是，注明有效期，过期自动失效。

（四）证明信的结构和写法

证明信一般都由标题、称谓、正文、结语、落款等构成。

1. 标题

常见的写法是只标示文种名称，即在第一行居中用较大字体书写“证明”“证明信”“证明书”。标题也可以写成“证明事由 + 文种名称”的形式，如“学历证明”“关于 × × 问题的证明”等。

2. 称谓

在标题之下另起一行顶格书写受信者的名称。称谓后加冒号，称谓一般为单位名称或规范化简称，有些证明信没有固定的受信者，则省去称谓。

3. 正文

在称谓或标题之下另起一行空两格开始书写，根据出具证明的主动与否有所区别和侧重。

1）被动发往对方的证明信。内容一般要针对对方所要求的要点写，根据受信者的要求，写清所要证明的事项，其他无关的不写。如需附有关结论或历史文件，可作附件处理。

2）主动发往对方的证明信。这种证明信多是作为证件之用的，如派遣本单位人员外出活动时，开具的作为机动证件使用的证明，简要写清被证明人的必要信息和祈请协助事项即可。

4. 结语

在正文之下另起一行空两格书写“特此证明”或“此证”，后面不必加标点符号。

5. 落款

在结语的右下方署名、开具日期。证明者是单位，应当书写其全称或规范化简称，然后加盖公章。证明者是个人，应当手写签名或加盖私章，在姓名前面可以加上“证明人”等字样。

（五）证明信的写作要求

1）写作要严肃认真，实事求是，言之有据。证明的人或事必须确实可靠，不能轻率从事。

2）语言要精练准确，不能随意夸饰，更不可模棱两可。

3）证明信不能用铅笔、红色笔书写，若有涂改，必须在涂改处加盖公章或私章。

4)凡证明信件都要求盖章,对于随身携带的证明信,一般要求在证明信的结尾注明有效时间、过期无效的期限。

【例文】

家庭经济困难证明

中国银行并山东大学:

李伟是河南省辉县洪州乡土楼村人,2010年考入山东大学,其家庭因父母年老体衰,经济困难,无力支持其完成学业,申请给予助学贷款支持。

特此证明

河南省辉县洪州乡土楼村村民委员会(公章)

2010年10月8日

二、介绍信

(一)介绍信的概念

介绍信是机关团体、企事业单位派遣人员前往有关单位联系工作、了解情况、洽谈业务、参加各种社会活动时使用的一种专用书信。一般介绍派遣人员的姓名、年龄、政治面貌、接洽事项等内容。

(二)介绍信的特点

1. 证明性

介绍信是联结双方关系的一座桥梁,其目的旨在证明来人的身份,以便防止假冒,具有介绍和证明的双重作用。持有介绍信的人,可以凭此信同有关单位或个人联系,洽谈有关事宜,而收看介绍信的一方则可以从介绍信中了解来人的职业、身份、要办的事情、要见的人、有什么希望和要求等。

2. 时效性

介绍信是一种在限期内才具备有用性的专用文书,它相当于一个在一定时间内的有效证件,所以一般都开列出一定的时日期限。介绍信有效期一般不超过15天。

(三)介绍信的种类

介绍信通常可以分为两种,即书信式介绍信和填表式介绍信。

1. 书信式介绍信

书信式介绍信是一种较常见的介绍信,一般书写在单位专用公文纸上,最后加盖公章即可。这种比较便捷的介绍信,因其用纸、书写没有严格的要求,容易被人伪造,所以在正规场合较少使用。

2. 填表式介绍信

这是一种正式的介绍信,内容格式已铅印成文,使用者只需填写姓名、单位、商洽事项等内容,再加盖公章即可。格式统一,使用简便,公用介绍信较多使用。

填表式介绍信又可分为有存根和无存根两种形式。此类介绍信,左联为存根,右联为使用部分,由持介绍信人保留,使用时,只需在空白处填上恰当的内容即可。

带存根的介绍信通常一式两联(分左右或上下两联),存根联由开介绍信一方留档备查,正式联由被介绍人随身携带。不带存根的介绍信内容格式与带存根的介绍信无甚差别,只是未保留存根。

(四)介绍信的结构和写法

1. 书信式介绍信的结构和写法

书信式介绍信由标题、称谓、正文、结语、落款五部分构成。

(1)标题

公文纸第一行正中,写标题"介绍信"三字。

(2)称谓

第二行顶格写明联系单位全称或个人姓名,称谓是个人时,应在姓名后加"同志"或职务等尊称。

(3)正文

正文经常用时态词引出,常用时态词有"兹""现""今"等,接着写明被介绍人的姓名、身份、人数、联系事项、接洽要求等。如果联系事项属重大、秘密事项时,还需介绍清楚持信人的年龄、政治面貌、职务、级别。

(4)结语

常用结语有"请予接洽""请协助办理"等。有些介绍信,还会在结语后,注上"此致敬礼"等祝福语。

(5)落款

单位名称写在正文右下方,并加盖公章。日期采用阿拉伯数字。有的要注明使用期限。

2. 填表式介绍信的结构和写法

1)不带存根的介绍信的写法基本等同于普通介绍信,只是有些内容已经印好,使用时填写相应内容即可。

2)带存根的介绍信由存根联、正式联、间逢三部分组成。

①正式联部分由标题、字号、称谓、正文、结语、落款构成。

②存根联部分由标题、字号、正文(一般包含部门、姓名、前往何处、办理何事等项)、落款构成。

③间逢三部分由字号"第××号"或"××字×号"组成。

填写时,首先要字迹清楚,特别是存根联、正式联、间逢三部分的字号要一致,以备存档后查阅;其次中间间逢字号要大写,字迹要在存根联和正式联各有一半,虚线正中加盖公章,撕裂后,存根联与正式联部分,都应有字号笔迹和章印痕迹。

(五)介绍信的写作要求

1)填写真实姓名、身份,不得冒名顶替或虚假编造。

2)所接洽办理的事宜写清楚,无关的不要写,简明扼要。

3)务必加盖公章,以免造成不必要的麻烦。

4)有存根的,存根联和正式联内容要完全一致。

5)书写工整,不得涂改,有涂改需加盖公章。

(六)证明信与介绍信的区别

1. 作用不同

证明信是根据事实阐述说明某人或某事有关事实情况的专用书信,具有凭证作用;介绍信是介绍本单位有关人员去相关单位办理、联系某事的专用书信，它在两个单位或人员办理、联系某事时起介绍沟通作用。

2. 时效不同

证明作为具体的凭证，一般没有具体的有效期限，甚至有的可以作为历史凭证，长时间发挥作用；而介绍信涉及两个单位或人员之间的联系，往往随着联系事项的结束而失去使用价值。因此，它得有严格的有效期限，逾期失效。

3. 对受文单位的要求不同

证明信旨在证明某人在某事或某一时期的既成事实，仅供受文单位参考，而不要求其办理某事。而介绍信旨在联系办理某一事项，尽管其中也有对持介绍信人必要情况的介绍，其目的是为了取得受文单位的信任，获得他们的协助，从而保时、保质、保量地把联系事项办好。所以，介绍信的结尾往往会使用祈请帮助的语句，如"请予协助"等，而证明信仅以"特此证明"的陈述句结尾。

【例文】

南京审计学院大学生暑期社会实践活动
介绍信

__________________单位：

兹介绍我院__________________班学生__________________到贵单位进行2011年暑期社会实践活动，请予接洽，并在该同学实践结束后对其实践情况作出鉴定和评价。

谢谢！

（学院盖章）

2011年7月1日

第五节　感谢信　慰问信

知识目标：了解感谢信、慰问信的含义、特点、种类等理论知识。

掌握感谢信、慰问信的结构和写法。

能力目标：能根据需要写作比较规范的感谢信、慰问信。

实际案例：

1. 感谢信

感　谢　信

昆明市公安局：

根据中日两国政府2007年签署的《关于"中日青少年友好交流年"活动的备忘录》及其附属文件，应中国政府邀请，由日本政府派遣，由日本高中生和各界青年组成的日本青少年友好访问使者代表团一行1 000人于今年10月19日至25日分成五路对我国进行交流访问。按照团中央的安排，10月21至24日，由媒体分团、友好团体分团、地方交流分团成员组成的E路

122 名日本青少年到我省进行交流访问。时逢中日双方关系处于敏感时期,贵局对活动的举行给予了倾力支持和帮助,对活动安保工作作了周密细致的安排部署,专门派出了出入境管理局、特警支队、五华、盘龙、西山等分局为确保住地及活动安全做了大量细致的工作,特别是杜明、马永涛等同志全程随团确保活动安全,这些为活动的顺利圆满成功提供了重要保障。

值此,我们对贵局所给予的鼎力支持和广大民警所付出的辛劳,表示衷心感谢!诚盼在今后的工作中一如既往地得到贵局关心支持。

此致

敬礼!

共青团云南省委员会(章)　云南省青年联合会(章)

2010 年 10 月 25 日

案例分析:这是一封写给集体的感谢信。正文首先概述事由,清楚地交代了感谢的原因,表达了自己的感激之情。完全符合感谢信的一般写法。该感谢信叙事具体准确,评价恰当,措辞亲切中肯,表达了诚挚的谢意。

2. 慰问信

致劳动模范和先进工作者的慰问信

尊敬的各位劳动模范和先进工作者:

斗转星移,岁序更新,硕果累累的 2009 年已经过去,充满希望的 2010 年来到了我们身边!在这欢乐、喜庆、祥和的日子里,云南省总工会向各位尊敬的劳动模范和先进工作者献上新年最衷心的祝福,并致以最崇高的敬意!

刚刚过去的一年,全省各族人民,包括各位劳动模范和先进工作者,在省委、省政府的正确领导下,深入贯彻落实科学发展观,坚决贯彻落实中央一系列重大决策部署,坚定信心保增长、坚持不懈保民生、坚定不移保稳定,全省经济形势总体回升向好,农业农村工作稳步推进,改革开放继续深化,宣传思想文化工作进一步加强,保障和改善民生工作力度持续加大,生态建设和环境保护迈出了新步伐,安定和谐的政治局面进一步巩固,党的建设不断加强,继续保持了经济发展、社会进步、文化繁荣、民族团结、边疆稳定、生态环境不断改善、人民生活水平进一步提高的良好局面,为祖国六十华诞献上了丰厚的大礼。

2010 年是全面完成"十一五"规划各项目标任务的关键之年,也是启动"十二五"规划的准备之年。希望各位劳动模范和先进工作者,全面贯彻落实党的十七大、十七届三中、四中全会及中央经济工作会议精神和省委八届八次全会精神,继续发扬爱岗敬业、争创一流,艰苦奋斗、勇于创新,淡泊名利、甘于奉献的伟大劳模精神,以更加坚定的决心、更加旺盛的精力、更加高昂的斗志、更加务实的工作,迎接新的挑战,创造新的业绩,为努力把我省建成绿色经济强省、民族文化强省和中国面向西南开放的桥头堡而努力奋斗!

最后,祝各位劳动模范和先进工作者在新的一年里身体健康、工作顺利、家庭幸福、万事如意!

云南省总工会(公章)

二○一○年元月

案例分析：这是一封节日慰问信，由标题、称谓、正文、结语、落款五部分组成，格式规范。正文开头概述节日意义，表达亲切问候，然后赞扬全省劳动模范和先进工作者取得的成绩和作出的贡献，指出今后的任务，最后表达良好的祝愿。

一、感谢信

（一）感谢信的概念

感谢信是向帮助、关心和支持过自己的集体（党政机关、企事业单位、社会团体等）或个人表示感谢的专用书信，有感谢和表扬双重意思。它广泛应用于个人与个人、个人与组织、组织与组织之间，用以向给予自己帮助、关心和支持的对方表示感谢。写感谢信既要表达出真切的谢意，又要起到表扬先进、弘扬正气的作用。

（二）感谢信的特点

1. 公开性

感谢信要公之于众，感谢信可以直接寄送给对方单位或个人，也可公开张贴或送报社、电台等新闻媒介刊播。起到对好人好事、先进行为、模范事迹和优良品行加以歌颂的目的，对树立良好的社会风气有积极意义。

2. 及时性

感谢信应及时迅速地将对方的可贵精神以及客观影响反映出来，以达到激励和教育广大群众、端正社会风气的作用。

3. 针对性

感谢信应紧扣对方的先进行为、模范事迹和优良品行加以赞颂，突出表达对对方的感激之情。

（三）感谢信的分类

感谢信依据不同的标准可以有不同的分法。根据感谢对象来分，有写给集体的和写给个人的感谢信；根据寄送对象来分又可以分为三种，一种是直接寄送给感谢对象，一种是寄送对方所在单位有关部门或在其单位公开张贴，还有一种是寄送给广播电台、电视台、报社、杂志社等媒体公开播发。

（四）感谢信的结构和写法

感谢信的结构一般由标题、称谓、正文、结语、落款五部分构成。

1. 标题

标题的位置在第一行，居中、醒目。可以采用三种形式：一是只用文种“感谢信”作标题；二是由感谢对象和文种组成标题，如“致××医院的感谢信”；三是由写信方、感谢对象及文种组成的标题，如“中国足球队致全国球迷的感谢信”。

2. 称谓

在标题下空一行，顶格写感谢对象的单位名称或个人姓名。如“××交警大队”“刘自立同志”。如感谢对象是单位，写全称或规范化简称；如感谢对象是个人，在姓名后加“同志”“先生”“女士”或职务等尊称。称谓后加冒号。

3. 正文

正文一般分三个层次。

1）陈述事实。写清楚对方在什么时间、地点，由于什么原因，对自己或单位有什么支持和帮助。

2)评价事实。评价从事件中表现出了对方哪些好思想、好品德、好风格,以揭示其精神实质、肯定对方的行为。在叙述和评价的字里行间要自然渗透感激之情。

3)表达谢意以及向对方学习的态度、决心。

4. 结语

一般用“此致敬礼”或“再次表示诚挚的感谢”之类的话,也可自然结束正文,不写结语。

5. 落款

写感谢者的单位名称或个人姓名和写信的时间。

(五)感谢信的写作要求

1. 叙事要准确、具体

要把被感谢的人物、事件准确、精练地叙述清楚,并且要重点突出,对方能够回忆起来,组织上也能具体地了解事件过程及影响等。

2. 评价要适当

向对方表示感谢并评论的话,要符合对方的身份、年龄、性别、职业和境遇,不要无原则地拔高。

3. 感情要真挚

在遣词造句中要表现出真诚的谢意,亲切热情。遣词造句不可过分雕饰,否则会给人一种不真实、虚伪的感觉。

【例文】感　谢　信

感　谢　信

丽水县农科所:

在今年五月我乡玉米发生大面积虫害,严重影响生长的紧急时刻,贵所派出全部农业技术人员来我乡根治病虫害,避免了上千亩玉米绝收。目前作物长势良好,丰收在望。谨向你们表示衷心感谢!我们决心在党的十五大精神指引下,继续努力生产,以实际行动答谢你们的帮助和关怀。

此致

敬礼!

新山乡人民政府(公章)

2009 年 6 月 28 日

二、慰问信

(一)慰问信的概念

慰问信是以组织或个人的名义,在重大节日、纪念日或遇到某种特殊情况(如战争、自然灾害、事故),对有关人员、地区或国家表示慰问、关切、鼓励的专用书信。

(二)慰问信的特点

1. 发文的单向性

慰问信通常是单向进行的,由一方慰问另一方。一般发生在重大的节假日之前或重大事件之后，而且常常伴随着慰问团体和慰问品。

2. 内容的针对性

慰问信的行文对象十分明确，并根据慰问对象确定慰问信的内容和作用，行文目的、内容都很有针对性。

3. 情感的沟通性

慰问是通过或赞扬表达崇敬之情，或同情表达关切之意的方式来达成双方的情感交流和相互理解的。

(三)慰问信的种类

慰问信一般分为先进(表彰)慰问、遇灾(同情)慰问和节日慰问三种。

1. 先进慰问

向作出重大贡献以及取得突出成绩的集体或个人表示慰问。这种慰问信侧重赞扬功绩，如对在抗震救灾和保卫国家和人民生命财产安全等重大社会活动中作出卓越贡献的人民解放军、公安干警等的慰问。

2. 遇灾慰问

对遭受意外灾难、蒙受严重损失、遇到巨大困难的集体或个人表示慰问。这种慰问信侧重同情、安抚和鼓励，如对灾区人民的慰问。

3. 节日慰问

这种慰问信侧重强调节日意义，赞扬有关人员取得的成绩或作出的贡献。如春节对英雄模范人物及军烈属的慰问，教师节对教育工作者的祝贺，“三八”节对妇女同志的问候等。

(四)慰问信的结构和写法

慰问信一般由标题、称谓、正文、结语、落款五部分组成。

1. 标题

标题的位置在第一行，居中、醒目，有三种形式：一是用文种“慰问信”作标题；二是由慰问对象和文种组成标题，如“致××的慰问信”；三是由写信方、慰问对象及文种组成的标题，如“北大学生致北京申奥代表团的慰问信”。

2. 称谓

在标题下空一行，顶格写慰问对象的名称。如慰问对象是单位，写单位全称或规范化简称；如慰问对象是个人，在个人姓名后加“同志”“先生”“女士”或职务等尊称。在个人姓名前，有时加“敬爱的”“尊敬的”“亲爱的”等字样，以示尊重。

3. 正文

正文的内容主要有两个方面：一是具体叙述慰问信的背景、原因及有关形势和情况；二是概述对方的先进事迹及其意义，表示赞扬、鼓励，或写对方克服困难、战胜灾害的有利因素，对遭受的灾难和不幸，表示慰问，给予鼓励。

1)先进慰问。其正文内容主要简述其取得的成绩以及意义，表示赞扬，鼓励其继续努力。常用“欣闻(喜闻)……非常高兴，特表示祝贺并致以亲切的慰问”等概述语句开头；然后写成绩是如何取得的，有什么意义，并赞扬其高尚品德；最后鼓励先进再接再厉，争创更大的成绩。

2)灾难慰问。表示同情和安慰，勉励其鼓足勇气，战胜困难，夺取胜利。常用“惊悉(获悉)……深表同情，并致以深切的慰问”等概述语句开头；然后写对方的境遇，鼓励其克服困难，勇往直前，夺取胜利；最后表示良好祝愿和真诚的期望。

3）节日慰问。其正文开头概述节日意义，对有关人员表示亲切的问候；然后简叙其对社会的作用及贡献，阐述其肩负的责任，指出今后的任务；最后提出希望或表示良好祝愿。

4．结语

结语又叫祝颂语，以“祝取得更大的成绩”“祝节日愉快”“顺致最美好的祝愿”作结。

5．落款

落款包括署名和日期，在单位名称或个人姓名的正下方，写发信的日期。

（五）慰问信的写作要求

1．情谊要殷切

要向对方表现出无限亲切、关怀的感情，使对方有情谊深厚、温暖如春的感觉。

2．希望要适宜

在热情歌颂对方可贵精神的同时，殷切地提出希望，鼓励他们继续前进。

3．语气要诚恳

慰问信中注意语气要诚恳、真切，文字要朴实、简练，同时篇幅不要太长。

（六）慰问信与感谢信的异同

慰问信与感谢信有其相同点：二者都是书信体文书，发送的方式一样，为了庄重与快速，都可用电报；都有表扬的成分。

慰问信与感谢信也有着明显的区别。

1．内容侧重点不同

感谢信重在谢意，多讲对方对自己的帮助和支持；而慰问信则重在表示慰问，多讲对对方的勉励和激励。

2．写作对象略有不同

感谢信可以是感谢单位的，也可以是感谢个人的；而慰问信则多是对某些单位、集体或群众表示慰问。

【例文】

西藏抗震救灾前方指挥部致一线同志的慰问信

抗震救灾一线的同志们：

“4．25”地震，波及我区19个县，人民生命财产受到严重损失和威胁。灾情就是命令。党政军警民听党指挥、服从命令、协调联动，以樟木受灾人员安全转移为标志，抗震抢险救灾取得了阶段性重大胜利。在灾难面前，广大抗震救灾一线的同志们表现出了坚定的政治意识、大局意识、责任意识，不畏艰险、不怕牺牲、攻坚克难、勇于奉献，涌现出一大批可歌可泣的先进事迹和先进典型。自治区“4．25”地震抗震救灾前方指挥部向各级党委、人大、政府、政协，基层组织和驻村工作队、驻寺工作组、双联户，解放军、武警、消防、边防、公安干警和社会各界的同志们，表示衷心的感谢，并致以崇高的敬意！

地震发生后，党中央、国务院高度重视，习近平总书记立即作出重要指示，要求自治区党委、政府和有关部门迅速行动、全面部署，党政军警民协调配合，全力开展抗震救灾工作。李克强总理、俞正声主席等中央领导同志要求我们做好抢险救灾和伤员救治，尽最大努力减轻灾害损失。习近平总书记等中央领导的重要批示指示，为抗震救灾工作指明了方向、提供了强大动力。

这次地震震级高、烈度高、范围广、损失大，加上余震不断、气候恶劣，抢险任务十分危险、艰巨。在自治区党委、政府的坚强领导和科学指挥下，日喀则市市、县、乡三级党委政府特别是聂拉木、吉隆、定日三个重灾区的广大党员干部，及时响应、行动迅速，广大解放军、武警官兵和消防、边防、公安干警主动请战、奔赴一线，灾区各级基层组织特别是驻村工作队、驻寺工作组和村居"两委"干部不顾个人安危、就地奋战，克服重重困难，全力搜救被困人员，有序撤离灾区群众，最大程度减少了地震灾害造成的损失，最大程度保护了受灾群众生命财产安全。社会各方力量紧急动员、大力支援，新闻媒体大量正面宣传报道，正确引导社会舆论，传播正能量，有力支持了抗震救灾工作。

抗震救灾工作取得的卓越成绩，得到以习近平同志为总书记的党中央的充分肯定，得到国务院工作组的高度评价，得到各族受灾群众发自内心的感激。下一阶段过渡安置、恢复重建工作的时间更长、任务更重，各级党政军警民要统一思想，坚定信心，做到力量不减、干劲不松、斗志不懈，再接再厉，夺取抗震救灾的全面胜利。

人心齐、泰山移。我们坚信，有以习近平同志为总书记的党中央的坚强领导和亲切关怀，有全国各族人民的大力支持和支援，有全区党政军警民的共同奋斗，有全区各级党政组织的高度负责，灾区的明天会更加美好，西藏的明天会更加美好！

自治区"4.25"地震抗震救灾前方指挥部

二〇一五年五月十日

第六节　邀请函　请柬

知识目标：了解邀请函和请柬的含义、特点、种类等理论知识。

掌握邀请函和请柬的结构。

能力目标：能根据需要写作比较规范的邀请函和请柬。

实际案例：

1. 邀请函

浙江农林大学艺术设计学院、人文·茶文化学院 2012届毕业生专场招聘会邀请函

尊敬的用人单位：

首先，衷心感谢贵单位长期以来对浙江农林大学艺术设计学院、人文·茶文化学院的关心与支持。

2011年12月16日，学校将举办一场毕业生专场招聘会。在此，我们谨向贵单位发出诚挚邀请，真诚欢迎贵单位光临，招纳各类英才！

现将招聘会的具体事项函告如下：

一、招聘会时间

2011年12月16日(周五)9:00—14:00

二、招聘会地点

浙江省·杭州·临安市环城北路88号——浙江农林大学东湖校区活动中心一楼大厅

三、举办单位

主办:浙江农林大学学生处就业指导服务中心

承办:浙江农林大学艺术设计学院、人文·茶文化学院

四、毕业生资源

我院2012届毕业生共406人,其中:本科毕业生377人,硕士研究生29人。具体包括:艺术设计专业(视觉传达艺术设计)44人,艺术设计专业(服装艺术设计)44人,数字媒体艺术专业46人,摄影专业44人,广告学专业86人,汉语言文学专业50人,文化产业管理(茶文化)专业63人,艺术学硕士研究生29人。

此外,学校还有其他学院40多个专业的研究生、本科毕业生4 000余人,亦可参加此次专场招聘会。

五、其他事项

1. 因场地限制,原则上为每个单位安排招聘展位1个,参会代表2人。

2. 此次招聘会免收会务费,并免费为参会单位印制招聘简章、设立招聘展位、提供工作餐和矿泉水。参会单位住宿、交通等费用自理,如需安排专场招聘会和住宿的,请务必在招聘会参会回执中注明,以便学校提前安排。

3. 参会单位在招聘会参会回执中,应详细填写单位简介、招聘需求等相关信息并加盖公章,以便于制作招聘广告展板。招聘会参会回执务必于2011年12月12日前连同单位营业执照副本复印件,以传真和电子邮件的形式发回。

4. 请用人单位于12月16日早上8:45前到浙江农林大学东湖校区活动中心报到,领取招聘工作证和相关资料,凭工作证入场洽谈招聘。

六、联系方式

联系电话:0571-6374××××　　传　真:0571-6374××××

联 系 人:张雷、童志勋　　E-mail:220633××××@qq.com

通讯地址:浙江农林大学艺术设计学院、人文·茶文化学院

邮　编:311300

浙江农林大学艺术设计学院、人文·茶文化学院(公章)

2011年11月10日

案例分析:这是一封毕业生专场招聘会邀请函,语气诚恳、热情,谦恭有礼。邀约事项周详,由标题、称谓、正文、落款、回执五部分组成,正文主体部分分条函告了招聘会的具体事项,结构完整规范。

2. 请柬

先生/女士：

您好！

兹定于2009年9月__日（星期____，__午__时__分），在鄱阳邮政大楼会议室举行“鄱阳邮政&鑫诚商务战略合作伙伴”签约暨鑫诚商务联盟系统正式启动仪式，特邀您参加！

鄱阳县邮政局

鑫诚商务信息有限公司 联合邀请

案例分析：这是一张定制的请柬，设计美观大方，内容既庄重喜庆，又显示出对被邀者的尊重，语言简洁明确，时间、地点和活动在一句话中全部表达清楚。符合请柬格式要求。

一、邀请函

（一）邀请函的概念

邀请函也称邀请信，是各级行政机关、企事业单位、社会团体或个人邀请有关人士前往某地参加某项实质性的活动（庆典、会议及各种活动）的一种专用礼仪书信。

所谓实质性活动，不同于例行的礼仪活动，而是指有具体的内容、事项，如学术讨论会、成果鉴定会、展销订货会等。这些活动一般时间较长、项目较多、程序较为复杂，因此需要通过邀请函来详细说明。发出邀请函是为了表示正规和重视。

（二）邀请函的特点

1. 事务性

邀请函要求有较详细的邀约内容，往往对事宜的内容、项目、程序、要求、作用、意义作出介绍和说明，邀请事项务必周详，一般篇幅较长。文尾还要附着邀请者的联络方式，并且以回执的形式要求被邀请者回复是否接受邀请，文尾处邀请者需要加盖公章表示承担法律意义上的责任。

2. 礼仪性

邀请函是为社交服务的，具有邀请的功能。礼仪性是其基本特征，具体体现在内容的赞美肯定和固定的礼貌用语上，强调双方和谐友好的交往。邀请函虽没有请柬的庄重华美，但却也要做到朴实得体，谦恭有礼。

（三）邀请函的种类

按照具体的用途，可以将邀请函分为工作类邀请函和活动类邀请函。前者如成果评审、决策论辩、学术会议等,后者如重要的纪念活动、仪式、庆祝会、座谈会、宴会等。

(四)邀请函的结构和写法

邀请函一般由标题、称谓、正文、落款、回执五部分组成。

1. 标题

邀请函的标题居中书写,长句可分行居中书写。一般直接以文种“邀请信”作为标题即可,也可以由会议名称和文种(或事由+文种)组成,如“2009 电讯行业互联网营销研讨会邀请函”“赴澳大利亚考察活动邀请函”。

“邀请函”三字是完整的文种名称,与公文中的“函”是两种不同的文种,因此不宜拆开写成“关于邀请出席××会议的函”。

2. 称谓

称谓在标题下面空一行顶格书写。邀请函的发送对象有以下三类情况。

1)发送到单位的邀请函,应当写单位名称。由于邀请函是一种礼仪性文书,称呼中要用单称的写法,不宜用泛称(统称),以示礼貌和尊重。

2)邀请函直接发给个人的,应当写个人姓名,前冠“尊敬的”敬语词,后缀“先生”“女士”“同志”或职务、职称等,只写姓名不够礼貌。在两个姓名之间应该写上“暨”或“和”,不用顿号或逗号。

3)网络或报刊上公开发布的邀请函,由于对象不确定,可省略称呼,或以“敬启者”统称。

3. 正文

正文由信首问候语、主体、信末问候语组成。

正文开头可向被邀请人简单问候。

正文主体部分应包括的内容有:会议或活动的背景、意义、邀请的原因、活动的内容、会议安排,要写明活动的日程安排、时间、地点,邀请对象以及邀请对象所做的工作等。重要的是,千万不要忘记对被邀请方发出得体、诚挚的邀请。

正文末尾一般要写常用的邀请惯用语,如“敬请光临”“敬请参加”“请届时出席”“此致敬礼”之类的敬语。

若有较为详细的出席要求,通常要另纸说明,避免邀请函写得过长。

4. 落款

落款位置在正文右下方,署上主办方单位名称或个人。单位要写全称或规范简称,如果是个人,一般情况下应是主办方的最高领导人或最高主管负责人,在姓名前面要加上职务。最后署上成文日期。

5. 回执

在公共关系活动中,不少社会组织在发出邀请函的同时,往往还夹有“回执”,以便及时掌握和统计能够出席会议(或活动、宴请)的人数。

(五)邀请函的写作要求

1)邀请事项务必周详,不能丢漏信息,使邀请对象可以有准备而来,也会使活动举办方减少一些意想不到的麻烦。尤其是时间、地点、参加人员、活动内容以及需要提请被邀请者注意的有关事项(如签到、着装、就座和资料领取等)。日期后面加注的“星期×”,应特别认真加以核对,保证两者统一。活动地点,必须写明具体场所(如××宾馆×楼的×厅),如果是不太熟悉的地点,还需注明其所在建筑物的具体地址(如××路×号)。

2）语气要诚恳、热情，使对方能够感受到邀请方的诚意，在愉快地接受邀请的同时，也增加对邀请方的信任度。

3）邀请函必须提前发送，使受邀方有足够的时间对各种事务进行统筹安排。

【例文】

大学同学聚会邀请函

亲爱的同学们：

光阴似箭，日月如梭，转眼间我们已经毕业11年了。11年光阴弹指一挥，人生沧海桑田。亲爱的同学，你是否会时常回忆起我们的青葱岁月？你是否会时常怀念起同学间的纯真情感？你是否会盼望能再次欢聚一堂，畅叙阔别之情？

你的心情现在好吗？你的一切还算顺利吗？当我们用自己的智慧和汗水，在创造生活和实现自我价值的过程中品味了人生的酸、甜、苦、辣之后都会发觉：让我们最难以忘怀和割舍不掉的依旧是那份学生时代的同窗友情。不是吗？多少寝室里的欢笑、多少操场上的打闹、多少校园里的往事不是常常出现在你我的梦里吗？留言簿上的美好祝福、分手时的相互嘱托、校门口的挥泪告别不也常常闪现在你我的眼前吗？如今我们还能再以忙碌为由，而去淡漠彼此的同窗情谊吗？往事难忘，温馨如昨，依然常驻心头；悲欢岁月，依稀如梦，但愿你还记得我！我们和你一样，多少次梦里相聚，多少次心驰神往！

我们很想约你，约你去往事里走走，听听久违的声音，看看久违的面孔，说说离别的思绪…… 尽管我们知道你很想抑制内心的期盼与波澜。但是这样难得的欢聚，会因你的缺席而黯然失色，更令我们黯然神伤！就让你我暂时抛开尘世的喧嚣、挣脱身边的烦恼，走到一起，尽情享受老同学相聚的温馨——让心栖息，忘却忧愁；说说真话，谈谈友情；回首往事，畅想未来；交流感想，相互勉励…… 相信除了欣喜和激动，你还会有更多的收获！

来吧，老同学！为了让我们了却一种遗憾——11年来未能谋面的遗憾；来吧，老同学！为了让我们寻求一种温馨——挚友久别再次欢聚的温馨；来吧，老同学！来重温曾经的浪漫，展望精彩的明天，让我们在浪漫中叙述各自的故事，共叙后再去谱写明天的浪漫；来吧，老同学！薄酒一杯，却品不尽沁人肺腑的甘纯；淡饭两口，也淡不了血浓于水的同学之交……

你会来吗？200多双一如当年热切而期盼的眼睛，200多颗一如当年火热而年轻的心在等待……

人生能有几个10年，让我们像珍惜生命一样，珍惜这次相聚的机会。你的到来，必将给人生留下最美好的记忆。来吧！让我们相聚2015，重温2005！我们将欢聚一堂！同学们盼望着与你相聚！

活动时间：2015年7月28、29日。

一、集合地点：大连理工大学继续教育学院。

二、报到时间：7月28日下午1点教育学院教学楼2楼小报告厅。

三、活动安排：

1.7月28日下午2点举行小型聚会仪式。

2.7月28日下午3点前往理工大学参观校园及校内国家重点实验室。

3.7月28日下午5点前回到酒店会餐。

4.7 月 29 日上午 8 点乘车前往开发区老校区参观校园，后途经开发区滨海路感受沿途美景。

5.7 月 29 日中午 12 点 30 分回到继续教育学院食堂用餐，感受校园生活。

6.7 月 29 日下午 1 点 30 分结束聚会活动。

你的同学　×××

二〇一五年×月×日

二、请柬

（一）请柬的概念

请柬也称请帖，是各级行政机关、企事业单位、社会团体或个人邀请有关人员出席隆重的会议、典礼，参加某些活动时发出的礼仪性书信。请柬是郑重诚恳的书面通知，一般是为礼仪性、例行性、娱乐性活动而专门制发，如"庆典""娱乐""晚会"等。

（二）请柬的特点

1. 态度庄重

请柬是为了邀请客人参加某项活动而发的礼仪性书信。它显示了邀请者对客人的尊重和邀请者的郑重态度，是大到国与国之间、小到人与人之间感情联系的纽带，它在日常生活中起着不可替代的作用。所以，邀请双方即使近在咫尺，也必须送请柬。凡属比较隆重的喜庆、吉庆活动，邀请客人均以送请柬为准，切忌随便口头招呼，以免顾此失彼。

2. 装帧精美

为了表示对客人的尊敬，也表明邀请者的郑重态度，请柬在款式和装帧设计上应美观、大方、精致，使被邀请者体味到主人的热情与诚意，感到喜悦和亲切。纸张的质地要求精美，用鲜艳淡雅色彩的纸，喜庆活动可用大红纸，还要饰以花边或图案。隆重庆典活动所用请柬是专门设计印制的。

3. 用语礼貌

请柬的篇幅有限，书写时应根据具体场合、内容、对象，认真措辞，表现出尊重、热情和诚挚的态度。用语务必简洁、庄重、文雅，但切忌堆砌辞藻；语气尽量达到热情和口语化，但切忌俚俗的口语；请语以文言词语为佳，但切忌晦涩难懂。最终做到话语简练、达雅兼备、谦敬得体。

（三）请柬的种类

按内容分，请柬可分为活动和节日请柬（结婚请柬、展览请柬、运动会请柬、教师节请柬和圣诞节请柬等）、商务请柬（商品展示请柬、观光旅游请柬、交易请柬等）等。从形式上来分，有单贴、双贴（对折贴）、组合贴。可以是卡片式的，也可以是折叠式的；可以是印制的，还可以是手写的；可以是西式的横式请柬，也可以是中式的竖式请柬。

（四）请柬的结构和写法

一张完整的请柬是由请柬的内容（文字与装饰）、请柬的形式和请柬的制作方法共同构成的，无论横式或竖式的请柬，一般包括封面和内页两个部分。

1. 封面

通常用较厚的纸,装帧精美。在居中的位置,用醒目的颜色和稳重的字体写上“请柬”或“请帖”二字。

2. 内页

常规的包括称谓、正文、落款三个部分。

(1)称谓

在第一排顶格写,在姓名的位置留白,之后缀以“先生”“女士”等称谓,也可加上被邀请宾客的职务、职称。

(2)正文

通常用“兹定于……”“特定于……”等作为开头,正文部分要交代清楚相关活动的内容、时间、地点及需要注意的相关事项。通常用“恭请光临”“敬请莅临指导”“若蒙光临,不胜荣幸”等敬语作为结束语。

(3)落款

横式请帖写在正文右下角,竖式请帖则在正文左下角,包括发出请柬的单位名称或个人姓名,并在之下(横式)或之左(竖式)署明日期。

(五)请柬的写作要求

1)文字要美观,用词要得体、庄重、谦恭,要充分表现出邀请者的热情与诚意。

2)语言要精练、准确,凡涉及时间、地点、人名等一些关键性词语,一定要核准、查实。

3)在纸质、款式和装帧设计上,要注意艺术性,做到美观、大方。

(六)请柬与邀请信的异同

1. 相同点

(1)确指性

发送对象是特定的单位或个人。

(2)礼仪性

都具表达尊重、联络情感的意味,具有礼仪性。

2. 不同点

1)邀请信内容更具体,更详细、朴实,用语比请柬随意。

2)请柬比邀请信更具庄重性。

3)邀请信对象较宽泛,请柬一般给平级或上级。

【例文】

请　　柬

张博先生:

兹定于2012年12月12日在牡丹大酒店2楼举行李扬先生和王玉小姐的结婚庆典,恭候您的光临。

李扬　王玉

2012年12月1日

第七节　申请书　倡议书

知识目标：了解申请书、倡议书的含义、特点、种类等理论知识。

掌握申请书、倡议书的结构。

能力目标：能根据需要写作比较规范的申请书、倡议书。

实际案例：

1. 申请书

助学金申请书

尊敬的院领导：

您好！

我是来自光电子技术科学2班的学生，我特向学校申请国家助学金。

我来自××省农村，这里自然环境极为恶劣，十年九灾，为国家级贫困县。我家共有五口人，全家唯一的经济来源是几亩地的庄稼收成，没有其他经济收入，生活非常拮据，我大学期间的高额学费和生活费，使得本来便很困难的家里更是雪上加霜。

在校期间，为了减轻家里的负担，我在外面做过多种兼职。曾在寒冷的冬天在外面发过传单，还因此冻伤了手。但再艰苦的环境也阻挡不了我努力学习的意志与意愿。

在大学生活中，我积极上进，遵纪守法，无任何违纪行为，品学兼优，多次获得学校的各类奖项。

由于家庭的贫困我特向学校申请国家助学金，它不仅会在经济上给予我极大的帮助，更是对我学习成绩、工作能力、综合素质的肯定。如果学院能够给予我这份荣誉，将是一种对我莫大的鼓励，必将激励我今后更加努力，做得更出色，为社会作出更大的贡献！

此致

敬礼！

申请人：王浩南

二〇一五年三月十日

案例分析：这份助学金申请书由标题、称谓、正文、结语、落款五部分构成，结构完整。正文先提出申请助学金的具体申请内容，随后提出申请的理由。分别从家庭经济状况，在校综合表现，个人生活态度分条陈述，实事求是，充分合理，最后表明了自己的态度。

2. 倡议书

节能减排绿色环保倡议书

亲爱的同学们：

保护生态、节约资源、改善环境、构建人与自然和谐，是我们为之不懈奋斗的美好追求。节能减排是落实科学发展观的重大举措。在当前我校开展的“学习雷锋勤俭节约精神，努力建设低碳环保校园”专题活动中，我们作为当代大学生，应该成为社会最积极、最活跃、最有生气的环保力量，以自觉的行动做学习雷锋、节能减排、绿色环保的宣传者、倡导者和积极的实践者。在此，我谨代表北京体育大学绿心环保社向全校师生发出倡议。

一、珍惜每一滴水，随手关闭水龙头，合理用水。

二、节约每一度电，关掉不需要的电源，拔掉不必要的插销，减少电脑待机耗电。

三、减少使用塑料袋和一次性餐具等一次性物品。

四、不乱丢废弃物，随手捡拾白色垃圾。

五、杜绝浪费粮食、浪费纸张。

六、外出尽量骑自行车或者乘坐公交车。

七、空调温度适当，夏季不低于26度，冬季不超20度。

八、不在公共场合吸烟。

九、从我做起，及时制止浪费资源能源的行为。

十、积极参与课本、教科书循环使用，自觉形成有利于节能减排的行为方式和消费方式。

老师们，同学们，让我们积极行动起来，从现在做起，从点滴小事做起，以校园节能减排、绿色环保行动为起点，带动同学、家人、朋友和社会，共同参与到节能减排、绿色环保的行动中来，营造节能减排的绿色良好氛围。用我们的爱心关注环境变化，用热情传播环保观念，用行动肩负环保责任，为建设资源节约型、环境友好型社会作出新贡献。

校团委社团管理委员会绿心环保社

二〇一二年三月二十七日

案例分析：这份倡议书是北京体育大学绿心环保社紧扣时代脉搏向全校同学发起的绿色环保倡议书。结构规范，措辞恰当，情感真挚，有一定的鼓动性。正文首先写清发出倡议的根据、原因和目的，其次分条写明倡议的具体内容和要求。

一、申请书

（一）申请书的概念

申请书是个人或团体因某种需要而向有关部门、组织、团体、企业单位领导等，表达愿望、提出请求、寻求帮助或征询解决等事项而使用的一种专用书信。

申请书的使用范围非常广泛，几乎涉及各行各业的方方面面。在日常生活和工作中，凡需要请求解决的问题、希望得到批准的事项都必须按程序向有关组织或单位递交申请书，然后组织或单位才能依据申请书给予审核批准。

（二）申请书的特点

1. 请求性

从写作动机看，申请书的写作带有明显的请求目的。

2. 单一性

申请书要求一事一书，内容单一明确，一份申请书只表达一个愿望和只提出一个请求。不能把不同的愿望和请求同写在一份申请书中。

（三）申请书的分类

申请书的种类很多。按形式分，有文章式申请书和表格式申请书。按申请者分，有个人申请和单位申请。从用途上划分,有以下几类。

1. 思想政治生活方面的申请

这种政治申请一般是指加入某些进步的党派团体。如申请加入中国共产主义青年团、中国共产党、少先队、工会、参军等。

2. 工作学习方面的申请

求学或在实际工作中所写的申请。如入学申请书、带职进修申请书、工作调动申请书等 。

3. 日常生活方面的申请

日常生活中,柴米油盐、吃穿住行,我们常常会遇到一些问题,需要个人申请才可以被组织、集体、单位考虑、照顾或着手给予解决,诸如申请福利性住房、申请结婚、个人申请开业或困难补助申请、贷款申请、仲裁申请等。

(四)申请书的结构和写法

申请书一般都有固定的格式,主要包括标题、称谓、正文、结语、落款五部分。

1. 标题

标题有两种写法:一种是直接写"申请书";一种是根据申请的内容,标明具体名称,如"入党申请书"。

2. 称谓

顶格写接受申请书的单位、组织、机关、团体名称或有关负责同志的姓名,后加冒号。

3. 正文

正文说明要申请的具体内容、理由和要求。这是申请书的主要部分。主要内容包括:①申请的事项,即直截了当提出申请的具体内容;②提出申请的理由,理由要陈述具体、充分、有条理;③申请的态度,申请书一般都要表明自己的申请被批准后的态度和决心。

入党申请书还有其独特的内容,主要包括:①对党的认识、入党动机和对待入党的态度并表明自己的入党愿望;②表明对党的性质、宗旨、指导思想、奋斗目标、组织原则、纪律和党的路线、方针、政策及党风方面的认识和态度;③自己的政治信念和个人在政治、思想、学习、工作等方面的主要表现情况;④剖析自身存在的不足,并明确表示愿意接受党组织对自己的教育和考察;⑤表明对入党的态度和决心以及今后如何以实际行动争取入党。

4. 结语

结语一般要写表示祈请的用语,如"以上申请,请批准"或"请××组织在实践中考验我"。再写上祝颂语,如"此致敬礼""敬祝"等。

5. 落款

落款署上申请人的姓名和时间。

(五)申请书的写作要求

1)一事一书,切忌一书数事。

2)申请事项要具体,理由要充分合理、实事求是,不能虚夸和杜撰,否则难以得到上级领导或部门的批准。

3)语言要准确简洁,态度要诚恳朴实,切忌东拉西扯,有意渲染。

【例文】

入党申请书

敬爱的党组织：

我志愿加入中国共产党，拥护党的纲领，遵守党的章程，履行党员义务，执行党的决定，严守党的纪律，保守党的秘密，对党忠诚，积极工作。

中国共产党是中国工人阶级的先锋队，代表中国最广大人民的根本利益。十八大四中全会提出依法治国事关我们党执政兴国、事关人民幸福安康、事关党和国家长治久安。总之，没有中国共产党，就没有中国革命的胜利与社会主义建设的成功。

作为一名大学生团员，一名党的先锋队的一员，我一直严格要求自己，用实际行动来证明团员的价值，团员的先锋作用，随着年龄与文化知识的增长，我对党的认识也越来越深，加入党组织的愿望也越来越强烈。升入大学以来，从学习环境、文化程度上都进入了我人生的一个新起点，从思想上我对自己也有了更进一步的要求，即争取早日加入到党组织中来。为了规范自己的行为，指正思想的航向，我争取做到以下几点。

一、思想上严格要求自己，在平时多学习有关党的理论知识，多研究实事，时刻与党中央保持一致，用一名党员的标准来要求自己，争取做到身未入党思想先入党。

二、努力学习文化知识，对于所学的每一学科都一丝不苟，严肃对待，努力钻研，争取每一科都达到“优”，为以后走上工作岗位打下坚实的基础。

三、积极参加校、班的各项活动，从组织到参加上，都尽量发挥自己的特长，兼顾校、班的利益，真正起到先锋模范作用。

四、在平时的日常生活中，时刻保持与同学的良好关系，热心主动地帮助有困难的同学，同时要求自己朴素、节俭，发扬党员的优良传统。

我将努力做到以上四点，并随时向身边的优秀同学看齐，向优秀党员看齐，始终用党员的高标准来衡量自己的一言一行。

如果自己有幸成为一名党员，那将是我最大的荣幸，我将时刻牢记党员的责任，遵守党的纪律，严守党的秘密，认真履行党员的权利和义务，争做一名优秀党员。

如果因为自己还存在某些不足暂时不能加入到党组织中来，我也不会气馁，我会更加严格要求自己，争取早日成为一名党员。请党组织考验我！

此致

敬礼！

赵悦

二〇一四年六月八日

二、倡议书

（一）倡议书的概念

倡议书是个人或单位、集体为了做好某项工作或开展某项公益活动，向有关单位或集体提出建议，或提议社会成员共同去完成某项任务或开展某项公益活动所运用的一种专用书信。

（二）倡议书的特点

倡议书是发动群众开展竞赛的一种手段，倡议书的特点如下。

1. 群众性

倡议书不是对某个人、某一集体、或某一单位而言的，它往往面向广大群众，或对一个部门的所有人发出，或对一个地区的所有人发出，甚至向全国发出。所以对象广泛的群众性是倡议书的根本特征。

2. 不确定性

倡议书是要求广大群众响应的，然而其对象范围往往是不定的。它即便是在文中明确了自己的具体对象，但实际上有关人员可以表示响应，也可以不表示响应，它本身不具有很强的约束力。

3. 公开性

倡议书就是一种广而告之的书信。它就是要让广大的人民群众知道了解，从而激起更多的人响应，以期待在最大的范围内引起共鸣。

（三）倡议书的种类

从发文角度分，倡议书分为个人倡议书（由某一个人首先发起倡导的）和集体倡议书（由一定的组织、单位发起的）两种。从传播角度分，倡议书分为传单式倡议书、张贴式倡议书、广播式倡议书和登载式倡议书。

（四）倡议书的结构和写法

倡议书主要包括标题、称谓、正文、结语、落款五部分。

1. 标题

标题一般由文种名“倡议书”单独组成，还可以由倡议内容和文种名共同组成，如“绿色环保倡议书”。也可把倡议的内容或倡议的单位写在标题上。

2. 称谓

一般在第二行开头顶格写，后面加冒号。有明确倡议对象的，写倡议对象的名称，如“广大的青少年朋友们”“××毕业班全体党员”。有的倡议面很广，可以写“亲爱的朋友们”，有的倡议书也可省略称谓，而在正文中指出。

3. 正文

倡议书的正文需包括以下内容。

1）写清发出倡议的根据、原因和目的。倡议书的发出贵在引起广泛的响应，只有交代清楚倡议活动的目的、意义，对方才能理解和信服，才会自觉地行动，否则就很难响应。

2）写明倡议的具体内容和要求。倡议的内容一定要具体、可行，开展怎样的活动，要做哪些事情，具体要求是什么。倡议事项多的，可分条例写，以求清晰、明确。

4. 结语

结语要表示倡议者的决心和希望或者写出某种建议。倡议书一般不在结尾写表示敬意或祝愿的话。

5. 落款

落款即在右下方写明倡议者单位、集体或个人的名称或姓名，写上发倡议的具体日期。

（五）倡议书的写作要求

1）倡议书的内容要有新的时尚和精神，要切实可行，要不违背国家的方针政策。

2)倡议书的背景目的要交代清楚,理由要充分。

3)倡议书的措辞要恰当,情感要真挚,同时要富于鼓动性。

【例文】

保护环境倡议书

亲爱的同学们:

你们好!

碧水蓝天、阳光明媚、鸟语花香,人人都希望有这样一个环境,但客观现实却不尽如人意。所以我们要节能、减排、降耗,保护环境刻不容缓,让我们积极行动起来,以主人翁的姿态,以对子孙后代负责的精神,用良知和热情来关注我们的生存环境,用智慧和行动来关注我们的生活习惯,让节约、绿色观念渗透在我们生活的各个层面,从我做起,从身边做起,节约用水、节约用电,坚决抵制和反对各种破坏环境的行为,使节约能源、减少污染、保护生态环境成为我们的自觉行动。从自身做起,为节约能源做贡献。在教室、寝室做到人走即随手关掉电灯、电扇、空调等电器;电脑、多媒体设备在不用时及时关掉并切断电源;日常生活中掌握节约用水的小技巧,沾了油的盘子和饭盆先用用过的餐巾纸擦干净,洗时既节水省时,又可少用洗涤剂,减少水污染;洗衣服时,加入少量肥皂粉,洗衣粉遇到肥皂会减少很多泡沫,既省水又节约清洗时间;洗脸、洗手用小脸盆接水,洗衣时较干净的水,收集起来用来洗抹布、擦地面、冲卫生间;手洗轻便的衣服,减少使用洗衣机的频率,节水节电;及时关好不用的水龙头……在购物时,自备购物袋或重复使用塑料袋,塑料的原料主要来自不可再生的煤、石油、天然气等矿物能源,节约塑料袋就是节约能源,并可减少白色污染,保护生态环境;寝室和家庭里准备不同的垃圾袋,分别收集废纸、塑料、包装盒、厨余垃圾等,以便进行垃圾回收;向周围人宣传减少垃圾排污量、保护生态环境的重要性,号召身边的人积极行动起来,保护我们赖以生存的环境。

同学们,我们是学校的主人,是国家的未来和希望,让我们积极响应节能减排的号召,提高资源忧患意识和节约意识,从我们身边力所能及的点滴做起,为学校、社会节约每一分能源,共同形成人人讲节约、事事讲节约、处处讲节约、时时讲节约的校园氛围;为建设资源节约型、环境友好型社会和文明和谐的“节约型学校”“节约型社会”作出自己积极的贡献。

希望世界上每一个人都保护这个家园,保护这个微小美丽而脆弱的星球,让它成为人类永世的乐土。

共青团××大学委员会

二〇一四年七月一日

第八节 求职信 个人简历

知识目标:了解求职信、个人简历和辞职信的概念、特点、种类等理论知识。

掌握求职信、个人简历和辞职信的结构和写作要求。

能力目标:在教师的指导下,能根据需要写作比较规范的求职信、个人简历和辞职信。

实际案例:

1. 求职信

求 职 信

尊敬的刘经理:

您好!

很荣幸您能在百忙之中翻阅我的求职信,谢谢!

我是李明,男,今年22岁,一名即将毕业的计算机系本科生,届时将获得计算机学士学位。大学四年,奠定了扎实的专业理论基础,良好的组织能力,团队协作精神,务实的工作作风。

在理论学习上,我认真学习专业知识理论,阅读了大量计算机书籍,同时对法律、文学等方面的非专业知识也有浓厚的兴趣。在校期间,曾在专业考试中屡次获得单科第一名。获得院一等奖学金二次,院二等奖学金三次。获第三届大学生科学技术创作竞赛一等奖。获学院2012年优秀毕业设计奖。

在专业知识上,我精通Visual Basic、SQL Server、ASP。熟练使用Linux、Windows 9x/Me/NT/2000/XP等操作系统。自学HTML 、Fireworks 、Flash等网页制作相关软件,对于常用软件都能熟练使用。

在工作上,我曾担任院学生会成员、副班长等职,现任计算机系团总支组织部部长。多次组织系部、班级联欢会、春游等活动,受到老师、同学们的一致好评。

思想修养上品质优秀,思想进步,笃守诚、信、礼、智的做人原则。在校期间,光荣加入中国共产党。

社会实践上四年的大学生活,我对自己严格要求,注重能力的培养,尤其是实践动手能力更是我的强项。曾在苏州新区的富士通公司、高达公司实习。

手捧菲薄求职之书,心怀自信诚挚之念,我期待着能为成为贵公司的一员!

此致

敬礼!

求职者:李明

二〇一三年六月二十日

附件:1. 毕业证

2. ……

案例分析:这是一封根据用人单位的招聘条件写的应聘信。格式规范,态度诚恳,措辞恰当,值得借鉴。正文开头先进行自我简介,然后针对所求工作岗位,重点介绍自己具有的专业知识和社会实践经验,对自己的优点阐述非常明确,最后表明自己的求职愿望,文末细致地列出了一份附件目录。

2. 个人简历

<table>
<tr><td colspan="8">个人简历</td></tr>
<tr><td rowspan="6">个人基本情况</td><td>姓　　名</td><td>李明</td><td>性　　别</td><td>男</td><td>民　　族</td><td>汉</td><td rowspan="6">照
片</td></tr>
<tr><td>出生日期</td><td>1991. 06. 10</td><td>户　　籍</td><td>湖北</td><td>政治面貌</td><td>党员</td></tr>
<tr><td>所学专业</td><td>软件外包</td><td>学　　历</td><td>大专</td><td>身　　高</td><td>178 cm</td></tr>
<tr><td>联系电话</td><td colspan="2">13 ×××××××××</td><td>E-mail</td><td colspan="2">www. liming@ 126. com</td></tr>
<tr><td>联系地址</td><td colspan="2">湖北省黄冈市南湖区 ××× 号</td><td>邮　　编</td><td colspan="2">438000</td></tr>
<tr><td>家庭地址</td><td colspan="2">湖北省天门市谌桥村</td><td>邮　　编</td><td colspan="2">431700</td></tr>
<tr><td>求职意向</td><td colspan="7">IT 行业从业人员</td></tr>
<tr><td>职业应用技能</td><td colspan="7">• 外语能力：　　CET—4（2011 年 6 月通过 ）
• 计算机能力：　全国计算机等级考试二级 C 语言
熟悉计算机操作,熟练使用 Office 系列办公软件及 Internet 应用
• 掌握 C 语言、汇编语言、MATLAB、CAD 等,有较强编程及程序分析能力</td></tr>
<tr><td>专业课程</td><td colspan="7">主修:C + + 、C 语言、java、数据库(SQL Server、Access)、网页设计
辅修: 大学英语、毛概思想、计算机基本操作、应用文写作、心理健康等。</td></tr>
<tr><td>社会实践/见习经验</td><td colspan="7">2010 年 7 至 8 月　在苏州新区富士通公司、高达公司实习</td></tr>
<tr><td>自我评价</td><td colspan="7">严谨务实,以诚待人,团队协作能力强,英语听说读写能力强
吃苦耐劳,工作上有较强的管理和动手能力且有较强学习能力
敢于面对挑战,具有良好的适应性和做事情认真负责</td></tr>
</table>

案例分析:这份个人简历是李明的应聘信(见求职信实际案例 1)后所附的。由个人基本情况、求职意向、职业应用技能(含所获证书)、专业课程、实践经验、自我评价六部分组成,格式规范,简明扼要,值得应届毕业生借鉴。

一、求职信

(一)求职信的概念、分类

求职信是求职者向用人单位介绍自己、推销自己,并申请谋求某具体职业岗位(或职业范围)的具有祈使性的专用书信。

求职信包括自荐信和应聘信。自荐信是向用人单位自荐谋求职位的信;应聘信是指求职者根据用人单位的招聘条件,写信去应聘。

(二)求职信的特点

1. 针对性

求职信要针对用人单位对岗位的要求、读信人的心理和求职人的求职目标来写。否则,求职信会因为针对性不强而石沉大海。

2. 自荐性

自荐性是指要恰当地推销自己。求职信是沟通求职者与用人者的一种媒介,求职者要通过自我推介来使对方了解自己的学历、才能和经历等情况,用“闪光点”吸引对方,以期引起用人单位的兴趣。

3. 独特性

独特性是指内容和形式不同于一般书信。要想在竞争中取胜,就要出奇制胜,适度展示自己不同于他人的个性和优势,给对方留下深刻印象。

4. 求实性

求职信要实事求是,不能夸大其词、言过其实,用成就和事实代替华而不实的修饰语,恰如其分地介绍自己。如没有特殊才能,可以避而不谈。

(三)求职信的结构和写法

求职信的书写格式,一般包括标题、称呼、正文、结语、落款及附件六部分。

1. 标题

标题可直接标明文种“求职信”“求职书”“自荐信”“应聘信”,首行居中位置。

2. 称呼

写单位名称或联系人、负责人姓名。在第一行顶格单独写,称呼后要用冒号。

求职信的称呼一般视具体情况而定,一般可称呼“××公司”“××经理”“××先生(女士)”等。有时,还可以在称谓前面加上“尊敬的”等敬语。

3. 正文

正文是求职信的主体,也是求职信的重点,它一般包括以下几个部分。

(1)消息来源与申请的职位

消息来源与申请的职位即你要申请的职位和你是如何得知该职位的招聘信息的。得知招聘信息的应聘信可以开门见山地写“本人求学期间就十分仰慕贵公司,近日看到《×××报》招聘×××一名,更激发起我到贵公司求职的渴望。”投石问路的自荐信也可写“久闻贵公司实力不凡,据悉贵公司欲开拓省外市场……故冒昧写信自荐,热切希望早日加盟贵公司。我的基本情况如下……”

(2)自我简介

自我简介应介绍自己的姓名、性别、年龄、毕业院校、所学专业等基本情况。

(3)求职条件或自荐理由

这是求职信的关键,需要写清楚个人技能和特长。要针对所求工作岗位的职业能力以及职业道德的要求去写,充满展示自己的水平,说清楚自己“凭什么求职”。主要包括以下内容。

1)专业知识情况介绍。专业课成绩,尤其是与招聘单位对口或接近的专业课成绩,还有自己业余所学知识,获得的相关证书。

2)相关技能介绍。与求职岗位相关的社会实践(包括在校的实习、毕业实习、假期社会实践等)和成绩。还可概括介绍自己在校期间曾经担任的职务、个人爱好、特长等。对于兴趣爱好的介绍只需局限在那些与目标职位有关的范围内。

总之,目的就是要明确表明自己具有专业知识和社会实践经验以及与工作要求相关的特长、兴趣、性格和能力。

(4)求职愿望

感谢对方阅读并希望用人单位能予接纳、恳请对方给予回复等,并标明与你联系的最佳方式。

4. 结语

出于礼节,信的最后往往写上简短的表示敬意、祝愿之类的祝词。常用的有“此致敬礼”“愿贵公司鹏程万里,事业发达”“如蒙赐复,不胜感激”“若认为本人条件尚可,请惠予面试,本人将准时赴试”等。

5. 落款

在结尾语右下方写上求职人姓名,可以用“敬上”或“谨呈”等词以示礼貌和谦逊。姓名下面写日期。

如用打印机打出,在求职人姓名处最好使用亲笔签名。

6. 附件

附件指对求职人有用的材料,如简历、学历证、学位证、职称证、身份证、获奖证书、外语等级证书、计算机等级证书以及获奖证书的复印件等。在求职信里最好整理一份附件目录,这样既方便招聘单位的审核,同时也给对方留下一个“有条不紊、很负责任、办事周到”的好印象。

附件格式是在落款下一行空两格的位置,写上“附件”或“附”后加冒号,列出附件目录。

此外,还要注明求职人的通信地址、邮编和电话号码等信息,以便于联系(在简历里已注明的,在这里可以省略不写)。

(四)求职信的写作要求

1. 内容要简短

求职信切忌长篇大论,篇幅应控制在600字左右,不要多于A4纸一页篇幅(附件除外)。

2. 措辞有分寸

求职信应做到不卑不亢。过于卑怯,读信人会认为你没有信心,缺乏进取心和创造力;一味浮夸,读信人会觉得你不知天高地厚,干事不踏实。

3. 投单位所好

要善于换位思考,从用人单位的角度出发考虑问题,有针对性地提供自己的背景材料,表现出独到的智慧和才干。

4. 字迹要工整

求职信应杜绝错别字。洁净秀丽的字体会给人留下良好的第一印象。如果用打印稿,要亲笔签名。

5. 留联系方式

求职信一定要写清联系方式,包括邮编、通信住址、电话等。

【例文】

例文一

求职信

尊敬的王经理:

您好!

我写此信是为应聘贵公司招聘的经理助理职位。我很高兴地在招聘网站得知你们的招聘广告,并一直期望能有机会加盟贵公司。

两年前我毕业于首都经济贸易大学国际贸易专业,在校期间学到了许多专业知识,如国际贸易,国际贸易实务,国际商务谈判,国际贸易法,外经贸英语等。

毕业后,就职于一家外贸公司,从事市场助理工作,主要是协助经理制定工作计划、一些外联工作以及文件、档案的管理工作。本人具备一定的管理和策划能力,熟悉各种办公软件的操作,英语熟练,略懂日语。我深信可以胜任贵公司经理助理之职。个人简历及相关材料一并附上,希望您能感到我是该职位的有力竞争者,并希望能尽快收到面试通知,我的联系电话:1391111××××

感谢您阅读此信并考虑我的应聘要求!

此致

敬礼!

您真诚的朋友:王熙远

二〇一五年×月×日

附件:1. 本人毕业证(略)

2. ……

例文二

求职信

尊敬的酒店领导:

您好!

首先感谢您给我这次难得的机会,请您以平和的心态看完这封求职信。由于时间仓促,我的准备难免有不足和纰漏之处,请予以谅解!

我是一位35岁的下岗女工,原公司因为某些原因倒闭了,所以当看到贵公司招聘保安员的时候,我便毅然决然地投递了这封信。

您可能不太相信一个女人能当好保安。但是我必须要告诉您,如果您聘用我,您一定不会失望,我会比一个男人做得更好。

首先,我有丰富的工作经验。从我开始工作到现在下岗,我在原单位一共做了10年的保安工作。这10年间我从一个小保安员成长为保安队队长。我不仅对保安基本工作内容十分了解,对于一些管理的内容也有所涉猎。而且在做保安期间,我屡次成功地保护了原公司的财产,因此还获得了公司的嘉奖。

其次,我有着强健的身体。作为保安,身体素质当然是重中之重。我小的时候就开始学习柔道,到今天已是黑带三段了。在原公司工作的时候,我还专门去接受保安基础课的训练,学习了擒拿格斗的基本技巧。下岗后在家待业期间我也没有荒废,一直在不断训练着。我曾经的纪录是,几个彪形大汉也不是我的对手。

最后,我有着男性不具备的优点。因为我是女性,在性格特征上就有着男性无法比拟的优点:善于察言观色、第六感强、做事细心等。这些性格特征使我在原公司工作时常常受到称赞。比如有一次在日常巡逻时,我细心地观察到有个人眼神飘忽不定,于是加强了关注,最后发现他是小偷,避免了公司的一次经济损失。

说了这么多,只是希望贵公司能够考虑到我确实有这个意愿与能力参与到酒店的建设中去,希望您能给我这个机会施展所长。

最后,恭祝贵公司事业蒸蒸日上,祝您工作顺利!愿与贵公司携手共筑美好未来!

此致

敬礼!

求职人:××

2011年3月20日

二、个人简历

(一)个人简历的概念和分类

个人简历是求职者说明个人基本情况、教育背景、工作经历、所获荣誉等的书面材料。简历通常作为求职信的附件,一起呈送给用人单位,求职者希望借此让用人单位全面了解自己,从而为面试创造机会,最终达到就业目的。

简历在形式上可以分为条文式简历和表格式简历。采用何种简历,应视个人的需要和目标而定,看哪种形式最能展现你的优点和长处。

(二)个人简历的特点

1. 真实性

写简历时一定要客观、理性地总结自己的经历,做到真实、准确、不夸大、不缩小、不编造,这样才能取信于人,具有保存的价值。

2. 正面性

简历内容以展示求职者优点和长处的材料为主,负面的内容要远离简历。

3. 精练性

个人简历要简明扼要,在大多数情况下,一两页即可。

(三)个人简历的结构和写法

个人简历的写作格式一般由标题、个人基本情况、求职意向、学习经历、工作经历、所获得的各种奖励和证书、自我评价等七个部分组成。根据求职意向的不同,顺序和内容可作调整。

1. 标题

可以直接标明文种“简历”“个人简历”，首行居中位置。

2. 个人基本情况

个人基本情况包括姓名、性别、出生年月、籍贯、民族、教育程度、专业、职务职称、政治面貌、婚姻状况、健康状况、身高、兴趣爱好、性格以及自己的联系方式（通信地址、电话、E-mail等）等。这一部分放在最前面，联系方式一定要写清楚，便于用人单位取得联系。

另外，根据工作的性质要求，有些求职者需要在简历中准备个人照片。比如文秘、公关、销售等职位，对外貌有一定要求，需要灵活处理。

3. 求职意向

求职意向即求职目标或个人期望的工作职位，用简短的话表达自己的求职意向，让用人单位一目了然地看到你的求职意向正是他们所急需的。

4. 学习经历

这是介绍求职人受教育的情况。按倒序时间来写自己的学习过程，通常写到高中（大专），高学历者（硕士、博士）可以从大学写起。要写清学习的起止时间、毕业的学校、专业。重要的学习经历可以列上主要的、有特色的专业课程及成绩，尤其是要体现与你所谋求的职位有关的教育科目、专业知识。要突出重点，有针对性，使用人单位感到你的学历、知识结构与其招聘条件相吻合。

5. 工作经历

写工作经历，要突出与求职目标相关的工作经历；一定要说出最主要、最有说服力的资历、能力和工作经历。写工作经历时，时间要倒序，最近的工作情况要放在最前面。在每一项工作经历中先写工作日期，接着是工作单位和职务。

对于初出校门的大学生，工作经历可以改为社会实践和实习经历，包括在学校、班级所担任的职务、勤工助学、课外活动、义务工作、参加各种团体组织、实习经历和实习单位的简要评价等。

6. 所获得的各种奖励和证书

所获得的各种奖励和证书包括发表的论文、社团成员资格、奖励和获得承认的计算机技能、英语等级、语言技能等一些资格证书，有关个人兴趣爱好的荣誉证书也可以针对求职意向有选择地列举两三项，让用人单位了解求职者的工作、生活情况。这部分内容主要是向用人单位证明自己的应聘资格，用人单位比较重视这一部分的内容，所以应该认真对待。

7. 自我评价

自我评价是帮助用人单位更全面地了解你，如果概括真实、重点突出、简洁得当，也是很能够帮助求职者从众多简历中胜出的。

（四）个人简历的写作要求

1. 语言要简洁明确

语言简洁精练，力求篇幅简短而富有感召力，要体现出明确的求职目标，内容尽量浓缩在两页之内，简历过长，会使人厌烦。

2. 内容要真实客观

不能为了赢得面试机会而凭空捏造事实，随意抬高自己身价。

3. 简历要重点突出

要针对所申请的空缺职位来写，有的放矢，使招聘人员觉得你各方面情况与所应聘职位的任职资格相吻合，与招聘条件相接近。

4. 照片要朴实大方

简历照片一定要近照。招聘者主要还是看求职者的知识、技能，看你毕业的学校和专业，看你接受过什么样的培训，参加过哪些项目……如果求职者过分看重照片的作用，难免有“本末倒置”之嫌。

【例文】

个人简历

姓　　名：张惠惠

性　　别：女　　出生年月：198×年3月

毕业院校：某市理工大学　　专业：工业企业管理（本科）

通信地址：某某省某市某镇某街　　邮政邮编：123456

联系电话：××××××××××　　电子邮件：×××××××@163.com

求职意向：文秘

技能总结

英语水平：

能熟练地进行听、说、读、写，并通过大学英语四级考试，擅长撰写和回复英文商业信函，能够熟练运用网络查阅相关英文资料并及时予以翻译。

计算机水平：

国家计算机等级考试二级，熟悉网络和电子商务。精通办公自动化，熟练操作 Windows 系统。能独立操作并及时高效地完成日常办公文档的编辑工作。

实习经历总结：

200×年7月 某某化工网站电子商务实习。实习期间主要职责有：①协助网站编辑在互联网查阅国内以及国外的化工信息；②搜集、整理相关的中英文资料；③整理和翻译英文资料。

教育背景：

199×年9月—199×年7月 某某市第一中学

199×年9月—200×年7月 某某理工大学

主修课程：

高等数学、运筹学、预测与决策、市场营销、西方经济学、国际贸易、推销与谈判、计算机销售管理、电子商务。

获奖情况：

三次校二等奖学金、一次校单项奖学金。

自我评价：

做事踏实，自觉服从公司纪律，对公司忠诚，善于与同事相处。

第九节　演讲稿

知识目标：了解演讲稿的含义、特点、种类等理论知识。

掌握演讲稿的结构。

能力目标：能根据需要写作比较规范的演讲稿。

实际案例：

院学生会主席竞选稿

尊敬的各位领导、老师，亲爱的同学们：

大家晚上好！

我是来自14级××系××专业的×××。今天我站在这里，企及更高的目标，竞选新一届的学生会主席。我想应该让这个职务去选择合适的人，并用事实验证它的选择。

竞争使人优秀也验证着优秀。所谓"沧海横流，方显英雄本色"。我毫不畏惧竞争并渴望优秀，我愿意用实力证明。

作为学生会主席，应该具有足以感染整个团队的个人魅力。成功首先要敢想，其次是要敢做，去将才情淋漓尽致地挥洒，不拘泥于任何定势的思维和习惯，给这个团队注入强大的生命力，创造一种宽松开放的交流环境，荣辱与共的精神平台。世界是多元的，可选的内容更是层出不穷、丰富多彩的。在这样炫目而纷乱的境况中，如何选出一条最适合自身发展的道路，并坚定、果断、义无反顾地走下去，从而赢得成功？价值取向和奋斗目标会清晰地为我们导航。学生会就是在团委老师的带领下，由拥有能力并热爱学生工作的人组成的。我们一切活动的宗旨和目标就是为同学服务。目标如此明确，信念无比坚定，自信不胜充盈。我确信会怀着满腔的热情和不懈的努力带领我深爱的学生会延续最光辉的足迹，开拓最美丽的道路，为新一届的学生会注入勃勃生机！人说"竹高千尺，一生虚心"，于我则是力求"千尺"不忘"虚心"。只有这样才能让我们的团队在极具活力的创新中稳步前行。

马，只有跑过千里，才能知其是否为良驹；人，只有通过竞争，才会知其是否为栋梁。我不想等待机遇的垂青，而喜欢享受拼搏的愉悦；我没有崇拜的英雄，但却有信仰的精神。我渴望在实践中增长才干、磨砺意志，获取真知。一种文化的特色与底蕴需要实际的体验和观察，同样，一个人的精神追求与处世哲学也终须现实的检验。我希望用我的真诚和能力赢得大家的支持和信任。

请相信，有一种付出叫奉献，有一种期待叫惊喜，更有一种选择叫奋斗。如果你同意我所说的，哪怕只有一句，就请为我鼓掌吧！

竞选人：×××

二〇一四年九月十五日

一、演讲稿的概念

演讲稿也叫演说辞，它是在较为隆重的仪式上和某些公众场所发表的讲话文稿。演讲稿是人们在工作和社会生活中经常使用的一种文体，它是一种直接面对听众，凭借口头表达，进行宣传、教育、鼓动或是思想交流的一种论说性文章。

二、演讲稿的特点

为演讲准备的稿子具有以下特点。

1. 针对性

首先，作者提出的问题是听众所关心的问题，要能为听众所接受并心悦诚服，这样才能起到应有的社会效果；其次，要根据不同场合和不同对象，为听众设计不同的演讲内容。

2. 启发性

要通过充实的内容，晓之以理，让听众欣然接受演讲稿所阐明的意见和观点，明确努力的方向和行动的目标。必要的设问、反问，深入浅出的比喻、引用，都是增强演讲词启发性常用的方法。

3. 鼓动性

好的演讲自有一种激发听众情绪、赢得好感的鼓动性。做到这一点，就要依靠思想内容的丰富、深刻，见解精辟，发人深省，语言表达要形象、生动，富有感染力 。

4. 可讲性

由于演讲要诉诸口头，拟稿时必须以易说能讲为前提。一篇好的演讲稿对演讲者来说要可讲，对听讲者来说应好听，也即“上口入耳”。

三、演讲稿的分类

演讲稿的应用十分广泛，其分类也是多种多样的。从演讲方式上分，可以把演讲稿分为命题演讲稿、即兴演讲稿和论辩演讲稿三种。从演讲内容上分，可以把演讲稿分为政治演讲稿、学术演讲稿、生活演讲稿、法律演讲稿、教育演讲稿、军事演讲稿、商业演讲稿等。

按照体裁分，又可分为叙述型演讲稿、议论型演讲稿、抒情型演讲稿。

1. 叙述型演讲稿

这种演讲稿以叙述为主要表达方式，向听众陈述自己的思想、经历、事迹，或转述自己看到、听到的他人的事迹或事件。叙述型演讲稿中的叙事，最终目的是为了证明演讲者的观点和主张是正确的，寓宣传教育于形象感染之中。

2. 议论型演讲稿

这种演讲稿以议论为主要表达方式，通过摆事实、讲道理，进行富有逻辑性的论证。这类演讲稿的最明显的特征是对听众晓之以理，以理服人。议论型演讲稿既要有事实材料，又要有逻辑推断，立场坚定，旗帜鲜明。

3. 抒情型演讲稿

这种演讲稿以抒情为主要表达方式，在演讲中抒发演讲者的爱恨、悲喜等强烈的感情，对听众动之以情，以“情”这把钥匙来开启听众的心灵。但抒情型演讲稿中的“抒情”是手段，“说理”才是目的，是以“理”驭“情”，使听众在浓烈的情感作用下明辨是非，认识真理。

四、演讲稿的结构和写法

演讲稿的结构分标题、开头、主体、结尾四个部分。

(一)标题

标题是一篇演讲稿的定音之弦。常用的标题一般有下列几种:概括演讲基本内容的提要型标题;运用比喻或象征等修辞手法的象征型标题;通过设问,提示演讲内容的设问型标题;具有浓烈的感情色彩的抒情型标题等。

(二)开头

演讲稿的开头应该用最简洁的语言、最短的时间,把听众的注意力和兴奋点吸引过来。开头的写法,可以是开门见山,直接进入演讲正题;可以是概括背景,说明演讲缘由;也可以是提出问题,激发听众的兴趣。

(三)主体

演讲稿在开头后要迅速转入主体,这是演讲的核心部分。主体内容的安排,应注意以下问题。

1. 确定表达方式

首先要分清演讲稿的类型,然后根据所写演讲稿的特点,采用相应的表达方式。叙述型演讲稿要用事件叙述和画面描述来感染听众。议论型演讲稿要以典型事例和理论为论据,来说服听众。抒情型演讲稿要用抒情性语言表明观点,用情感来打动听众。

2. 安排结构层次

演讲稿的结构形式主要有以下三种。

并列式:就是围绕中心论点,从不同角度、不同侧面进行分析,每一层次之间是并列关系,都直接证明中心论点。

递进式:就是由浅入深,几个层次之间是一种层层递进、层层深化的关系。用这种方法来安排演讲稿的结构层次,能使事物得到由表及里的深入阐述和证明。

并列递进结合式:这种结构,或是在并列中包含递进,或是在递进中包含并列。一些纵横捭阖、气势雄伟的演讲稿常采用这种方式。

3. 把握节奏与高潮

演讲稿的节奏指的是结构安排的张弛有度。演讲稿的内容不能平铺直叙也不能高潮迭起,要在能引发听众强烈反响和共鸣的地方,用精彩的语言构筑演讲高潮,集中体现演讲者的深刻思想或强烈爱憎。而在演讲内容的疲劳期,在内容一致的前提下,或旁征博引、或引经据典、或运用诗文轶事,使听众的注意力既保持高度集中而又不会产生兴奋性抑制。总之,演讲稿结构的节奏要做到既鲜明又适度。

(四)结尾

结尾给听众的印象,往往代表整个演讲给听众的印象。好的结尾言简意赅、余音绕梁,能够使听众精神振奋,并促使听众不断思考和回味。常用的结尾有:总结全文,加深印象;提出希望,给人鼓舞;表明决心,发出誓言;照应题目,突出中心等。

五、演讲稿的写作要求

1. 选题要有的放矢

写作演讲稿前,要了解听众的思想状况、文化程度、职业状况,分析他们的观点、态度、希望和要求,选择他们感兴趣的话题与材料。

2. 主题要鲜明

一篇演讲稿必须有一个集中、鲜明的主题。无中心、无主次、杂乱无章的演讲是没有人愿意听的。一篇演讲稿只能有一个中心,全篇内容都必须紧紧围绕着这个中心去铺陈,这样才能使听众有深刻的印象。

3. 语言要通俗生动

首先,要多用口语,少用书面语,多用短句,少用长句,不刻意追求辞藻的华丽。其次,语言要准确、精练,不用生僻的词语,不用乱造的词语,不讲假话、大话、空话,也不讲过于抽象的话。最后,要多用比喻等修辞手法,深入浅出,把抽象的道理具体化,把概念的东西形象化,把深奥的道理讲得浅显,让听众听得入耳、听得明白。

【例文】

养成良好的习惯

各位老师、同学们:

大家好!

大家知道,习惯形成性格,习惯也决定着命运。好习惯形成了,将一辈子受用;同时,坏习惯形成了,也要一辈子受折磨,受牵累。约·凯恩斯说:"有什么样的习惯就有什么样的态度,有什么样的行为,就有什么样的结果。"不错,在凯恩斯眼中,良好的习惯将会注定我们的性格,甚至会影响我们自己的命运,由此可见,良好习惯的养成是何等的重要。鲁迅先生很爱惜时间,他一生撰写和翻译了3 640万字的著作,平均每天写2 000字,为我国的文化宝库留下了极其丰富的文学遗产。他之所以这样高产,是因为他养成了良好的写作习惯,把写作当作是一种乐趣。

良好的习惯,是为人、做事成功的基础。俗话说:"江山易改,禀性难移",也充分说明了习惯的重要性。"差不多"先生的故事可谓家喻户晓,他一生的理念就是"差不多"。有一次他没能赶上吃饭,他就对自己说:"吃饭和不吃饭不是差不多吗?"没搭上火车也对自己说:"乘火车和走路不是差不多吗?"甚至在他咽气的那一刻,他还对周围的人说:"活着和死了不也是差不多吗?"这还不能够说明坏习惯的影响之大吗?正是这些坏习惯如鬼魅般缠绕着你,影响着你的生活,影响着你的成功。成功和失败,都源于你所养成的习惯,既然习惯如此重要,那么如何养成良好的习惯呢?

根据专家的研究发现,21天以上的重复会形成习惯,90天的重复会形成稳定的习惯。所以,一个观念如果被别人或者是自己验证了21次以上,它一定会变成你的信念。同学们,人生最昂贵的代价就是都在等待明天,但明天永远不会再来。因为来的时候已是今天,只有今天才是生命中最重要的一天;只有今天才是生命中唯一可以把握的一天;只有今天才是用来超越对手,超越自己的机会,不要把希望寄托在明天,希望永远就在今天,就现在!

君子以自强不息,让我们用认真的态度,从小事做起,从我做起,去养成一个个有利于我们生活、学习的好习惯,伴我们快乐成长,去创造一片属于我们自己的蓝天。

写作训练

一、简答题

1. 日常应用文书有哪些主要特点?

2. 借条和欠条的区别有哪些?

3. 启事与启示有什么区别?

4. 慰问信与感谢信有哪些异同?

5. 概述求职信的写作要求。

二、写作题

1. 小张是××房产公司行政科的科员,2011年4月20日至4月28日将陪同局长等一起参加××市开发区举办的土地买卖投标会,需要从后勤处借笔记本电脑一台,请你以小张的口吻向后勤处写一张借条。

2. 吕振西同志刚从××财经大学调往××审计事务所,事务所希望原工作单位能够出具吕振西同志工作经历及表现的证明。吕振西,现年40岁,中共党员,在××财经大学会计系担任副主任职务,工作认真负责,业务能力强,多次被评为市级劳动模范,学校先进工作者。请你根据以上材料,写一封证明信。

3. 2008年5月18日,地震发生后的第六天,中国青少年发展基金会在四川省绵竹县遵道镇援建的第一所"抗震希望小学"在四川省绵竹市遵道镇落成。(5月19日中国网)

请以该校师生的名义,写一封感谢信。

注意事件要完整、人称要合乎实际。

4. ××信息科技有限公司高级工程师周斌等两位同志到广州市××电子信息公司洽谈合作事项。请根据材料写一封介绍信。

5. 2012年10月1日上午九点恒雅广告公司建立十周年,准备在杭州德胜路238号举行庆典。请给合作公关公司的总经理朱丽叶发一封请柬。

6. 请你根据自己的爱好、特长,给学院××社团的社(团)长写封申请书,要求加入该社团。

7. 请根据自己的情况,写一份入党申请书。

8. 毕业后你想到什么单位从事哪些岗位的工作?利用网络等资源搜寻相关招聘信息,给对方投递一份求职书(含应聘信和个人简历)。

9. 假设你要参加院学生会某部部长的竞选,请你写一篇竞选演讲稿。

三、改错题

1. 根据所学相关知识,修改下面这张借条。

借　　条

今借到李先生人民币5 000元,本月底如数还清。此据。

借款人:邓力(盖章)

2. 根据所学相关知识,修改下面这则启事。

寻物启事

本人不慎于乘车时,将一黑色公文包遗失。有拾到者火速与××机械局201办公室联系。必有重谢。电话:138××××××××

启事人:×××

××××年×月×日

3. 下面这份证明信存在哪些不足?

证明信

××报社:

贵报社记者×××同志原任我社编辑,任期内工作积极主动,认真负责,有较强的业务能力。

此致

敬礼!

×××杂志社

××××年×月×日

4. 下面这封感谢信有好几处错误,请指出并改正。

感谢信

珠江剧团负责同志:

为帮助我校举办艺术节排练节目,你们及时给我们派来了高明、李菲两位老师,协助我们编排歌舞、演唱。他们工作认真,耐心指导,亲自示范。在二位老师的帮助下,经过全校广大师生的努力,大家的水平得到了很大提高,排练出了很多精彩的节目,使我校艺术节获得了很大成功。

现在两位老师回去了,谨代表贵校全体师生向二位老师及你们表示衷心感谢,并希望今后继续得到你们的大力支持。

此致

敬礼!

新华二中校长室(公章)

2012年11月22日

5. 下面是一封求职信,有好几处错误,请指出并改正。

求职信

××服装厂:

前天接到我的旧同学××的来信,说贵厂公开招聘生产管理员。我是××学校企业管理专业的毕业生,在校读书时,学习成绩优秀,爱好体育运动,是学校篮球队的成员。贵厂就设在我的家乡，我想调回家乡工作正合我的心意，而且生产管理员的职务，也和我所学的专业对口。

不知贵厂是否同意，请立即给我回信。

此致

敬礼！

××谨上

2011年8月10日

第四章 事务文书写作

第一节 概 述

知识目标：了解事务文书的有关理论知识。

掌握事务文书的写作格式。

能力目标：能够正确写作常用的事务文书。

一、事务文书的概念

事务文书是党政机关、社会团体、企事业单位处理日常事务，用来沟通信息、总结经验、研究问题、指导工作、规范行为的实用性文书。

事务文书是与行政公文相对而言的，是行政公文以外的机关团体处理日常事务工作使用的最为普遍和广泛的文书。

二、事务文书的特点

事务文书具有其鲜明的特点。

1. 对象的明确性

事务文书的写作有明确的对象、特定的读者，如计划、总结、简报、调查报告等都有明确的阅读对象。

2. 内容的实效性

事务文书是直接用来处理事务工作的，要注意实用，讲求效率。因此，事务文书从主旨的确立到材料的使用都必须切合实际、讲求效率；写作形式的运用也要讲求实效，便于文书内容的落实和处理。

3. 一定的程式性

事务文书一般都有一定的程式性，有约定俗成的惯用格式。虽然它不像法定公文那样有着非常严格的格式要求，但在长期的应用中，事务文书的实用性和真实性决定了它逐渐形成了较为稳定的结构层次、习惯用语、处理程序等组成要素。虽然格式上有一定的灵活性，但总体上是相对稳定的。

4. 较强的时限性

事务文书总是针对工作、生活中的具体事务而撰写的,所以必须要求其在限定的时间内及时完成,否则很难发挥事务文书的作用。

三、事务文书的种类

事务文书包括计划、总结、述职报告、调查报告、简报、会议记录。

四、事务文书的写作要求

1. 以方针政策为指导,以法律规定为依据

事务文书的政策性很强,它是党和国家的方针政策在有关实际工作中的具体体现。所以,写作事务文书必须认真领会有关的政策,以法律规定为依据,不能与现行政策和法规相抵触。

2. 深入调查研究,获取真实材料

撰写事务文书要了解实际情况,进行深入细致的调查研究,尽可能多地搜集、积累材料,只有这样才能发挥事务文书的指导性功能与务实的作用。

3. 实事求是,切实可行

事务文书是为了解决工作中的实际问题,因此必须要实事求是,具有科学的可行性。

4. 格式约定俗成,语言准确简练

事务文书的格式虽然不像行政公文那样程式化,但许多文种的格式也有约定俗成的共同特点。语言要求准确简洁,不能出现歧义,表述不能模糊。

第二节 计 划

知识目标:了解计划的概念、特点、种类等理论知识。

掌握计划的结构和写作要求。

能力目标:能根据需要写作较为规范的计划。

实际案例:

株洲市行业办公室
2012年老干部创先争优活动推进计划

为推进我办老干部创先争优活动深入开展,根据中央、省、市要求和《株洲市行业办公室2012年创先争优推进意见》《2012年株洲市老干部工作要点》精神特制订本计划。

一、指导思想

创先争优活动要坚持以邓小平理论和“三个代表”重要思想为指导,深入贯彻落实科学发展观,紧扣市委、市政府的中心工作,以“强组织、增活力、创先争优迎‘十八大’”为主题,按照“抓落实、全覆盖、求实效、受欢迎”的工作要求,以争创“五好”支部、争当“三好”老干部为活

动载体,以争当“和谐之星”“文明之星”“教育之星”“学习之星”和“健康之星”为目标,有序推进基层组织建设年,全面提升基层党建工作水平。

二、主要任务

(一)搭建老有所学的平台,引导老同志在思想政治上创先争优,争当“和谐之星”“学习之星”。

开展“共话三十年、喜迎十八大”主题宣传活动,结合“十进十讲”积极参与和做好新形势下的群众思想政治工作,认真组织学习全国和省、市“两会”精神,引导各个老干党支部和广大群众积极争做科学发展之先、创社会和谐之优,迎接十八大胜利召开。

(二)搭建老有所乐的平台,引导老同志在道德品行上创先争优,争当“文明之星”“健康之星”。

响应市创建全国文明城市、争做文明市民号召,积极开展争当“文明家庭”“文明公民”的活动,引导老同志投身创建全国文明城市活动,组织老同志参加专题座谈、户外参观、文艺演出、诗词创作、书画展览等活动,使老同志老有所乐、身心健康。

(三)搭建老有所为的平台,引导老同志在教育后代上创先争优,争当“教育之星”。

开展争当“三好老干部”活动,结合“十进十讲”,组织老同志用亲身经历,教育和引导广大青少年知党史、听党话、跟党走,争做守法遵规的好青年,尊师勤学的好学生,促进青少年健康成长。

三、具体安排

第一阶段:1 月至 3 月。

重点工作:部署创先争优活动,组织开展党员公开承诺。

1. 开展慰问和点评活动。3 月份以前,抓好领导点评和群众评议,确保所有离退休党支部和党员都接受点评和评议。

2. 制订年度活动计划,开展公开承诺。围绕“三个加快”“五个三”重点工作,党员结合自身特点和党员责任义务要求,制定活动方案,开展公开承诺。

3. 开展创先争优活动群众满意度专项调查。

第二阶段:4 月至 6 月。

重点工作:部署创先争优活动专项表彰工作,总结创先争优做法经验,开展领导点评和群众评议。

1. 按照行业办的要求做好创先争优活动专项表彰工作。

2. 组织开展领导点评和群众评议活动。结合“七一”前党员组织生活会,民主评议党员和完成上半年工作任务情况为重要内容,搞好领导点评和群众评议。

3. 全面总结创先争优活动。认真总结创先争优活动的意义、特点、做法、成效和经验。

四、工作要求

1. 落实领导责任,健全工作机制。把开展创先争优活动情况纳入支部书记述职、考核和考评的重要内容,确保创先争优在基层落实、在基层行动、在基层见效。

2. 加强督查考核,确保工作成效。行办党委加强对各老干党支部开展创先争优活动的经常性督查,抓好“回头看”和跟踪整改,及时掌握情况,发现问题,推介典型。

3. 强化舆论引导,营造浓厚氛围。加大对中央和省、市委精神、创先争优先进典型和经验的宣传力度，保持良好态势，营造舆论氛围，认真评选、推荐创先争优典型，发挥先进典型的示范和引导作用，在全体离退休党员干部中形成比、学、赶、帮、超的生动局面，以实际行动向党的十八大献礼。

株洲市行业办公室创先争优领导小组

2012 年 3 月 2 日

案例分析：这是一份为创先争优活动而制订的工作推进计划，属专题性计划，在实际工作中较为常用。计划标题由单位名称、事由和文种组成，内容包含指导思想、主要任务、具体安排和工作要求四方面，结构完整，重点突出，便于执行。

一、计划的概念

计划是人们对未来一定时间的任务，提出明确目标，规定具体要求，制定相应措施，作出切实安排的一种文书。计划是一个统称，常见的“方案”“要点”“安排”“打算”“规划”“设想”等，都属于计划一类。

一般说来，对某项工作从目的、要求、方式方法到具体进度，都作了全面计划的叫方案；上级对下级布置一个阶段的工作或者一项重要任务，需要交代政策、提出具体要求的叫要点；预定在短期内要做的一些具体事情，叫安排；准备在近期要做的事情而对其中的指标或措施等考虑得还不周全的，叫打算；拟订比较长期的计划而涉及面广，又只能是一个大轮廓的，叫规划；如果为长远的工作或某种利益着想作个非正式的、粗线条的计划，叫设想。我们可根据内容、性质、范围、时间的不同而选用不同的名称。

二、计划的特点

作为对未来作出规划、安排的一种事务文书，计划有其显著的特点。

1. 目标性

写计划前要对全局性的各项工作作全面、合理的安排考虑，保证统筹兼顾，防止顾此失彼，因此计划必须有明确的目标性。目标是计划的核心，计划的全部内容紧紧围绕着目标展开，为这个既定的目标谋划最优的策略和步骤、落实具体的措施或方案等。

2. 预见性

计划是事先对活动所作的安排与打算。而任何事物在其发展过程中会出现这样或那样的变化，为实现预定目标，必然要对活动过程中可能出现的情况进行分析与估计，并要对可能出现的困难、问题等，提出切实有效的措施和方案。这样，才能确保计划顺利进行，并达到预定目标。

3. 规范性

计划的内容不同，可以有不同的写法。但它们都必须具备计划的三要素：任务、措施和完成的时间，即做什么、怎么做、什么时候做、何时完成。这就构成了计划的比较固定的写作程式和规范。

三、计划的种类

计划的种类很多，按照不同的标准，可以分为不同的种类。

1. 按计划的性质划分

按性质划分，计划可分为综合性计划和专题性计划。综合性计划又称总体计划，是对某一单位或部门在一定时期内的所有工作作出的全面安排和计划。专题性计划又称单项计划，是对某一方面的工作作出安排和计划。

2. 按计划范围划分

按范围划分，计划可分为国家计划、地区计划、系统计划、单位计划、个人计划等。

3. 按计划涉及的时间划分

按涉及的时间划分，计划可分为长期计划（10～15 年及以上）、中期计划（5 年左右）、短期计划（1 年及 1 年以下）。

4. 按计划的形式划分

按形式划分，计划可分为条文式计划、表格式计划、条文加表格式计划等。

1）条文式。即把计划分为若干条款或部分，通过文字加以阐述，涉及数字指标也都穿插在有关部分的文字叙述之中。这种写作形式，条理分明，层次清楚，说理性强，容易把计划的内容准确地表达出来。这是目前比较常见的一种写作形式。

2）表格式。即用表格来表达计划内容。表内栏目通常包括任务项目、执行部门、完成时间、执行措施等。这种样式的计划比较醒目、简洁，容易使人理解把握，也便于对照和检查。定期的、以数据为指标的计划，适宜用这种方式。如企业的产销计划、国家经济管理部门下达经济任务的计划，常常是定期制订，以数据为指标的，用表格式较为合适。

3）条文加表格式。即指计划的内容既有条文的表述，又有表格的形式，条文和表格相配合，能把比较复杂的内容用简洁的方式表达出来。

四、计划的结构和写法

计划没有固定不变的格式，可以写成一篇叙述的文字，也可以分条分项列出，还可以采用表格的形式写出，或者把几种方法“综合运用”，既有表格，又有文字的叙述和说明。总之，应根据实际情况而定。一般说来，计划应包括如下三个部分。

（一）标题

计划的标题一般包括制订计划的单位（个人计划的姓名不写在标题内）、计划的期限、事由、文种四部分。如“公司新产品开发计划”这个标题各要素俱全，专题性计划的标题常采用这种写法。也有些计划的标题有所省略，如“某地税务局第三季度工作要点”，没有涉及计划的内容，这是综合性计划标题的一般写法。如果所制订的计划还不够成熟，需试行一段时间，待征求意见后再进行修改定稿，或者还未经过法定的会议讨论通过，可在标题后或下加上“初稿”“草案”等字样，并加上括号。

（二）正文

正文是计划的主体部分。这部分通常包括前言、任务和目标、步骤和措施、结语等几个部分。

1. 前言

前言应简明扼要，写清楚：制订计划的指导思想，包括有关的方针政策和上级的指示；分析现时形势的要求，本单位的基本情况（完成任务的主观和客观条件的分析）；计划的总任务、计划的目的要求等。前言通常以“为此，年（或第×季度）要做以下几项工作”来领起下文。上述几项内容，并不是每份计划都必不可少，要根据计划任务的对象、范围情况的不同，酌情取舍。有的计划前言部分可不写，而直接写计划的具体事项。

2. 任务和目标

计划要明确地写明一定期限内，必须完成哪些任务，实现什么目标，做哪些事，数量和质量上有什么要求等，使计划执行者一看便知道准备做什么，做多少，什么时间完成，由什么部门负责执行等，使之心中有数。

3. 步骤和措施

在明确了工作任务之后，计划还要根据主客观条件，设计必要的步骤和措施，以保证任务的完成。步骤是指工作的程序和时间安排，措施主要是指达到既定目标需要采取什么方法，动员哪些力量，创造哪些条件，排除哪些困难等。

总之，计划的正文要按照“做什么—怎么做—做到怎样”的顺序来安排结构内容，只有这样才能简明、全面、清楚地制订好计划。

4. 结语

这一部分是总结全文，在正文的末尾提出希望和号召。也有的计划不写结语，计划事项写完后自然结束。是否写结语，要根据计划的具体情况而定。

（三）署名和日期

计划的结尾要写上制订单位的名称与制订日期两项内容。如果标题中已标明单位名称，结尾可省略掉单位署名，写明制订日期即可。

五、计划的写作要求

1. 针对性

计划是根据党和国家的方针、政策和有关的法律、法规，针对本系统、本部门的实际情况制定的，目的明确，具有指导意义。

2. 预见性

计划要能够准确地预见未来，提出工作的设想。制订计划的人要高瞻远瞩，既要了解本单位、本部门的具体情况，又要结合当前的形势，对未来有准确的预见。

3. 可行性

计划应该是先进性与可行性的高度统一。计划中提出的目标是先进的，但这目标又不是高不可攀的，而是经过一定的努力可以达到的。

4. 指导性

计划植根于实践，又指导实践，是指导下属各单位、各部门工作的奋斗目标和行动纲领。下属各部门应努力完成计划中提出的奋斗目标，如在执行过程中发现计划的某些部分与实际情况不符，不能实现，要说明原因，及时修改，以保证计划中提出的目标的实现。

【例文】

读书活动方案

为进一步推进职工文化建设，创建学习型团组织，提高职工的自我学习意识和团队学习能力，培养广大职工“以学习推动工作，以工作促进学习”的行为习惯，努力打造一个优秀干练的职工队伍，促进工作的不断改进与创新，特制定本方案。

一、指导思想

以“做学习型职工、创书香型机关”为目标，营造“处处是读书场所，时时是读书之机，个个是读书之人”的浓厚氛围，提升文化建设水平，提升干部职工队伍整体素质，促进和谐公路建设。

二、活动对象

全体职工。

三、活动方式

读书活动以推荐书目为基础，员工自主阅读为主，全员分享共同进步为目标。主要安排如下。

（一）荐：根据中心工作和员工读书需求，各单位推荐一本书，并于4月底前将推荐书目报送市局团委。市局将于5月份向全系统推出重点推荐必读书目。

（二）读：每位职工每月至少通读一本新书，重点阅读推荐书目。

（三）写：每位职工每月应至少完成一篇500字以上的读书笔记或读书心得体会。

（四）谈：各单位每月组织报送本单位读书笔记1～3篇，市局在公路青年网站和《公路文化》杂志开辟“做学习型职工、创书香型机关”读书心得体会专栏，展示优秀篇目，相互交流体会，分享成果。

（五）讲：2015年元旦左右，将举办以“读书带来希望、实践促进成长”为主题的青年读书活动心得交流会，进一步提高广大干部职工读书学习的热情。

（六）评：市局年底将组织评选10篇优秀读书心得文章，给予一定的奖励，并向上级文化期刊推荐发表。

四、活动要求

（一）加强组织领导。各单位要把开展全员读书活动作为落实“继续提升年”的一项重要工作，纳入重要日程，抓好、抓实。

（二）严格责任落实。各单位对市局推荐的必读书目，全部要购置齐全，以备干部、职工阅读。干部、职工的读书笔记、心得体会文章要按时上报市局团委，此项工作纳入年度目标考核。

（三）营造读书氛围。要积极培养各类学习典型，认真总结开展读书活动的基本经验，努力在全系统内形成“好读书、读好书、读书好”的良好氛围，推动读书活动广泛、持久、深入地开展。

2014年4月19日

第三节　总结

知识目标：了解总结的概念、特点、种类等理论知识。
掌握总结的结构和写作要求。

能力目标：能根据需要写作较为规范的总结。

实际案例：

庆城县2014上半年食品安全工作总结

今年以来，我县食安委认真贯彻落实省、市、县食品安全工作会议精神，充分发挥食品安全综合监督、组织协调职能，强化工作措施，加大整治力度，消除食品安全隐患，食品安全监管有计划、有步骤、有秩序地开展，上半年全县未发生食品安全事故，有效保障了人民群众饮食安全，推进了食品产业又好、又快地发展。

一、上半年食品安全工作开展情况

（一）加强领导，落实监管责任

年初，县政府召开食品监管工作会议，专题安排部署食品安全工作，县政府和各乡镇政府、县食安委会成员单位分别签订了食品安全工作《目标责任书》，将食品安全任务细化分解到各乡镇各成员单位，责任落实到各环节各岗位。同时，还将食品安全工作纳入县政府综合目标考核体系，制定了具体的考核指标，县食安委会对各成员单位和各乡镇工作开展情况定期检查促进工作落实，初步建立了地方政府负总责，监管部门各负其责，各方联合行动的责任体系。

（二）明确任务和重点，扎实开展食品安全专项整治工作

为切实解决食品安全薄弱环节，根据我县食品安全工作监管状况，及时制订各项食品安全整顿工作计划，大力开展20类专项整治，严厉打击制售过期霉变、“三无”食品等侵害消费者权益的行动。上半年，没收不合格食品117件，责令限期整改企业119户，行政处罚11户。有力震慑了食品领域的违法犯罪行为，规范了市场经营秩序。

（三）加大执法检查力度，严控重大食品安全事故的发生

为了减少食品安全隐患，防止群体性食品中毒事件的发生，按照市食安委的工作制度要求，县食品安全委员会各成员单位上下联动，内外联合，强化食品源头监管。一是推进农业标准体系建设和实施，加快无公害基地建设，不断扩大无公害、绿色、有机认证农产品、水产品、畜禽产品规模。二是加强生猪定点屠宰管理。依法查处生猪私屠滥宰、注水等违法行为，严防病死、注水、未经检验检疫或检验检疫不合格肉品进入加工、流通、餐饮消费环节。三是加强粮油收购、储存活动中粮油质量及卫生的监督检查，对新产粮油进行品质测报。加强库存粮食的质量监督管理，确保粮食储存品质。

二、存在的问题

一是食品安全监管资源匮乏，专业人才、检测设施手段、监管能力与监管的形势任务还不相适应。二是食品企业诚信自律意识不高，食品行业产业化程度较低，农村群众食品安全意识不强，食品安全形势仍不容乐观；三是城乡集镇特别是学校周边食品摊点、夜市排档监管较为困难，仍然是食品安全工作的薄弱环节。

三、下一步工作重点

一是进一步完善监管体制机制。根据分工负责与统一协调相结合的要求，以及职能清晰、精简高效的原则，积极推动建立健全综合协调机制，进一步强化各职能部门间协调配合，精简环节，共享资源，形成合力，切实避免发现问题后责任不清、影响查处的现象。

二是切实提高企业诚信水平和从业人员素质。大力开展诚信自律教育和食品安全知识培训，加快推进行业诚信道德体系建设，充分发挥行业协会作用，引导和约束企业诚信守法经营。

三是加强食品安全监管能力建设。加快完善食品安全风险监测和评估。建立健全质量安全追溯体系，健全监管执法队伍，提高技术装备水平，从人员和技术配备上完全满足食品安全监管的需要。

四是依法严惩食品安全违法犯罪行为。保持打击食品安全违法犯罪的高压态势，使严厉的惩处成为一把高悬头顶的利剑，包括生产经营者、执法者不管谁犯法，都要依法从严从重惩处，使犯罪分子付出高昂的甚至付不起的代价，真正起到震慑作用。

上半年我们在食品安全上做了大量的工作，也取得了一定的成绩，但与县委、县政府和上级部门的要求还有一定的差距。今后，我们将进一步创新思路，强化措施，狠抓落实，全力做好食品安全工作，让市县政府放心，让庆城人民满意。

庆城食安委办公室

2014 年 7 月 11 日

案例分析：这是一份单位半年工作总结，通常对单位某一阶段的具体工作业务进行回顾与总结。正文包含前言、工作开展的情况、存在问题和下一步工作重点等主要内容。其中，重点介绍了工作开展情况，简单概括了存在的问题，同时，提出了今后的工作思路。条理清晰、重点突出、值得借鉴。

一、总结的概念

总结是对过去一定时期的工作、学习或思想情况进行回顾、分析，并作出客观评价的书面材料。常用的小结、体会，也是总结，只是它反映的内容较为单纯或经验不成熟、时间较短、范围有限。

二、总结的特点

作为对过去总结、分析的一种事务文书，总结具有以下特点。

1. 自我性

从写作的内容和目的看，总结仅限于本系统、本单位或者本人前阶段的实践活动，总结的目的是为了改进、指导今后的工作，有很强的自我性。调查报告与总结相比则不一样。调查报告是调查者总结他人的工作，为上级领导提供信息，以“点”上的经验来指导“面”上的工作。总结在写作手法上常用第一人称。

2. 说理性

总结离不开叙事，要用事实来说明任务完成的情况。但是，它并不停留在事实上，而是通过对事实材料的分析综合，抽象出带有规律性的经验教训，用于指导日后的工作。因此，总结的表述不但要有材料、观点，还要求有内在的逻辑联系，把实践中的做法理论化，以提高人们认识客观世界的能力。

3. 客观性

总结十分重视内容的客观性，即按事物的本来面目加以反映。客观事实是总结的基础。不论是反映全面工作，还是反映局部工作，虽有概括和提炼，但都要以实际工作活动为依据作客观分析，不允许主观臆断或虚构。

三、总结的种类

总结的种类繁多，按照不同的标准划分，有不同的种类。

按照性质划分，有工作总结、生产总结、会议总结等。

按照范围划分，有地区总结、部门总结、单位总结、个人总结等。

按照时间划分，有年度总结、半年总结、季度总结、月份总结、阶段总结等。

不管哪一类总结都可以按其内容所涉及的范围，分为全面总结、专题总结、个人总结。

1. 全面总结

全面总结也叫综合性总结。主要用于对一个部门、一个地区、一个单位在一定时期内的各项工作进行全面的总结，如年终总结、阶段总结等。这类总结，一般是对做完的工作进行一次总的回顾和检查，从中找出经验和教训，以发扬成绩，克服缺点，把今后的工作做得更好。

全面总结要全，但这种“全”也不是包罗万象，面面俱到，把什么都写进去，而是要点面结合，突出重点。“点”要详，“面”要略，有详有略，主次分明。

2. 专题总结

专题总结是对某一项或某一方面的问题进行专门的总结。它一般选取工作中的突出成绩、典型经验或者存在的问题进行分析研究，以便指导工作。专题总结针对性强、使用广泛，写这类总结，要明确总结的重点，不能把面铺得过宽。

专题总结经常用于推广典型经验或揭露问题。

3. 个人总结

个人总结，主要着重总结个人在某个阶段或问题上的工作情况。

四、总结的结构和写法

总结一般由标题、正文、落款三部分组成。

（一）标题

总结的标题主要有以下几种形式。

1. 直陈式标题

直陈式标题一般由单位名称、时限、事由和文种四个要素组成。标题各项内容，也可根据具体情况有所省略，如标题中可省略单位名称或事由。

2. 正副标题

一般说来，正标题概括总结主要内容或基本观点，副标题说明单位名称、时限、文种等，如《适应新的形势，努力做好财会工作——厂财务处工作总结》。

3. 不标文种式标题

不标文种式标题一般写成一般文章题目的形式，虽未注明“总结”字样，但标题本身体现出总结的性质或内容。

(二)正文

这是总结的重心所在。由于具体情况不同,总结的内容也不一样,但各种总结都有共同点,其内容一般包括以下几个方面。

1. 基本情况

这部分是总结的前言。一般用简洁的语言,概述完成工作的基本情况,交代清楚工作的时间、地点、背景,进行某项工作或认识某个问题的依据,工作的简单过程、基本做法,对工作完成情况的基本看法和总体评价等。这一部分内容要写得提纲挈领、简明扼要,以便读者对总结先有一个大概的了解,为下文具体介绍经验教训打好基础。

2. 成绩和经验

这是总结的精华和重点部分。这部分的结构方式,要依据总结的目的、作用来决定。旨在向上级汇报工作或向本系统、本单位职工总结工作的,多采用先谈取得的主要成绩,然后概括出几条经验体会的方法。旨在总结取得重大成绩的某项工作,并要向外介绍经验的,常采取先提问题,叙述取得的巨大成绩,然后着重谈经验体会的方法。写好这部分内容,必须力戒就事论事,要在对过去工作情况的分析研究中,提炼出带有理论色彩的观点,以指导今后的工作。

3. 问题和教训

这一部分内容也可视总结的重点来取舍,如果是着重反映问题的总结,则应把这一部分当作重点写;如果是专门总结成功经验的总结,也可以不涉及存在的问题和教训。这部分要根据实践活动的具体情况和总结的目的要求而灵活掌握。

4. 努力方向

这部分是在总结经验教训的基础上,针对工作中存在的问题,提出切实有效的改进措施、今后打算、努力方向,或者提出新的奋斗目标,表明决心、展望前景、鼓舞斗志。这部分在写法上要有新意,防止落入俗套。

(三)落款

总结的落款包括署名和日期。标题中已标明,或标题下已署名,结尾则可不写。个人总结署名,一般写在正文的右下方。

五、总结的写作要求

1. 正确的指导思想

必须以党的方针、政策、路线为依据,正确估计实际工作情况,从中总结出更能指导现实的有价值的经验。

2. 要坚持"实事求是"原则

总结是对实践的再认识,又是实践的本质概括,实事求是是写好总结的基础。从客观实际出发,正确反映客观事物的本来面目,是总结写作应有的态度。好大喜功搞浮夸或将总结写成"检讨书",都不是实事求是的态度。

3. 要注意共性、把握个性

总结很容易写得千篇一律、缺乏个性。当然,总结不是文学作品,无须刻意追求个性特色,但千部一腔的文章是不会有独到价值的,因而也是不受人欢迎的。要写出个性,总结就要有独到的发现、独到的体会、新鲜的角度、新颖的材料。

4. 要详略得当、突出重点

总结的选材不能求全贪多、主次不分,要根据实际情况和总结的目的,把那些既能显示本单位、本地区特点,又有一定普遍性的材料作为重点选用 ,写得详细、具体。而一般性的材料则要略写或舍弃。

5. 语言简明、准确

总结的语言一定要简明、准确。要用第一人称,即从本部门的角度来撰写。

【例文】

个 人 总 结

自进入大学以来,我便立志成为一名思想上进,政治合格,素质过硬,在德智体诸方面全面发展的合格大学生。四年来,我不断朝着这个目标努力学习,踏实工作,努力提高自身素质,争当一名德智体全面发展的合格大学生。

回顾这四年来的大学生活,我在各个方面都得到锻炼和发展,特别是在党、团组织领导的帮助下,我的学习成绩、政治理论水平、社会实践能力等都有了进一步的提高。

一、思想政治方面

刚进入大学不久,我便郑重地递交了入党申请书。从那时起,我就以一名党员的标准严格要求自己,以党员的标准规范自己的学习和工作。针对自己思想政治素质和理论水平不高的问题,我在日常的学习工作中不断认真学习党的各项方针政策,研读各种马列专著,领会和总结毛泽东思想、邓小平理论在实践中运用的原理。我积极参加学校党校和系定期的党章学习小组的学习,自身政治理论水平有了显著提高,思想上逐步成熟起来。

2012 年,我被评为“校优秀共青团员”以及“优秀学生干部”。经党组织严格审查,2013 年 5 月,我光荣地加入中国共产党。入党后,我严格遵守党的章程,严格要求自己,按期交纳党费,定期向组织汇报思想。在同学当中,我充分发挥党员的先锋模范作用,从课堂学习到课外生活再到社会工作,都努力做到严于律己、乐于助人、尽职尽责。

二、专业理论学习方面

作为一名大学生,我清楚地意识到,必须具备丰富的科学文化知识和过硬的专业技能才能实现自身价值。因此,“刻苦、认真、努力”成为我学习上的座右铭。通过与同学进行经常性的学习经验交流,并虚心向老师和同学请教,不断改进了学习方法,使自己的成绩不断进步,顺利地通过了全国计算机等级考试二级和大学英语四级考试。

由于学习成绩优秀,我曾三次获得校优秀学业奖学金。在加强自身理论学习的同时,我还注重自己动手能力的培养,坚持理论联系实际,积极参加课外科技竞赛。在 2011 年山东省第二届大学生点子设计竞赛中,我获得优秀奖。此外,我还积极参加假期社会实践活动,并且荣获“山东大学 2011 年度暑期社会实践积极分子”称号。

三、实践工作方面

四年来,我积极参加各项实践工作。作为院系主要学生干部,我先后担任班级团支部书记、系团总支组织部长、系学生党支部宣传委员。作为一名学生干部,我时刻不忘作为学生干部应为大家服务的思想,尽自己所能做好本职工作。我组织郊游活动,增进同学间的了解;组织迎新晚会,欢迎新入学的同学;举办业余团校,增强团员对团的认识;开展民主生活会,促进同学间的思想交流。在我系承办的“象牙塔”杯乒乓球赛、“联通杯”排球赛等活动中,我出色地完成了任务。

我知道我还有很多不足,在以后的道路中,我会努力克服不足,坚定不移地朝着自己的目标前进,在为社会奉献中实现自己的人生价值。

张明

2013 年 7 月

第四节　述职报告

知识目标:了解述职报告的概念、特点、种类等理论知识。

掌握述职报告的结构和写作要求。

能力目标:能根据需要写作较为规范的述职报告。

实际案例:

述 职 报 告

各位领导、同事:

大家好!

2014 年,我分管公司财务管理和内控工作。在各位领导、同事的支持和帮助下,我认真履行岗位职责,顺利完成了各项工作任务。公司年度销售收入 200 亿元,利润 50 亿元,均超额完成集团下达的各项指标。这些成绩的取得,是我们共同努力的结果。在此,我对大家表示衷心的感谢!

现从五个方面将我一年来的工作汇报如下。

一、政治素质方面

2014 年我认真学习党的政治科学理论和集团公司领导的讲话精神,把思想统一到集团公司奋斗目标上来,不断提高自己的政治素质。

二、履行岗位职责方面

(一)财务管理工作。针对 2014 年公司面临的经济、生产、销售形势,着重抓好如下财务工作。

1. 以价值管理为导向,加强资产管理。针对第二厂改造及停止部分业务等实际情况,组织专项资产清点,确定停止租赁部分资产,测算新的费用标准;针对四厂并入龙田公司,组织对四厂资产进行专项清查,确定租赁费用标准;组织对六厂出租资产进行新增确认,及时回收资金占用成本;清理在建工程账目,对已完工或投入使用项目,及时督促有关单位进行竣工决算。

2. 抓上海金融大厦建设资金补贴,现已收到补贴 2. 2 亿元。

3. 管好、用活资金,提高资金使用效率。坚持资金周报制度,根据公司需要科学制定资金筹措方案,保证了 30 多亿元固定资产投资和 60 多亿元生产需要资金。没有因资金问题影响基本建设、更新改造和生产任务。在保障资金供应的基础上,控制银行资金存量,节约利息支出2亿元。

……

(二)内部控制工作。

在内控和风险管理工作上,以“不知道风险是最大的风险、多一份控制就少一份风险”为理念。提高对重大风险、薄弱环节和关键控制点的识别和控制能力,组织风险事件评估和梳理工作,组织编制2014年度全面风险体系建设报告,提出风险管理措施和办法,为公司本安体系建设提供有效的制度支撑。

三、职业道德修养方面

我认真学习党的廉政建设,加强自身的党性修养,尊敬领导团结同志,正确对待大家赋予的权力,每处理一次经济往来都以公司利益为重,严于律己,忠诚企业,公私分明。

四、执行规章制度方面

一年来,我积极宣传国家的财经方针,严格执行集团公司和公司的各项制度规定,按照集团公司要求,狠抓基础建设,规范企业生产经营行为。

五、存在问题方面

2014年我做了一定工作,取得了一些成绩。但工作中也存在一些问题:一是走基层少,对基层单位情况及员工思想状况、工作状况、员工关心的热点问题掌握得不够全面;二是还有其他亟待解决的问题如资产清点不及时等。

针对上述问题,今后我要加强基层沟通,定期检查工作落实情况,加强企业管理,为公司创造更好的经济效益作出新的贡献。

述职完毕,谢谢各位!

述职人:李成

2014年12月

案例分析:这是一份企业财务总监的年度述职报告。前言部分介绍自己的岗位职责,概述了自己的成绩,给人一个初步印象。主体部分从政治素质、岗位职责履行情况等五方面论述,重点介绍了履行岗位职责的情况。内容全面,详略得当,语言精练。

一、述职报告的概念

述职报告是指各级机关、企事业单位和社会团体的工作人员向本单位的组织部门、上级领导机关或本单位员工陈述或汇报自己在任期内履行岗位职责情况的报告。

述职报告是干部人事制度改革,引进竞争机制后兴起的一种新的应用文体,对于促进和监督工作有着重要的意义。

二、述职报告的特点

1.自我评述性

述职报告是报告的一种特殊形式,它的着眼点是“述”自己“职”,自己在一定时期内履行岗位职责情况,称职与否、功过、得失,报自己的“告”,局限于个人职责范围之内的工作的自我回顾、检查、评价。

2. 时间的限制性

述职报告有严格的时间界限：一是述职内容必须是本人的职务、岗位、任职期内的，不是这一期间做的工作不许写入；二是报告时间的限制性，述职者必须在考核期间，按考核时间的要求写出书面报告，向本部门群众宣读并上交上级有关部门。

三、述职报告的种类

按照不同的标准，述职报告可分为不同类型。

1）按时间分，有年度述职报告、任期述职报告、临时述职报告。

2）按内容分，有综合性述职报告、专题性述职报告。

3）按述职者分，有个人述职报告、集体述职报告。

4）按性质分，有晋职述职报告、例行性述职报告。

四、述职报告写作的结构和写法

述职报告一般由标题、主送机关或称谓、正文和落款四部分组成。

（一）标题

述职报告的标题有单标题和双标题两种写法。

1. 单标题

一是由文种作标题或在文种前加人称，如“述职报告”或者“我的述职报告”。

二是由时间、所任职务、文种组成，如“2003 年任教育厅厅长职务期间的述职报告”。

2. 双标题

双标题中含正副标题。正标题提示内容主题，副标题由人称、文种组成或时间、文种组成，如“恪尽职守搞活经济——我的述职报告”。

（二）主送机关或称谓

述职报告以书面形式向组织呈送，要写主送机关名称，如果是向有关领导、群众进行口头陈述，则可写称谓。

（三）正文

正文由前言、主体、结尾三部分组成。

1. 前言

述职报告的前言部分一般包括三个方面的内容：一是岗位职责，包括自己从何时起担任何职，主要负责什么工作，并对内容和范围作必要交代；二是指导思想，说明自己在什么样的思想原则、方针政策指导下进行工作；三是概括评价，是对自己工作的基本评价。前言部分应写得简明扼要。

2. 主体

述职报告的核心部分。对于不同的行业、不同级别的领导来说，其述职报告的内容各不相同，写法也各异，但一般来说包括四个方面的内容：一是任职期间所做的主要工作，取得的主要成绩；二是存在的问题、缺点；三是个人的认识和体会以及主要经验、教训；四是今后工作的设想、意见和建议等。

主体部分的内容应该是在前言部分的基础上具体展开，各层次间的结构方式可以按时间顺序排列，也可按工作内容排列，还可以按照对问题的认识，由此及彼、由表及里、层层推进的逻辑顺序排列。述职报告不论采用哪种方式，主体部分的内容都要求观点鲜明、事实确凿、分析合理、归纳精辟。

3. 结尾

结尾一般用几句表态性的话语结束全文；也有的写今后打算或表述自己恪尽职守、胜任职位的决心等；还可用“特此报告”“专此述职”或“以上报告，请领导和同志们批评指正”等之类的句子结束全文。

(四)落款

落款主要包括署名和成文时间两项内容。署名要写明述职人的单位、职务和姓名，此项可放在标题下，也可与成文时间一起署在正文末右下角。

五、述职报告的写作要求

1. 突出重点

写述职报告不要事无巨细地把一切情况都一一加以反映，而要有意识地抓住核心问题，突出重要成绩，总结主要教训。凡重点部分要精心组织材料，写得详细、具体、充分、全面；次要部分可略写，有时还一笔带过。

2. 突出个性

述职报告要突出自己工作的特点，显示自己的工作个性，尽量避免那种千部一腔、千人一面，没有特点和个性的写法。

3. 客观评价

述职报告要客观、公正、实事求是地加以评价。写成绩，不虚夸，恰如其分，符合客观实际；讲问题，直截了当，不掩饰，抓住要害；讲经验，要有理有据，严谨求实，一分为二。述职报告最忌一味为自己唱赞歌，大谈特谈自己的成绩，对工作中存在的问题和矛盾有意遮掩。

六、述职报告与个人总结的区别

1)从陈述范围看，个人总结陈述的范围很宽泛，思想修养、业务进修、工作进展、为人处世等方面，都可以写成总结，都可以单独成篇；而述职报告陈述的范围仅限于履行职责的情况，在陈述履行职责的情况下，也可以涉及思想修养、业务进修等方面，但那是为履行职责提供思想和业务基础。

2)从陈述角度看，个人总结可以按照时间、空间不同，既可从做法的角度写，也可以从体会的角度写；而述职报告只能从履行职责的情况着眼，落脚到干了哪些事，克服了哪些困难，取得了什么效果。述职报告中可以有体会，但不能从体会的角度写。

3)从陈述内容看，个人总结，特别是工作经验总结，可以只讲成绩、经验，至于缺点、不足可以几笔带过，也可以不谈；而述职报告要求成绩和不足并重，实事求是，对履行职责过程中存在的问题不能轻描淡写，更不能文过饰非。

4)从作者范围看，个人总结是谁都可以写的，普通学生可以写学习总结，普通农民可以写生产总结；而述职报告的作者仅限于有职有责者。

【例文】

我的述职报告

尊敬的各位领导：

我是经理助理李红，我的工作职责是协助经理开展工作，做好内勤保障和施工安全保障。2011年，公司被评为安全生产先进单位。一年来，我的工作获得了公司领导和同事的支持和认可，这主要得益于各位同事的支持与默契配合，更得益于公司优良的团队氛围和企业文化对我的熏陶。现我将一年来的工作汇报如下。

一、内勤工作

1. 资料管理：我负责公司的资料管理。在工作中，我按照类别，对资料进行划分并编号登记在册，规范了日常资料的整理、存档；我先后完成了公司企业负责人、项目负责人、专职安全员三类人员安全生产考核合格证的延期及新申请；项目员工特种作业操作证复审、续办和新办；公司安全生产许可证的延期及新申请；我核对及登记了物业维修资料，并积极配合蓝世纪物业公司处理业主的投诉事宜，督促项目部对已完工程保修期内的质量问题及时进行维修。

2. 办理了施工现场从业人员意外伤害保险理赔工作。2月份，我办理了金滩春天项目部泥工陈仕云工伤保险理赔，同时代表公司会同项目部与工伤事故当事人及家属进行了赔偿协商。

3. 及时处理各项目部管理人员及项目员工的申、投诉事宜。

4. 参与各项目部部分分项工程工程量的验收；参与部分建筑材料的市场价格调查。

二、安全生产方面

1. 我协助施工部完善了公司安全生产相关管理制度，使公司的安全生产管理工作逐步走向规范化、制度化。

2. 为了提高项目员工的安全意识和专业技能，8月至10月，我主持开办了顺天国际农民工技能培训班，组织在建项目的部分项目员工进行了学习，并发放《建筑工人施工安全规范手册》《进城务工人员培训教材》等书籍100多套。

3. 积极响应市安委会关于开展安全生产月活动的号召，组织施工管理人员和项目工人观看《建筑行业班组安全管理》和《公共安全教育》等安全生产教育光碟，在全公司营造“关注安全、关爱生命”的良好氛围，加大安全法制宣传教育力度，提高全体员工安全生产防范意识。

4. 组织每月一次的公司安全生产大检查，并负责对施工现场进行日常性安全检查，通过检查，纠正违章行为，及时消除事故隐患。在全年开展集中安全大检查中，共下达安全生产检查通报10份，下达安全整改通知270余条。

三、存在的问题

一年来，我在工作中取得了一些成绩，但也存在一些问题和不足，主要表现在：

1. 内勤工作中，我经验不足，以致工作起来不能游刃有余，工作效率有待进一步提高；

2. 施工现场安全生产工作还不够细致，隐患整改督控力度不够。

四、今后努力方向

在今后的工作中，我决心努力提高专业技能及工作水平，为公司快速发展，贡献自己应有的力量。

1. 加强专业知识学习，并拓宽知识面。

2. 本着实事求是的原则，做到上情下达、下情上报，真正做好领导的助手。

3. 勤下工地，加强施工现场隐患排查力度，对隐患整改不到位的相关责任人严格按公司制度处罚，形成良好的工作风气。

在今后的工作中，我会总结经验，吸取教训，脚踏实地，认真工作，在本职岗位中实现自我价值。

述职人：李红
2011 年 12 月

第五节　调查报告

知识目标：了解调查报告的概念、种类、特点等理论知识。

掌握调查报告的结构和写作要求。

能力目标：根据需要能写较为规范的调查报告。

实际案例：

中、美、日、韩四国高中生价值观比较研究报告

为了更好地了解青少年对自我、对人生、对他人、对国家、对社会的价值判断，中国青少年研究中心和美国、日本、韩国的研究机构于 2014 年共同开展了四国高中生价值观比较研究，希望了解国际背景下各国青少年的价值观状况，为青少年成长提供更好的对策和建议。

本研究主要采用问卷调查法，调查对象为高中 1 ~ 3 年级的在校生，共有 2 507 名中国高中生、1 560 名美国高中生、1 845 名日本高中生和 1 833 名韩国高中生完成了调查问卷。被调查的基本人口统计学信息见表 1。（略）

一、中国高中生价值观的 7 个突出矛盾

从本次调查的结果来看，与美、日、韩高中生相比，中国高中生存在 7 个较为突出的矛盾。

（一）自我认知的矛盾

与美、日、韩高中生相比，中国高中生表现出较高的自我接纳程度，认为自己有很多朋友（92.4%）的比例最高；认为自己能力不比别人差（90.7%）的与美国并列首位；认为自己学习好（65.2%）、体力好（76.4%）、对自己表示满意（78.9%）的中国高中生也仅次于美国，且差距不大、明显高于日本和韩国。然而，超过半数的中国高中生（56.5%）有时觉得自己不行，仅低于日本，明显高于美国（45.7%）和韩国（35.2%）。

中国当代的高中生是一个承载社会、家庭高期望值的特殊群体，他们情感负担较重，自我定位较高，成才欲望较强，但社会阅历浅，心理发展不成熟，常常因为学业、生活环境压力等出现暂时的心理不适，在自我认知上容易有起落。这些困扰和冲突往往同他们的价值观交织在一起，伴随他们成长的全过程。

（二）家庭情感的矛盾

95.7% 的中国高中生评价自己和家人关系良好；92.1% 的中国高中生对家庭生活感到满

意;88.9%的中国高中生表示在家里感到心情放松,比例在四国中均为最高。然而,中国高中生感到父母期待压力的比例也最高,为64.2%,比日本高34.7个百分点。在本课题组2013年中、美、日、韩高中生毕业去向与职业生涯教育的调查中,同样有64%的中国高中生表示家人对自己的期望过高,高于美、日30个百分点左右。过度的压力无疑会导致子女焦虑,尤其是面对升学压力的高中生。

(三)学历期待与职业发展的矛盾

有36.2%的中国高中生期待研究生(21.9%)或博士生学历(14.3%),与美国并列首位,远高于日本(4.9%)和韩国(12.5%)。然而,仅有18%的中国高中生认为学历高是成功的要素之一,而美国为41.1%。

我国研究生总规模从2005年的36.7万扩大到2014年的63.1万,10年间增长了近72%。在大学毕业生人数激增的情况下,硕士毕业生的顺利就业将成为一个问题。越来越多的中国高中生能够理性地看待高学历与成功之间的关系,但由于缺乏职业生涯规划指导,他们只能接受家长的安排或随大流盲目升学。

(四)网络与现实言行不一的矛盾

近三成的中国高中生(28.9%)评价自己在网络中的言行与现实中不一样,明显高于其他三国,美国和日本有两成左右,韩国最低(11.1%)。

已有研究证明,青少年容易受到网络双重人格的困扰。高中生思维比较活跃,追求反叛,常常有意无意地以自己的方式发现和检验外在的价值信条,但是他们缺乏分辨价值体系的内在客观标准,在网络的多元价值冲突中最容易迷失自我,从而出现网络双重人格,严重影响其正常社会化。本次调查显示,13.9%的中国高中生认为网络上的帖子是可信的,比例在四国高中生中最高,美国和日本不到一成。

调查还显示,中国高中生网络使用有娱乐化倾向,且在网络交友方面风险意识较低。

(五)对业余生活评价的矛盾(略)

(六)对社会公平的认识模糊(略)

(七)自我价值实现与奉献国家社会的认知矛盾(略)

上述种种矛盾的表现也与社会赞许动机和测量情景有关,同时反映了中国高中生的价值观在某种程度上的失衡,一些心理状态的失衡其实只是价值失衡的表象。

二、建议及对策

(一)加强心理健康教育,培养高中生健全人格

学校应积极而科学地开展心理健康教育,学校的心理健康教育重点是发展性咨询,对不同年级学生进行针对性辅导,指导学生如何发挥自己的潜能获取学业成功和成才,引导学生成为高素质、有创造性的人才。建议学校加强对全体教师的心理培训指导,使各科老师将心理教育渗透到课堂教育的各环节中,培养学生良好的个性和完善的人格。

在促进青少年心理健康方面,家庭应该发挥基础性的作用。父母要尊重子女的个性,对子女的期待必须符合其身心发展特点和个人兴趣爱好。建议学校针对不同的年级和时间段,对家长开展心理辅导,帮助家长全面正确地认识自己的孩子、建立合理的期待、改进教养方式。

(二)加强职业生涯指导,帮助树立正确的人生目标

教育的核心目的是让学生学会生存和发展,为升学做准备、为就业做准备、为学生的终身发展奠定基础是高中教育的重要使命。面对社会就业环境的变化和学生就业意识、就业能力

缺乏的现实问题,亟须加强基础教育阶段的职业生涯教育,加强学生的职业生涯指导。鉴于当前我国在校学生这方面存在的薄弱环节,建议国家将职业生涯教育作为强制性的教育内容。

在终身学习时代,高中阶段的学习制度应该有足够的灵活性,以满足学生个性化的学习与发展需求。工作和学习交替进行、分阶段完成学业都是可以考虑的路径。高中毕业生毕业后不去上大学而是去就业,也是一种正当的选择,不同于升学无望被迫就业,在一些发达国家,这样的选择并不少见。建议借鉴国外的经验,设计与之相对应的多层次、多形式的教育模式。逐渐完善终身学习体系,改变一考定终身的情况,从而为青少年健康成长提供比较宽松的环境和客观、现实的基础。

(三)加强媒介素养教育,弘扬网络运用正能量

加强对青少年的网络素养教育,要让青少年懂得虚拟社会和现实社会一样,需要有一整套道德规范,网络才能够正常运转,不能因为网络的隐蔽性而忘记了起码的行为规则,指导他们学会选择和识别,鼓励他们进行网络道德创新,提高个人修养,养成道德自律。

从社会来说,需通过技术、行政、法律等手段,控制信息源头,明确各种网络主体之间的权利、义务、责任以及网络道德的基本原则,形成网络从业人员的职业道德,构建和规范网络伦理,为网络社会创造一个良好的道德环境。

(四)创新教育方式方法,增强青少年的社会责任感(略)

(五)传承优秀传统文化,汲取丰富有益的价值观滋养(略)

调查证明,优秀的传统文化涵养了青少年的价值观。因此,引导中学生培育和践行社会主义核心价值观一定要立足于优秀的传统文化,充分认识到中华优秀传统文化是我们的基因,是精神命脉。同时,也要善于从其他国家和民族的文化和价值观中吸取营养,不断丰富和发展自己。

案例分析:例文选自一篇关于中学生价值观的调查报告。作为其中的一部分,该文相对完整的体现了调查报告的结构内容。前言介绍了调查目的、时间、对象、方式等基本情况,主体部分从中国高中生价值观的7个突出矛盾和建议及对策两方面展开论述。思路清晰,分析透彻,语言准确,具有较高的参考价值。

一、调查报告的概念

调查报告是根据某种特定的需要,有计划地对典型事物、典型事件、社会问题或工作情况等,进行认真调查研究,分析、综合后形成的书面材料。

调查报告的运用范围十分广泛,凡制定正确的方针政策,解决各种实际问题,弄清事情真相,交流典型经验,吸取教训,推动工作等都离不开调查报告。常见的调查、情况调查、调查附记等,都属于调查报告的范畴。

二、调查报告的特点

1.针对性

调查报告的针对性体现在撰写目的上,撰写调查报告,一是为了给决策者提供决策的依据;二是发现典型,总结经验,指导工作;三是为领导机关了解情况,处理实际问题。因此,从实际出发,有针对性地调查研究,总结经验,回答人们最关心的问题,提出现实生活中迫切需要解决的问题是调查报告的关键所在。调查报告的针对性越强,社会作用越大。

2. 真实性

调查报告的主旨是调查研究后所揭示的客观事物的本质和规律。因此,写调查报告必须是自己亲自调查了解到的情况,绝不能道听途说、东拼西凑一些虚伪的材料。在调查报告中,不仅主要人物和事实要真实,就是事件的时间、地点、过程及各种细节,也要绝对真实,不能有半点浮夸和歪曲。

3. 叙议结合

调查报告的表达采用叙议结合的方式,简明扼要、条理清楚地叙述事实。调查报告不追求事件的曲折波澜,只求叙说清楚。调查报告还要对调查材料中得出的结论进行适当的分析、议论,但只是画龙点睛式的,点到即止,不作展开,不反复论证,有时甚至置观点于事实之中,用事实说话。

三、调查报告的种类

调查报告从内容上分,常见的有以下几种。

1. 反映情况的调查报告

这类调查报告因调查目的、范围和用途的差异,有两种情况:一种是反映具体情况的个案性调查报告,其调研目的是为了把一个具体问题界定清楚,调研范围单一、具体,报告的内容一般用来处理某一具体问题的依据或重要参考;另一种是反映基本情况的综合性调查报告,调研的目的是为了掌握某一领域或某一方面的概貌,调研范围相对宽泛,涉及的对象较多,报告的内容主要用作宏观决策参考,或者用于说明某种客观现象,某一观点。

2. 总结经验的调查报告

这类调查报告要求把某一地区、部门、单位或某一方面的成功经验全面地总结、介绍出来,找出其中带有规律性的东西,供有关方面学习借鉴。这类调查报告常发挥以点带面,典型引路的作用。

3. 揭露问题的调查报告

这类调查报告是针对存在的问题展开深入细致、全面的调查,弄清问题发生的原因,分析问题的实质、危害,并提出今后如何避免同类问题的发生。它既可作为公正严肃处理问题的依据,又能起到用典型教育他人的作用,引起人们的警觉,接受教训,少犯或不犯错误。

四、调查报告的结构和写法

从结构形式上看,无论哪种调查报告都包括标题、正文和落款三个部分。

(一)标题

调查报告常见的标题形式有以下两种。

1. 公文式

由调查单位(或调查对象)、调查内容、文种三个要素组成。也有的省略调查单位,只写调查内容、文种两项。

2. 文章式

文章式标题有单双之分,单行标题有的突出调查报告的内容,有的突出调查报告的主旨;双行标题一般用正标题突出调查报告的主旨,用副标题表明调查的对象、范围、性质、特点等,对正标题起补充作用。

调查报告无论采用哪种标题，都应做到具体、醒目、简明。

（二）正文

调查报告的正文由前言、主体和结尾三部分组成。

1. 前言

前言是调查报告的开头部分，通常是简要地叙述为什么对这个问题（工作、事件、人物等）进行调查，调查的时间、地点、对象、范围、经过以及采用什么方法，调查对象的基本情况、历史背景，调查后的结论等。这些方面的侧重点由调查人根据调查目的来确定，不必面面俱到。

前言部分常见的写法有说明式、概述式、提问式、结论式等，写作时不论采用何种方法，都要简明扼要，具有吸引力，便于引出下文。

2. 主体

主体是调查报告的核心部分，是前言的引申展开，是结论的根据所在。主体的内容一般包括三个方面：一是调查到的事实情况，包括事情产生的前因后果、发展经过、具体做法等；二是研究、分析事实材料所揭示的事物本质及其特点、规律；三是提出具体建议或应采取的一些具体措施。

主体部分内容丰富，结构安排力求条理清晰、简洁明快。调查报告主体部分的结构框架有：一是根据逻辑关系安排结构，如纵式结构、横式结构、纵横式结构，这三种结构以纵横式结构常为人们采用；二是按照内容安排结构，如"情况—成果—问题—建议"式结构，多用于反映基本情况的调查报告，"成果—具体做法—经验"式结构，多用于介绍经验的调查报告，"问题—原因—意见或建议"式结构，多用于揭露问题的调查报告，"事件过程—事件性质结论—处理意见"式结构，多用于揭示案件是非的调查报告。

3. 结尾

调查报告可以有结尾部分，也可以不写结尾部分。

一般而言，结尾也叫结论。有四种情况需要写结尾：一是主体报告情况，介绍经验，需要结论；二是主体中没有提到的问题、希望、要求、建议等，需在结尾中提及；三是附带说明有关情况，如调查过程中遇到的一些情况，主体中没有提及，需在末尾加以说明；四是有附带材料需要加以说明的，如一些典型材料、专题报告、统计图表等。无论采用哪种形式，都必须简洁有力，切忌拖泥带水、画蛇添足。

（三）落款

为了对调查的内容负责，最后在正文的右下角写上作者名称和成文时间。如已在标题下面写明，此处可省略。

五、调查报告的写作要求

1. 深入调查，占有材料是写好调查报告的基础

调查报告是用事实说明道理的，而事实是客观存在的，有些事实对于写作者来说可能知之甚少或一无所知，只有经过深入细致的调查研究，详尽地占有材料，写作者才能对事物的本质有所了解、有所掌握，才能进行分析，才有写作的资本。因此，写作前一定要作好调查，详尽地占有材料。

2. 认真分析，把握事物的本质特征是写好调查报告的前提

搜集材料时难免菁芜并存，纷繁复杂，写作时要对材料经过去粗取精、去伪存真、由此及

彼、由表及里的分析、判断、归纳、综合,才能分清现象与本质,真实与虚假,从而找出事物的内在联系和发展变化规律,把握本质,引出正确的结论。这样的调查报告才能发挥指导作用。

3. 精心筛选,做到材料与观点的统一是写好调查报告的保证

调查报告的观点是从大量材料中提炼出来的,观点一旦形成就要统率材料,做到观点与材料的一致。因此,写作时对材料要进行认真筛选,筛选那些最能充分说明观点的材料,尤其是典型材料,用以支撑观点,说明观点,使材料与观点形成有机整体。

六、调查报告与总结的区别

1. 行文的目的不同

调查报告行文的目的是对事件真相的探讨,或进行工作研究,或总结先进单位的工作经验,树立典型,推动面上工作的开展。总结的目的是对自身工作的检查和评价,肯定成绩,找出不足,总结经验教训,以指导自身工作的开展。

2. 反映的范围不同

调查报告所反映的范围,可以是本单位、本系统的,也可以是外单位、跨行业的。而总结主要写本单位、本系统的工作经验或教训,一般不涉及外单位的情况。

3. 使用的人称不同

调查报告的作者不是以当事人的身份出现,常用第三人称写作,文中多用“他(他们)”“她(她们)”。总结因为是当事人对自身工作的回顾、分析,所以常用第一人称写作,文中多用“我(我们)”。

4. 写作的重点不同

调查报告以陈述事实为主,具体地叙述典型事例和事物发展的过程,然后再根据事实作适当的评议。总结则着重论述有哪些成绩和经验、教训,对取得成绩或经验的过程,常用概述的方式表达。

【例文】

全国农村留守儿童状况调查报告

2014年5月,中国青少年研究中心组织实施了“全国农村留守儿童状况调查”,调查在河南省、安徽省、湖南省、江西省、重庆市、贵州省等6个劳务输出大省(直辖市)的12个县(市、区)进行,共调查四至九年级农村留守儿童4533人(占61.7%)、非留守儿童2731人(占37.2%)、教师687人、校长42人。

一、总体情况

本次调查发现,留守儿童总体上形成了比较积极的价值观,对未来怀有希望,向往城市生活,家庭关系良好。有92.1%的留守儿童为自己是中国人感到自豪,91.9%对自己生活在中国感到满意;有82.4%的留守儿童对未来抱有希望,77.7%希望以后在城市生活;有90.2%的留守儿童与母亲关系很好,89.4%与父亲关系很好,大多数留守儿童将母亲视为最重要的支持来源。

二、留守儿童成长中的突出问题

1. 留守儿童的意外伤害凸显

在过去一年中,有49.2%的留守儿童遭遇过意外伤害,比非留守儿童高7.9个百分点,遭遇割伤、烧伤烫伤、被猫狗抓伤咬伤、坠落摔伤和蛇虫咬伤、车祸、溺水、触电、中毒、火灾、自然灾害等各种意外伤害的留守儿童比例都高于非留守儿童,其中前四项分别高5.3、1.6、3.9和3.1个百分点。

2. 留守儿童的学习成绩较差,学习兴趣不足

有20.4%的留守儿童自评学习成绩偏下,82.1%的人有过成绩下降的情形。留守儿童学习不良行为较多:不完成作业(49.4%)、上学迟到(39.6%)、逃学(5.5%)的比例分别比非留守儿童高8.6、4和1.3个百分点;不想学习(39.1%)和对学习不感兴趣(43.8%)的比非留守儿童高5.6和3.2个百分点。留守儿童缺乏所需要的学习辅导:有68.7%的留守儿童曾听不懂老师的讲课内容,有58.1%的人在学习上遇到问题没人帮助,比非留守儿童都高出5.8个百分点。

3. 留守儿童社会支持较弱,心理健康问题比较突出

留守儿童的家庭支持弱化,前三位的支持来源依次是母亲、同学朋友和父亲,而在非留守儿童的支持来源中,父亲第二,同学朋友位列第三。母亲仍是留守儿童最重要的社会支持,是最亲近的人,是主要的情感支持和实际帮助来源以及价值肯定者。同学朋友是留守儿童心里话的首位倾诉对象和遇到困难的第一求助人选,但需警惕不良群体的影响。30.5%的留守儿童认为校园里或周边有不良帮派团伙,25.7%认为有同学加入不良帮派团伙,分别比非留守儿童高4.3和1.4个百分。老师对留守儿童的支持更多地体现在学习辅导上,情感支持相对欠缺。22.6%的留守儿童觉得在需要时没人能帮助自己。

社会支持状况是儿童心理健康水平的重要预测变量,社会支持弱化使得留守儿童消极情绪更多,经常感到烦躁(46.0%)、孤独(39.8%)、闷闷不乐(37.7%),以及经常无缘无故发脾气(19.7%)的都多于非留守儿童。

4. 留守女童负面情绪相对明显

留守女童的自我接纳程度更低,对自己总体上感到满意(76.5%)和经常觉得自己是一个有用的人(64.4%)的女童比例比男童低5.9和8.6个百分点,而常常觉得自己不如别人的女童比例(40.7%)比男童高6.6个百分点。经常感到烦躁(47.6%)、闷闷不乐(38%)和无缘无故发脾气(21.5%)的女童比例比男童高3.7、1和3.5个百分点;女童自评父母外出后,自己比原来抑郁、焦虑、爱发脾气、胆小的比例也高于男童。此外,有42.7%的留守女童经常觉得孤独,不仅高于留守男童6.2个百分点,也高于非留守女童6.7个百分点。

5. 留守男童问题行为令人担忧

留守男童问题行为多,学习及校园生活中的障碍也多。留守男童迟到(41.8%)、逃学(7.4%)、受老师惩罚(73.5%)的比例比非留守男童高5.3、1.9和5.4个百分点;不想学习(40.4%)、对学习不感兴趣(44.8%)、很难集中注意力学习(64.4%)、不完成作业(54.8%)、成绩下降(83.2%)的比例比非留守男童高3~10.7个百分点,也都高于留守女童。有51.6%受过同学、高年级学生、社会上的人或帮派团伙欺负,高于非留守男童和留守女童11和7.6个百分点。

6. 父母外出对小学中年级儿童影响更大

感觉父母外出后自己更容易被欺负(23.7%)、被歧视(19.8%)、性格比原来内向(41.7%)、胆小(18.9%)的四年级留守儿童比例在6个年级中最高。他们经常想念父母(76.7%)、担心见不到父母(59.2%)、担心父母不爱自己(34.6%)的比例最高,比初三学生高21.3、25和11.1个百分点。四、五年级的留守儿童表示目前自己最需要和父母在一起,而其他年级的学生最需要学习辅导。

7. 青春期叠加留守使得初二现象更为显著

初二留守学生在学习及校园生活方面遇到的障碍更多,上学迟到(49.8%)、逃学(8.7%)、不想学习(62.8%)、对学习不感兴趣(67%)、听不懂老师讲课内容(86.3%)、遇到问题没人帮助(68.4)、没做完老师留的作业(62.7%)以及被老师惩罚(75.2%)的比例均高于初二非留守学生,分别相差2.3~14.4个百分点。

初二留守学生与父母的关系更差,经常和妈妈交流(64.3%)、经常和爸爸交流(57.9%)的比例低于初二非留守学生4.1和8.7个百分点,而被父母训斥吓唬(22.8%)的初二留守学生比例最高。唯有初二留守学生把同学朋友视为最重要的社会支持来源(43.38%),重要程度甚至超过了母亲,其中的某些负面影响值得关注。

三、对策建议

(1)健全关爱留守儿童的法律和政策体系,立法保障亲子团聚、早期教育、家庭教育指导。

(2)完善监护制度和国家救助体系,强化父母法定监护责任,探索有偿代理监护制度,加快完善国家监护和救助体系。

(3)强化政府的主导作用,建立领导协调机制,搭建工作平台,统筹经费保障机制,制定并提供学校留守儿童关爱工作流程及规范。

……

第六节 简报

知识目标:了解简报的概念、特点、种类等理论知识。

掌握简报的格式和写作要求。

能力目标:能够编发格式较为规范的简报。

实际案例:

中国教师发展研究中心培训部工作简报

第一期(总第八期)

中国教师发展研究中心培训部编

2015年5月27日

本 期 要 目

◆培训部启动“中小学教师教育培训专家库”项目

◆中国教师发展研究中心召开实践科学发展观座谈会

◆培训部部署学习《中国中小学教师发展报告》活动

培训部启动“中小学教师教育培训专家库”项目

为提升教师教育培训水平，实现培训的科学化、全面化，5月10日，在中国教师发展研究中心的大力支持下，培训部正式启动中小学教师教育培训专家库，100名教育研究专家和中小学骨干教师成为首批入库专家，将为全国中小学教师的教科研工作提供专业指导。

专家库启动后，课题研究、教师专业发展等将会在中国教师发展研究中心网站上建立专题网页，理论前沿、理论聚焦、课题研究等均会在网上查阅，并可进行在线交流。有关专家将在网上对相关项目进行课题交流、课题评价、课题跟进管理和研究方法对策等指导。

中国教师发展研究中心召开实践科学发展观座谈会（略）

培训部部署学习《中国中小学教师发展报告》活动（略）

报：中国教师发展研究中心办公室、教师教育资源专家库办公室

送：会务部、外联部、理论研究部、网络策划部、档案部

2015年5月29日印发

案例分析：这是一份工作简报，是工作单位对近期重点工作及关键问题所进行的情况反映。简报由报头、正文和报尾三部分构成，格式完整规范。正文篇幅短小，文字简要，通过事实叙述准确、真实地反映了客观情况。

一、简报的概念

简报是国家机关、社会团体及企事业单位内部用来通报情况、交流信息的一种简短的文字材料。常见的“工作动态”“情况反映”“简讯”“内部参考”“快报”等，都属简报。

二、简报的特点

简报具有一定的新闻性质，具有简、真、快、准的特点，但一般不公开发表，是一种内部文件。

1. 简

简就是内容集中，篇幅短小，文字简要。内容集中，是指每份简报的内容要做到单一、集中，一事一报，不要在一份简报中写许多项内容。如果为了集中反映某种情况、某个问题，也可以把几个内容相关或有共同性的短文编在一期内。篇幅短小，一份简报最好不超过一千字。有些综合性的简报，内容较多，但字数也应控制在两千字之内为宜。文字简要，是指写作简报时，文字要精练、利索，无假、大、空话。

2. 真

简报的内容必须绝对真实。简报一个重要的目的是为领导机关反映情况，而领导机关有

时可能根据简报所反映的情况作出决策。正是基于这个特点,决定了简报所写的事例,包括时间、地点、人物(或单位)、事情的前因后果、来龙去脉,引用的数据、人物语言等,都必须准确无误。对上级既报喜也报忧,既不以偏概全,也不以面盖点,力求准确、全面、真实地反映实际情况

3. 快

这是对简报时间上的要求。简报的时限性很强,它必须及时地把工作中出现的新情况、新问题、新典型、新动向,报告给有关上级机关和业务部门。如果简报编写不迅速及时,作用就会大大缩小,有时甚至会变成“马后炮”,失去其意义,毫无作用。

4. 准

就是针对性强。简报应根据国家的法律、法令及各级政府的指示或上级机关的有关规定,围绕本单位工作的重点,抓住工作中的关键问题,准确地加以反映,为领导运筹决策提供依据。

三、简报的种类

从内容和作用上划分,简报大体上有以下三类。

1. 会议简报

会议简报主要用于报道会议情况和主要精神,反映与会人员的意见、建议。会议简报一般用于较大型会议。内容简单的会议就不需要简报。

2. 专题性简报

专题性简报是为配合某项工作、某项任务而专门编发的阶段性简报。及时、敏锐是这种简报的特点。该项工作或任务完成,简报就停办,因此又具有阶段性特征。

3. 综合性简报

综合性简报是指在内容方面对某些情况或问题作全面的、综合性的反映。这种简报的主要特点是涉及面广,情况复杂,材料丰富,带有综合性,能给人以全面的、概括性的认识。

四、简报的结构和写法

简报的格式是固定的,由报头、正文、报尾三部分构成。

(一)报头

报头设在简报第一页上方约占纸面三分之一的位置。主要由简报名称、编号、编发单位、编发日期四部分构成。如简报内容需保密,在报头的左上角注明“内部刊物,注意保密”字样。为了做到眉目清晰醒目,简报名称字体应大些。字可用印刷体,也可用书写体。名称一般套红,也可不套红。用一条醒目横线将报头与报文隔开。

具体格式如下:

简 报

第 ×× 期(总第××期)

×× 市 ×× 局办公室 2003 年 3 月 2 日

(二)正文

简报基本属于新闻范畴,正文的内容与报纸上的消息、通讯相似,由标题、开头、主体和结尾构成。

1. 标题

简报的标题和新闻的标题相似,有单行标题、双行标题、多行标题。简报无论采用哪种标题形式,都应该尽可能地概括出正文的主旨,让人见题知意。

(1)单行标题

用一句话概括正文的主要内容。

(2)双行标题

正标题揭示正文的内容或意义;副标题起补充说明作用,强化正标题的含义。

(3)多行标题

引题交代背景或揭示意义,正题概括正文的内容,副题补充或说明正题。

2. 开头

简报的开头类似新闻的导语,要求准确、简要地概括简报的内容或揭示全文的中心,给读者一个总体的印象。一般应写明时间、地点、事件、原因、经过、结果。

3. 主体

这是简报的核心内容,写作时没有固定格式。通常或是反映目前情况,或是肯定已有成绩,或是介绍取得的经验,也可以几项兼而有之。

这部分要选择富有说服力的典型材料,加以合理地安排,中心内容要突出、具体,条理要清楚,语言要简洁。一个自然段最好写一层意思,不要把各个方面的内容都汇集在一个自然段里。段与段之间应按照事物的内在逻辑联系层层深入,环环紧扣,使之无懈可击。

4. 结尾

用一句话或一段话,概括正文的主要内容,或指明事件发展的趋势,或发出号召,或提出今后的打算。事情单一,篇幅短小的,可不写结尾部分。

(三)报尾

在简报末页下方写报尾。报尾一要写明印数,二要写明发送对象,并用两条横隔线将其与正文隔开,样式如下:

报:××

送:×× (共印××份)

五、简报的写作要求

1. 材料真实，有新意

材料的真实是简报写作的“生命”。简报是向领导和有关部门传递信息、报告情况的，上级部门将依据这些信息、情况作出相应的决策。因此，材料的真实可靠应该特别注意。

简报不但要注意材料的真实，还要注意所用的材料一定要有新意。那些缺乏新意，尽人皆知的事情或过时的信息，只会使读者失望。简报所反映的问题、经验、观点、信息，都必须具有新意。只有具有新意的东西，才能给人以启发、借鉴。

2. 以叙述为主，议论为辅

简报写作的特点在于让事实说话。简报有观点、倾向，但不像总结和调查报告那样由作者直接说出来，而是通过事实的叙述显示出来。因此，简报在表达方法上应以叙述为主，为读者提供反映客观情况的真实材料，把事情的来龙去脉交代清楚，不过多议论。读者自会对事实、情况加以理解分析，作出判断。

【例文】

南京师范大学发展委员会
信息简报

2015 年第 1 期(总第 1 期)

南京师范大学发展委员会　编　　　　2015 年 1 月 25 日

我校五位专家被聘为国务院学位委员会第七届学科评议组成员

近日，经国务院学位委员会第三十一次会议讨论，我校五位专家被聘为国务院学位委员会第七届学科评议组成员。至此，我校国务院学位委员会学科评议组成员由过去的 2 位上升到 5 位，成为我校历史上国务院学位委员会学科评议组成员人数最多的一届。

五位被聘为国务院学位委员会第七届学科评议组成员的专家是(以学科代码为序)：教育学一级学科顾建军教授、地理学一级学科闾国年教授、电气工程一级学科胡敏强教授、音乐与舞蹈学一级学科徐元勇教授、美术学一级学科刘赦教授。

我校植物与动物学跻身 ESI 全球前 1%

根据 ESI 数据库 2015 年 1 月 10 日更新的数据显示，我校植物与动物学跻身 ESI 全球前 1%。根据统计，我校列入 ESI 植物与动物学论文总数 328 篇，论文总被引频次 1955 次，篇均被引频次 5. 96 次。截至目前，我校已经有化学、工程、植物与动物学 3 个学科进入 ESI 全球前 1%。

第七节 会议记录

知识目标:了解会议记录的概念、特点、种类等理论知识。

掌握会议记录的格式。

能力目标:能够编写格式较为规范的会议记录。

实际案例:

朔达煤业有限公司安全工作会议记录

时间:2015年1月3日上午

地点:办公楼301会议室

参会人员:公司中层以上人员及各区队负责人(后附参会人员名单)

主持人:董路

记录人:刘方力

会议主题:安排部署市煤炭局安全大检查隐患排查组检查

一、主持人讲话

今天,我们主要就迎接市煤炭局安全大检查隐患排查组检查进行具体的工作部署。

二、相关领导发言

董路:市隐患排查组将于1月16日以后到我矿,由主管副市长亲自带队,依法治矿,依法治安。全体员工在职责范围内,迎接检查,做好工作,包括软件、硬件。坚决不能出现违规、违法操作的现象。

明天上午8:30所有参会人员在办公楼集合,对我矿进行一次全方位、细致周密的安全隐患大检查。对拉沟、边坡、台阶、平盘、运输、火区、警示排版、检测监控等进行全面检查,对查出的隐患按五落实逐项销号,由宋副矿长负责。

岁末年初,积极推进整改治理,以验收为主,出煤为辅,首先抓好安全工作,树立红线意识,坚决不能麻痹大意,切记没有安全,就没有一切,安全第一,预防为主,综合治理,高度重视,提高认识,深刻领会,常抓不懈。

副矿长袁峰:各队在各自范围内规范用电工作,做到合理用电,安全用电,规范用电,开展隐患排查。机电科认真落实岗位责任制,做好验收软件、硬件工作,积极配合验收工作。近期将水源井变压器移到二区配电室附近,将250变压器接至变电所高压开关柜。

副矿长宋其山:火区问题是最大隐患,应按公司下发的火区治理方案执行,3个队不要同时揭露火区,分片分段处理,注意矿区及周边居民环境。运输道路个别坡度太大,车辆不要超车。注意边坡、台阶,建立安全挡墙。

技术副总工程师田志:采场、内排场修自东向西循环闭合道路,台阶、道路、挡墙平整,一、二、三队必须做到位。边坡台阶,特别是二队,高度、平整度、挡土墙一定要做好。冬季三防,防滑、防冻、防火,要在上午10:00之后,下午2:00之前洒水。

副矿长冯剑军:要树立新的安全意识,以落实为重。2014年仍然存在高端排土、安全挡墙时有时无，道路宽度不符合要求，宿舍私拉乱接等问题。从2015年开始，要踏踏实实，规规矩矩，认认真真，全方位管理，不留死角，把安全管理工作抓好。

三、主持人总结

董路：刚才，各相关负责人分别作了工作安排，提出了工作要求。大家要按照今天的安排部署团结奋进，齐抓共管，稳步、顺利地完成安全检查。

散会。

发言人：（签名）

主持人：（签名）

案例分析：这是一份办公会议记录，主要是对企业内部重要工作进行安排部署。正文对会议组织情况和会议发言情况依次进行记录。其中，发言内容是记录重点，突出了实录性与真实性。尾部单列一行，写“散会”。最后，由发言人、主持人签名确认。

一、会议记录的概念

在会议过程中，由专门记录人员把会议的组织情况和具体内容如实地记录下来，就形成了会议记录。

会议记录有“记”与“录”之分。“记”又有详记与略记之别，略记是记会议大要，会议上的主要言论；详记则要求记录的项目必须完备，记录的言论必须详细完整。若需要留下包括完整详细内容的会议记录，则要靠“录”，“录”有笔录、音录和影像录几种，对会议记录而言，音录、像录通常只是手段，最终还要将录下的内容还原成文字。笔录也常常要借助音录、像录，以之作为记录内容最大限度地再现会议情境的保证。

二、会议记录的特点

会议记录有着和其他事务文书不同的特点，概括地说，其特点主要体现在以下几个方面。

1. 同步性

从记录的过程看，大多数会议记录是由记录员随开会过程作同步记录。

2. 实录性

会议记录要坚持“怎么讲就怎么记”的原则，不允许在记录中加入记录者个人的观点或倾向，更不能随意删改发言者的言论。为保证记录的实录性，要力求把话听准确、记完整。听不准或有疑问处应及时核准。

3. 规范性

尽管会议记录自身并不成文，但作为事务文书，也具有一定的规范性。规范性的主要表现：一是使用单位统一的记录专用笺；二是要求按统一的格式记录；三是使用规范的记录符号。会议记录要求字迹不潦草，使他人也能够辨认，尽可能使用缩略符号或规范的速记方法记录。

三、会议记录的种类

按照会议性质来分，会议记录大致有办公会议记录、专题会议记录、联席（协调）会议记录、座谈会议记录等。

1. 办公会议记录

办公会议记录是记录企事业单位等对重要的、综合性工作进行讨论、研究、议决等事项的一种会议记录。办公会议记录包括例行型办公会议记录和现场办公会议记录。

例行型办公会议记录即记述例行办公会议情况及其议决事项的会议记录,此种会议记录的格式较固定,可以事先写好前面的部分,会议主题和会议发言在会议现场记录。

现场办公会议记录即为解决某重大问题而召集有关方面和有关单位在现场研究、议决或协商的办公会议记录。此类型的会议记录要求写详细会议的出席人员和在什么地方解决什么问题,对议决的事情和议而未决的事情都需要做翔实的记录。

2. 专题会议记录

专题会议记录是专门记述座谈会讨论、研究的情况与成果的一种会议记录。其主要特点是主题的集中性与观点意见的分呈性相结合,既要归纳比较集中、统一的认识,又要将各种不同观点和倾向性意见都归纳表达出来,以供领导决策参考。要求会议记录员翔实记录讨论主题和各种观点。

3. 联席会议记录

联席会议记录是不同的单位、团体为了解决彼此有关的问题而联合举行会议时的记录。这种会议有时候出席的人数会比较多,此种情况之下只需要写出出席的不同团体的名称和团体中代表人物的名称即可,不需要写明所有与会者的名称。

4. 座谈会议记录

座谈会议记录侧重于与会者之间进行较为轻松、亲切的交流讨论会议时所作的记录。这种会议因为轻松的氛围,会有较多的自由讨论和零碎的口语发言,要求记录人员要归纳每个发言人发言中的重点,不要逐字逐句地记录。

四、会议记录的结构和写法

(一)标题

标题由开会单位、会议名称(或会议内容)和记录三部分组成。如《××公司产品营销会议记录》《××公司第八次股东大会记录》。

(二)正文

会议记录的正文分会议组织情况和会议进行情况两部分。

1. 会议组织情况

内容及要求如下:

1)会议时间,要写清会议进行的年份、日期,必要时精确到分钟;

2)会议地点,要写清会议室名称;

3)会议出席人姓名,人数多的会议可只写人数;

4)缺席人姓名和缺席原因;

5)列席人及其职位;

6)主持人,一般直书姓名,在姓名前冠写职衔;

7)记录人姓名,应签名以示负责;

8)议题,议题是会议讨论或解决的问题,在议题不止一项时,应分条列项写。

2. 会议进行情况

会议进行情况是会议记录的主体,包括主持人的开场白、大会主题报告、讨论发言、决议四项内容。

要按会议的进程或顺序记录会议进行情况。先写报告人和发言人的姓名,然后再记录发言内容。会议记录方法可分为摘要式记录和详细记录两类。

1)摘要式记录。只记录发言要点、结论、决议等内容。

2)详细记录。按会议进程详细完整地记录会上的发言、不同意见、争论和会议决议。重要会议多采用详细记录。

会议记录的尾部单列一行,写“散会”。

有些会议记录需由发言人和会议主持人审阅、签名。有些会议记录则在会后整理后,再送发言人和会议主持人审阅、签名。

五、会议记录的写作要求

会议记录的要求归纳起来主要有两个方面:一个是速度要求,另一个是真实性要求。

速度要求快速,这是对记录的基本要求。

真实性要求纪实性,这是会议记录的重要特征,因此确保真实就成了对记录稿的必然要求。真实性要求的具体含义是准确、清楚、突出重点。

会议记录应该突出的重点有:

1)会议中心议题以及围绕中心议题展开的有关活动;

2)会议讨论、争论的焦点及其各方的主要见解;

3)权威人士或代表人物的言论;

4)会议开始时的定调性言论和结束前的总结性言论;

5)会议已议决的或议而未决的事项;

6)对会议产生较大影响的其他言论或活动。

六、会议记录与纪要的区别

1. 性质不同

会议记录是讨论发言的实录,属事务文书;纪要只记要点,是法定行政公文。

2. 功能不同

会议记录一般不公开,无须传达或传阅,只作资料存档;纪要通常要在一定范围内传达或传阅,要求贯彻执行。

3. 载体样式不同

会议记录的载体是会议记录簿;纪要作为一种法定公文,其载体为文件,享有《党政机关公文处理工作条例》所赋予的法定效力。

4. 称谓用语不同

会议记录中,发言者怎么说的就怎么记,会议怎么定的就怎么写,贵在“原汤原汁”不走样;纪要通常采用第三人称的写法,以介绍和叙述情况为主。

5. 适用对象不同

作为历史资料的会议记录,不允许公开发布,只是有条件地供需要查阅者查阅利用;作为公文的纪要,具有传达告知功能,因而有明确的读者对象和适用范围。

【例文】

管理学院党支部会议记录

时间:2015 年 3 月 3 日

地点:6 号楼 2 楼会议室

参会人员:支部所有人员

主持人:周明

记录人:秦燕

会议主题:弘扬雷锋精神,构建和谐校园

1. 主持人介绍嘉宾。

2. 主持人发言,请同学用一句话来描述"雷锋精神"。

周明:学习雷锋的活动自 1963 年开始在全国展开,不管社会形势如何变化,雷锋精神却经久长存。"向雷锋同志学习"逐渐成为树立社会主义新风尚的动员口号……

李凌云:敬爱的周总理曾这样概括雷锋精神,雷锋精神是伟大的,雷锋精神是永恒的。雷锋精神是中华传统美德与时代精神结合的产物,是我们民族精神的重要组成部分,是全国人民宝贵的精神财富。

……

3. 各位党员自由发言,阐述对雷锋精神及这次活动意义的认识。

林亚杰:雷锋精神的实质是热爱祖国,处处把国家和人民利益放在第一位,为实现共产主义而奋斗的献身精神;是只讲奉献,不讲索取,全心全意为人民服务的奉献精神;是服从大局,不计个人名利得失,干一行、爱一行、专一行、精一行,在平凡工作岗位上做一颗永不生锈的螺丝钉的钉子精神。

江童宇:我们要学习弘扬雷锋干一行爱一行、专一行精一行的敬业精神。雷锋生前做过多种岗位,但是干一行他热爱一行、干一行他精通一行,这一点在今天这样一个时代仍然是需要的,仍然需要像雷锋那样立足本职、忠于职守、兢兢业业、精益求精。

郝悦:学习雷锋要学习他的"螺丝钉精神",他曾经说过,自己要像一颗螺丝钉,拧在哪里都要闪闪发光。一所大厦要有栋梁支撑,也少不了小小螺丝钉的作用;不论是国家的栋梁,还是固定共和国大厦构件的螺丝钉,都应该闪闪发光。

……

4. 支部党员进行"弘扬雷锋精神,构建和谐校园"签名活动。

5. 主持人总结。

周明:我们将结合环保教育、革命传统教育等内容,深化学雷锋活动,构建和谐校园,培养同学们关爱他人、服务社会的优良品质,加强我院的精神文明建设。

散会。

发言人:(签名)
主持人:(签名)

写作训练

一、简答题

1. 试谈计划、总结的特点和种类。
2. 试谈述职报告、调查报告的特点和种类。
3. 试谈简报、会议记录的格式。
4. 试谈述职报告与个人总结的区别。
5. 试谈调查报告与总结的区别。
6. 试谈会议记录与会议纪要的区别。

二、写作练习

1. 你们班要举办以“我的中国梦”为主题的读书活动,请你写一份活动计划,并写一份活动总结,并对活动期间召开的一次会议编写一份会议记录。

2. 以你们班的同学们为调查对象,写一篇关于当前大学生学习状况的调查报告。

三、阅读下列文章,请指出其不足之处

述职报告

各位领导、同志们:

大家好!

我叫刘××,时间过得真快,转眼到××项目部已经三个月了。今天,我怀着激动的心情在这里将我过去三个月的工作进行汇报,希望大家予以批评指正。

我是今年刚毕业的大学生,今年9月份来到了××公司。通过在××公司的尽半月的培训,我对这个单位有了初步的了解,最后在填报分配意向的时候,我毫不犹豫地选择了××分公司,因为这里虽然条件艰苦,但我知道在这里我能学到很多东西。大学四年的学习,我掌握了一定的理论基础,但要成为一名合格的技术人员,理论与实践的结合是必不可少了,在基层工作,我就能有很多的实践机会。

刚来到项目部的我就像一张白纸,对地面的工作不熟悉,对井下的工作更是一无所知,虽然曾经有井下实习经历,但当时也只是走马观花,并没学到任何东西。所以,我来到项目部的前半个月,主要是帮助其他同事完成他们的工作,这样以便我自己更快地熟悉项目部的环境。在熟悉环境的过程中,项目部的其他同事在工作上和生活上都给予了我很大的帮助,我对他们表示衷心的感谢。在我对项目部的工作流程熟悉过后,领导开始给我分配独立任务,在开始的时候总会出现这样或那样的问题,但在同事们的帮助下,能顺利完成。

11 月，我来到了×××队，开始了在队组里的工作，因为没有下井资格证，所以我就暂时负责机电材料这一块。刚来到队里，队长就给了我一个艰巨的任务——做 11 月的机电材料计划。做计划是一项非常重要的工作，计划报得太多，机电科不给批；报得太少，可能直接影响到下一月的生产工作。这对于有经验的材料员来说可能是件小事，但对于我这种刚来到矿上的员工来说，却有着相当大的难度。为了做好这一次的机电计划，我仔细查阅了前几个月的申报计划和各月的材料消耗情况，初步对各种材料的使用情况有了了解。随后，我向队里的技术员询问了下月的生产计划情况，了解了下月哪些材料可能会用得多，哪些材料可能会用得少。最后，我在××××队老材料员和××××队材料员的帮助下，成功作出了 11 月的机电材料计划，并顺利通过了上级科室的审核。

通过做材料计划，我知道了井下常用的都有哪些材料，但这些材料都长啥样，我却不知道，这是一种很尴尬的局面。在之后的工作中，我和队里的材料员一道，每天负责为机电班领料、发料。这项工作，使我很快地认识了各种材料以及它们分类、用途。

在 11 月的中旬，由于下料班人员紧张，我被临时调往了下料班。之前对各种材料都比较熟悉了，所以在下料班的工作相对比较容易上手。在以前，我一直以为下料班的工作就是简单的装料、下料，到了这里才知道下料、运输也有那么多的讲究。在下料班老工人的带领下，我逐渐熟悉了装料的流程和诀窍，了解了在运输的过程中的注意事项。我相信这为我以后的工作一定会起到很大的帮助。12 月初，我期盼已久的下井资格证终于拿到手了。拿到证的第二天，我就开始了自己井下的工作，在井下工作的这一段时间，我仍然同在地面上一样，一切都从零开始学，虽然到目前为止，学到的东西很有限，但我相信随着时间的推移，我会学到很多，我相信在公司及项目部领导的正确带领下，通过我自身的不懈努力，我一定能在 2012 年里取得更大的进步。

第五章　经济文书写作

第一节　概述

知识目标：了解经济文书的基本理论知识，掌握经济类文书的特点。

能力目标：具有一定分析和写作经济文书的能力。

一、经济文书的概念

经济文书是经济应用文的通称，是法人单位或个人在经济活动和经济交往过程中反映经济情况，处理经济事务，研究、解决经济实际问题的一种具有特定格式的专业应用文体。它是应用写作的一个重要分支。

二、经济文书的分类

1. 报告类

用于总结或分析经济工作的现状或发展趋势。例如市场调查报告、市场预测报告、财务工作总结、经济活动分析报告、财务预决算报告、审计报告等。

2. 信息类

用于沟通交流或传播经济信息。例如招标书、投标书、商业广告等。

3. 契约类

用于确定经济活动以及双方的关系、彼此的权利与义务。例如意向书、经济合同、委托书等。

三、经济文书的特点

1. 注重实用，讲究实效

注重实用，讲究实效，就是重视解决实际问题。

2. 材料真实，内容具体明确

经济文书的内容必须“真”，真实是经济文书的生命。

3. 时效性强

如经济预测报告、经济决策报告等,必须适时写出,否则过期作废,如有些指示、通知、计划、通报等。

4. 格式比较规范

不少经济文书都有它固定的格式。经济文书的固定格式,是人们在长期的写作交往实践中约定俗成的,写作时必须共同遵守,不能随意更改。

5. 语言平实、简明、准确、精练

经济文书的语言,要做到文约意丰,言简意明,准确。包括判断推理要正确,遣词用语要明确,数据、图表要精确、精练。在写作这类文体的文章时,最忌华而不实;最忌拖沓、冗长、繁杂等不着边际的文字。

四、经济文书的写作要求

1. 提高自身的思想素质和政策水平

写经济文书的"外功",就是不断地学习和掌握党和国家的路线、方针和政策,提高自身的思想和理论素质。了解掌握了国家的方针政策,对各种经济现象,就能做到认识清、反应快、判断准。有了"外功",又有了扎实的专业知识和写作基础知识、熟练的写作技能为铺垫的"内功",写起经济文书来,就能达到意到笔随的境界。

2. 努力掌握相关的经济专业知识

政策、法律,必需的经济方面的专业知识以及经济领域的实践经验对于经济文书的写作来说,是至关重要的。

3. 注意培养与写作有关的各种能力

写作经济文书,必须特别注意培养调查取材能力、逻辑思维能力、安排结构能力、简明表达能力、修改文字能力的培养和提高。

4. 把握文体格式规范,掌握恰当表述方法

不同的文种有它约定俗成的惯用格式,这些格式一般来说是相对固定的。恰当的语言表达方式对于经济文书的写作来讲也是至关重要的。经济文书的语言要确保其准确与简洁,叙述事件,说明情况,表述问题要恰如其分,清楚简洁,避免使用容易产生歧义的笼统语言。此外,凡是引用人名、地名、数据、资料要查对核实,确保准确无误。

第二节 意向书 经济合同

知识目标:了解意向书、经济合同的含义、用途、特点等相关知识。

掌握意向书、经济合同的结构。

能力目标:具备分析和初步写作意向书、经济合同的能力。

实际案例：

1. 意向书

合作培训意向书

甲方：××市现代科学技术培训中心

乙方：××出版社

经双方商讨，拟合作举办一期编辑、校对技术短期培训班。初步意向如下。

一、培训期3个月。2011年9月1日开班，11月30日结业。

二、培训学员10名。由乙方选送25岁以下、具有高中文化程度的人员。

三、培训费2万元，由乙方在开班前支付给甲方。

四、甲方提供培训场地、师资、教材，并负责教学管理，发放结业证书。

××市现代科学技术培训中心　　代表：刘××（签字）

××出版社　　代表：王××（签字）

2011年×月×日

案例分析：这份意向书篇幅不长，但符合意向书结构与写法的要求。标题采用的是"事由＋意向书"的写法。正文开头先写合作双方的单位名称、合作事项；主体部分再写出合作的初步协商一致内容，用四个条文形式表述，签署则写明双方单位的名称、双方代表的名称及成文日期。

2. 经济合同

建筑工程承包合同

合同编号：建工〔2011〕01号

发包方：重庆市森源野生食品公司（以下简称甲方）

承包方：重庆市西胜建筑安装工程公司（以下简称乙方）

根据《中华人民共和国合同法》《中华人民共和国建筑法》及其他相关法律法规的规定，本着平等、自愿的原则，结合工程的实际情况，为确保各方利益，经协商一致达成如下协议。

一、工程名称：重庆市森源食品公司食堂工程

二、工程地点：南川区工业园区西区8号

三、工程内容：包括土建工程、门窗工程、外墙及内墙、楼地面工程等（屋顶构造架确需建设，则按重庆市2008年建筑工程计价定额、费用定额按实结算计价）；水、电和消防部分由甲方自行建设。

楼地面工程：室内墙面仿瓷、地面安设地板砖（甲方提供地板砖及墙砖，但楼梯间所需地板砖、瓷片砖由乙方提供），其余材料、人工费由乙方承担。

四、工程期限：

1. 本合同总工期为五个月：自2011年6月10日开工，至2011年11月9日结束。

2. 如遇下列情况，工期作相应顺延。

（1）施工现场不符合安全施工要求。

(2)设计范围内重大设计变更。

(3)人力不可抗拒的自然灾害(如台风、地震及战争)而影响工程进度的。

乙方在以上情况发生的十日内,就延误的内容和因此发生的经济支出向甲方提出报告。甲方代表在收到报告后,在十日内予以确认和答复,逾期不予答复,乙方可视为要求已被确认。

五、乙方进场施工时,向甲方交纳工程保证金贰万元,该保证金在进场满30天时一次性退还。

六、工程价款:以竣工后实际测量的建筑面积为准并按人民币1 000元/m^{2}计算,建筑面积需由双方共同确认。

七、付款方式:

1.甲方在地基与基础分部工程完工验收合格后,向乙方支付超深部分工程量的80%,超深部分工程量按重庆市2008年建筑工程计价定额、费用定额按实结算计价(基础工程乙方包土方4 m、嵌岩1 m);

2.主体分部工程封顶完工后,经甲方初步验收合格,向乙方支付工程总价款的80%;

3.完成该工程合同约定施工内容甲、乙双方验收合格后,向乙方支付剩余工程款(需扣除10万元的工程质保金)。

4.工程质保金在竣工后满一年时一次性退还。

八、工程施工:

本工程施工须以相关设计方案、图纸为依据严格按图施工;竣工后按照国家标准进行验收;没有国家标准的,则按照行业标准进行验收,但须以能够满足相关部门的综合检查验收为前提。

九、工程验收:

1.当该工程完工后,由乙方向甲方提出书面竣工验收申请。甲方应及时邀请相关部门开展验收工作,并告知乙方参加验收。验收时由双方按照国家相关标准计算确定工程量。

2.工程未经验收时,甲方若需紧急启用,须提前与乙方协商,经乙方同意后可使用。若未经乙方同意启用,将视为通过验收。

3.整个工程验收合格,则以竣工验收报告的签署时间作为竣工日期。

十、双方权利和义务:

1.甲方有权指派代表全权负责办理下列事务且该代表人在工程建设过程中签署的所有文书及资料均对甲方具有约束力。

(1)负责本工程施工的监督,积极沟通施工过程中的外部协调关系。

(2)负责对乙方施工进度、质量的监督。

(3)积极创造有利于乙方施工的外部环境。

(4)审核确认乙方提供的工程计划进度表。

(5)负责对工程施工图纸、方案的审核、确认,负责对工程进度、工程质量、隐蔽工程、配套工程和合同执行情况进行监督检查及设计图纸变更等签署意见。

(6)负责组织开展竣工验收工作。

2.乙方权利和义务。

(1)严格按设计图及甲方要求进度施工,质量技术指标均应符合国家相关标准和规范的要求。

(2)工程施工中发现问题应及时向甲方报告并提出解决方案。

(3)编制施工方案、施工总进度计划、材料进场计划、开竣工通知书等材料,及时报送甲方。

(4)提供竣工验收技术资料,准备竣工技术图纸,办理工程竣工结算,参加竣工验收。竣工资料应满足甲方或相关主管部门的要求。

(5)组织有技术水平的施工队伍,明确现场技术及施工负责人、主要管理人员,技术人员不得随意变动。

十一、违约责任:

1. 由于乙方原因,使工程延期完成,则视为乙方违约,乙方向甲方支付违约金。违约金按工程款总额×0.5%×延期天数计算,但违约金总数不超过合同总价的10%。

2. 由于甲方未按合同约定向乙方付款,则视为甲方违约,甲方向乙方支付违约金。违约金按合同总价×0.5%×延期天数计算,但违约金总数不超过合同总价的10%。

3. 执行过程中,任何一方无故单方面终止合同,则视为违约,违约方除需向守约方支付合同总价10%的违约金外,另需承担对方因此而遭受的全部经济损失。

十二、合同的变更及解除:

1. 合同签订生效后,除不可抗力(指战争、严重水灾、火灾、台风和地震)或经双方同意变更及解除合同外,任何一方均不得无故变更或解除合同。

2. 在履行合同过程中,因遇不可抗力事故,甲乙双方均应采取有效措施尽力减少损失并阻止损失的扩大。若确需变更或解除合同时,要求变更一方应及时通知对方,对方在接到通知3天内给予答复,逾期未答复则视为同意。

3. 变更或解除合同,所造成的损失由双方协商解决。

十三、关于未尽事宜:

凡本合同中未涉及的在施工过程中所出现的各种事宜,均由双方另行协商解决。

十四、争议解决方式:

凡因本合同的签订、履行、解除、终止引起的或与本合同有关的任何争议,甲、乙双方应通过友好协商解决,协商不成时双方均可向重庆市南川区人民法院提起诉讼。

十五、合同文本和效力:

本合同一式两份,甲乙双方各执一份,经双方签字、盖章后即开始生效。

甲方:重庆市森源野生食品公司	乙方:重庆市西胜建筑安装工程公司
法定代表人:王盛	法定代表人:李凯
委托代理人:万方	委托代理人:赵翔
地址:南川区工业园区西区×号	地址:南川区胜利大街×号
邮编:408400	邮编:408401
联系电话:1354084××××	联系电话:1378902××××
开户银行:中国农业银行××支行	开户银行:中国工商银行××支行
账号:1405414623××××	账号:101040007××××

2011年5月1日

案例分析:本合同的标题表明了合同的业务性质和种类,正文主体部分分条列项、清楚明了地交代了合同双方约定的工程的标的、数量和质量、价款和酬金、履行合同的期限、地点及方式、违约责任等内容,格式规范,语言准确简练,值得参考和借鉴。

一、意向书

(一)意向书的概念

意向书是双方当事人通过初步洽商,就各自的意愿达成一致认识而签订的书面文件,是双方进行实质性谈判的依据,是签订协议(合同)的前奏。

(二)意向书的特点

意向书具有以下特点。

1. 协商性

意向书多用商量的语气,不带任何强制性,有时还用假设、询问的语气。

2. 灵活性

意向书的灵活性主要体现在两个方面:一是可以随时改变自己的主张,意向书发出后,对方如有更好的意见,可以直接采纳,部分改变或全盘改变都是可能的;二是在同一份意向书里可以提出多种方案供对方选择,或者对其中的某项某款同时提出几种意见或方案,供对方比较和选择。

3. 临时性

意向书是协商过程中各方基本观点的记录,一旦达成正式协议,便完成了意向书的使命。一般情况下,意向书不像协议、合同那样具有法律效力。

意向书的主要作用是传达"意向",提请对方注意或供参考,可以约束双方的行动,保证双方的利益;意向书能反映业务与工作的关系,能保证业务朝着健康有利的方向发展;意向书可为正式签订协议或合同打下基础。

(三)意向书的结构与写法

意向书通常由标题、正文、签署三部分组成。

1. 标题

标题有以下几种写法:

1)双方单位名称 + 事由 + 意向书,如"中华人民共和国国家计划委员会和美利坚合众国能源部关于和平利用核技术合作的意向性协议";

2)事由 + 意向书,如"开展多方面技术经济合作意向书";

3)双方单位名称 + 意向书,如"××厂与××公司意向书";

4)直接写意向书,如"意向书"。

签订意向书双方的名称,一般要写明全称。为叙述的方便,可分别确定为"甲方、乙方"或"丙方";也可简称为"双方"。

2. 正文

这是意向书的主体和核心部分。一般是写明双方或多方达成协议的各个事项,如合作的项目、方式、程序以及双方的义务等。一般包括开头与主体两个部分。

(1)开头

这主要写合作双方的单位名称、合作事项。它简要阐述了订立意向书的依据、原因和意义，并常用“兹宣告如下意向”或“初步意向如下”等句引出主体内容。

(2)主体

这是意向书的重点内容。一般写合作双方的意图及初步协商一致所认识的内容，多数用条文形式表述。

3. 签署

签署包括双方单位的名称、双方代表的名称及成文日期。

(四)意向书的写作要求

1. 结构要完整

一般而言，标题、正文、签署三部分缺一不可。

2. 内容要留有余地

因为只是初步的合作意向，是双方进行实质性谈判的依据，是签订协议(合同)的前奏。因此，内容不能过于具体，不能把协议(合同)的内容写进去。

【例文】

项目投资意向书

甲方：宿松县二郎镇人民政府

乙方：宿松县比亚齐制衣有限公司

甲、乙双方经友好协商，本着诚信互利的原则，就乙方在二郎镇投资建设服装生产工厂项目一事(拟投资总额为 4 000 万元人民币)，订立本意向书。

(一)拟建项目名称：宿松县比亚齐制衣有限公司项目。

(二)项目地址：宿松县二郎镇(地方公路局二郎道班住址及后面延伸部分)。

(三)项目占地：甲方同意乙方在二郎镇投资建设服装产业项目，项目总占地 30 亩，分二期建设，第一期为 12 亩，以实际测量面积为准，第二期为 18 亩。

(四)土地价格：15 万元/亩(报批费用及其他所需税费由甲方承担)，第一期 12 亩(二郎道班后面)，经双方协商甲方确保乙方以合法形式取得该宗地使用权属证(商业用地)。

(五)出让土地达到的条件。

1. 甲方保证该宗地满足乙方项目(一期)建设需求，达到“七通一平”条件，水、电、路、讯等配套设施将通至乙方项目用地红线处。

2. 土地挂拍所缴纳的土地出让金，由甲方拆借，利息由乙方承担。(时间定一个月)

(六)项目建设期限。

1. 本项目第一期自甲乙双方在项目手续办理完毕后，在 1 个月内开工建设，建设期限 1 年。第二期建设用地，甲方须于 2013 年前作出安排。

2. 自本意向书签订之日起，乙方在 5 日内向甲方支付押金 10 万元。

(七)对项目的优惠支持：按中共宿松县委松发〔2010〕1 号兑现给乙方。

(八)双方责任和义务。

1. 甲方须确保乙方项目土地手续及权属证以合法形式在 3 个月内取得。

2. 乙方须在二郎镇注册具有独立法人资格的公司，独立纳税，在本镇内发生的所有经营事项均纳入所注册的独立法人企业中并确保在经营期限内,年纳税不低于100万元。

3.乙方应保证项目合理规划,节约用地,充分发挥土地效益。

4.乙方须按照协议约定的动工期限开工建设,若乙方逾期半年未开工建设或未经批准中止开工建设连续满一年的,须向甲方缴付土地闲置费;乙方无正当理由在正式投资协议签订之日起超过一年未开工的,甲方有权无偿收回该宗土地,乙方在动工新建时如遇土地纠纷引起停工和造成的经济损失,由甲方负责承担,并由甲方出面协调确保工程顺利进行。

(九)本意向经双方法定代表人(或授权委托代理人)签字并盖章后成立,正式协议在甲方履行完相关决策程序后另行签订。

相关说明

本意向书所载项目投资及其相关事项,系本公司与相关地方政府达成的初步意向,具有正式协议同等的法律效力。待项目条件成熟时,双方将协商拟定具体投资方案并签订正式协议。正式协议签订后本意向书自动终止。

甲方:签字(章)　　　　乙方:签字(章)

2011年×月×日

二、经济合同

(一)经济合同的概念

经济合同是合同的一种。1999年10月1日施行的《中华人民共和国合同法》第二条规定:"本法所称合同是平等主体的自然人、法人、其他组织之间设立、变更、终止民事权利义务关系的协议。"这是合同明确、规范的定义。

(二)经济合同的特点

1.经济合同是双方或多方的法律行为

首先,合同必须双方或多方当事人意思表示一致。意思表示不一致,即未取得一致的协议,合同就不能成立。其次,签订合同的双方或多方当事人,必须具有合法的资格,即具有签订合同的权利能力和行为能力。

2.合同双方或多方当事人的法律地位平等

合同任何一方都不得把自己的意志强加给对方,任何组织和个人不得非法干预。采取胁迫手段所签订的合同是无效合同。

3.合同是合法的民事行为

经济合同一经依法签订,就具有了法律效力,各方面的权利和义务受到国家法律的保护,任何一方违约都要承担经济和法律责任。执行经济合同中发生纠纷时,由当事人协商解决。协商不成时,任何一方均可向合同管理机关申请调解或仲裁,亦可向法院起诉。

(三)经济合同的分类

经济合同种类繁多,按不同的标准可分为不同的类别。如按期限分,有长期、中期、短期合同;如按书写形式分,有条款式、表格式、条款表格结合式合同。

依据《中华人民共和国经济合同法》,按合同签约双方的权利和义务关系不同,可分为购销合同、建筑工程承包合同、加工承揽合同、货物运输合同、供用电合同、仓储保管合同、财产租赁合同、借款合同、财产保险合同、科技协作合同等。

(四)经济合同的基本内容

不同的经济合同,有其不同的具体内容,这里讲的“基本内容”是指当事人双方或多方为达到一定经济目的,经过协商一致同意签订的协议条款。根据这些条款可以确定当事人之间的权利和义务关系。

根据《中华人民共和国合同法》第十二条规定,合同应具备以下基本条款。

1. 标的

标的是指当事人双方权利和义务所共同指向的对象,如货物、劳务、货币、工程项目等。不同经济合同有不同的标的,任何经济合同必须有标的。标的必须符合国家法律、法令、规定所允许流通、交往的种类物或特定物。

2. 数量和质量

数量是指“标的”的数值指标,如产品的数量、完成的工作量、借贷的金额等。它是以数字和计量单位作为衡量标的尺度的,不但标的所涉及的具体数字要准确,而且所用的度、量、衡单位也要准确。

质量是指“标的”的内在素质和外在综合性指标。不仅指标的物的优劣,而且还包括产品的品种、规格、型号、工程项目标准等,有的还要提出卫生和安全要求。检验的标准要明确,如国际、国内统一标准、部颁标准、地方标准、双方商定的标准,有的还要指出检验方法。

3. 价款或酬金

价款是指取得对方产品而支付的代价。酬金是指获得对方的劳务或智力成果所支付的代价。价款或酬金是经济合同价值的货币表现形式,也是关系到经济合同能否签订和执行的关键内容,必须贯彻等价有偿的原则,依据国家有关政策和法令合理议定,将金额数量、计算标准、支付方式明确写入合同。

4. 履行合同期限、地点和方式

期限是指缔约者履行义务和享受权利的限定日期,包括交货或完成劳务等日期、付款期限。地点是指当事人的所在地及交接货物或提供劳务的地点。方式是指当事人履行义务的形式和方法,包括货物交付、运输、工程验收、价款结算等方法。

5. 违约责任

违约责任是指签约一方或双方因过错而不能履行或不能完全履行合同时,必须承担什么责任,受到什么制裁。违约责任包括违约情况和违约处理,必须写明确,以维护合同的法律严肃性,督促当事人履行合同规定的义务。

上述合同的“基本内容”,是各类经济合同通用的条款。除了这些条款外,还有根据有关法律规定或经济合同性质而必备的其他条款,包括某类合同的特有条款(专用条款)和其他内容条款,如撤销或变更合同的条件、运输条件、验收方法、结算方法、合同份数、送报单位、签证、公证部门、担保单位、合同编号以及生效日期等,都应作为合同内容,根据需要加以具体说明。

(五)经济合同的一般格式

经济合同的格式有条文式、表格式、条文表格结合式。不管采用哪种格式,一般都应包括标题、约首、正文、落款四个部分。

1. 标题

标题即合同的名称。合同的标题多样,有的由合同的性质、文种组成,如“购销合同”“建筑工程合同”“借款合同”等；有的由业务范围、合同性质、文种组成，如“农机产品购销合同”等；还有其他形式，但“合同”二字不能少。为了便于归档查考，往往在标题的右下方注明编号。

2. 约首

约首即签订合同的当事人的名称、单位名称或个人姓名以及签约的依据和目的。

当事人的名称应在标题左下方空两格写起，当事人要写全称。为正文叙说简便，在名称前面或后边注明代称，如“甲方”“乙方”或“供方”“需方”等。

签约依据、目的，在条文式和条文表格结合式合同中应在当事人名称下另起一行空两格简要写出；表格式合同可写可不写，商谈时讲明即可。

3. 正文

正文是经济合同的核心部分，它包括前面介绍的经济合同的“基本内容”条款和其他条款。用条文式，要分行逐条写明；用表格式，就逐格填写；用条文表格结合式，条文部分分行逐条写明，表格部分逐格填写。

如有附件，应在正文有关内容后加括号注明，如“（见附件）”“（见附件一）”之类。附件一律附在合同之后。

4. 落款

落款主要是各种具名和签约日期，包括当事人双方（或多方）单位（个人）名称、代表姓名。如需上级机关、主管部门或司法机关批准、签证、公证的，要写明机关、部门全称或代表姓名。所有具名都要加盖印章。为联系方便，还应注明当事人的地址、电话、电报号码、邮政编码。具名右下方要写明签约的年、月、日。

（六）经济合同的写作要求

1. 经济合同的内容必须合法

经济合同所涉及的内容必须符合国家的有关法律、法规和有关职能部门或行业的管理规定，这样合同的内容才可能建立在合法的基础上。同时，合同的内容应是当事人意愿的真实和共同的体现。

2. 经济合同的格式必须规范

可向当地工商行政管理机关或业务主管部门购买合同纸，也可按照示范文本格式自行印刷使用。撰写经济合同时，一定要按规定的文本格式和要求进行。合同的撰写，要严肃认真，不得随意涂改。合同如有错误或遇到特殊情况确需修改时，应将双方同意的意见作为附件附上。如在原件上修改，应加盖双方印章。

3. 经济合同的条款必须完备

必须按《经济合同法》规定条款来撰写。

4. 经济合同的语言必须准确

不允许出现含糊不清或模棱两可的句子或语言，以避免在合同的履行中出现不必要的争执和纠纷。合同中使用的概念，当事人应该有一致的理解，忌用模糊概念，以防歧义产生。经济合同的语义应该准确，应避免使用“希望”“尽可能”“争取”等模糊性用语，不说空话、套话。经济合同的数字应核对无误，金额应大写。同时还要注意正确使用标点符号，防止句号、逗号用错或点错而造成不必要的纷争或造成损失。

【例文】

产品采购合同

供方:邓州市明泰塑胶玩具有限公司　合同编号:DZ2011080001TQ

需方:江西省天琪进出口有限公司　签订地点:广东省深圳

签订时间:2012 年 6 月 02 日

根据《中华人民共和国合同法》的规定,经双方共同协商签订本合同,以兹共同信守。

一、产品名称、商标、型号、厂家、数量、金额、供货时间。

产品名称及规格	单位	数量	单价	金额
塑料玩具、惯性车等	个	67 500	7.4	499 500.00
合计	人民币:肆拾玖万玖仟伍佰元整(含税)			

二、交货时间:2012 年 8 月 31 日前,由于交货时间原因产生港杂费等费用由供方承担。

三、质量要求、技术标准、供方对质量负责的条件和期限:按国际标准,如因质量等问题引起的外商索赔由供方负责及承担全部损失,以外商出具的索赔书为准。

四、包装要求:内外包装必须适合陆运和海运,如因包装引起的货物破损致使外商索赔,供方赔偿需方全部实际损失。

五、运输方式及费用负担:由供方运送至需方指定港口,费用由供方承担.

六、验收标准、方法:按国际标准,由需方抽验货。

七、结算方式及期限:需方在结汇后凭供方增值税发票 90 天内付款。

八、违约责任:按《合同法》处理。

九、如需提供担保,另立合同担保书,作为本合同附件:无。

十、解决合同纠纷的方式:本合同如有异议,由双方共同协商解决,协商不成,向签订地法院提出诉讼。

十一、其他约定事项:本合同依法签订,双方必须全面履行,任何一方都不得私自变更或解除,因故需要变更或解除时,应双方协商一致,依法另立协议。以上条款未尽事宜,双方协商解决。

十二、本合同一式两份,供需双方各执一份。

供　方	需　方
单位:邓州市明泰塑胶玩具有限公司	单位:江西省天琪进出口有限公司
地址:邓州开元大街××号	地址:抚州市临川大道××号
法定代表人:刘天	法定代表人:张航
委托代理人:李强	委托代理人:王一帆
电　话:0794-363××××	电　话:0794-820××××
开户银行:农行广昌县支行营业部	开户银行:中国银行抚州市分行
账　号:1405410104000××××	账　号:19021195××××
邮政编码:344900	邮政编码:344000

第三节　市场调查报告

知识目标：了解市场调查报告的概念、特点和分类等理论知识。

掌握市场调查报告的基本格式。

能力目标：具备分析和初步写作市场调查报告的能力。

实际案例：

关于湖南省老年人消费市场调查报告

随着我省老龄人口规模的扩大和老年化进程的加快，老年消费需求在社会总需求的比重逐步上升，老年人的消费在整个社会消费中的份额也逐步加大，做好老年人消费品市场工作，既是扩大国内需求特别是消费需求的迫切需要，也是商务主管部门以人为本、关注民生、科学发展的具体实践。

一、我省老年人口的现状

湖南省省辖14个市州122个区县，国土面积21万平方公里，总人口6800万。我省人口年龄结构从1998年进入老龄化，至2007年末，全省60岁以上人口866.1万，占全部总人口的比重为12.7%，高于全国平均值1个百分点。我省是典型的"未富先老"省份，老年人是我省人口的重要组成部分。

二、老年人消费习惯和特点

老年人随着年龄的增长和生理条件的变化，基本退出社会经济活动圈，活动范围主要局限于家庭和城市休闲场所。由于老年人阅历丰富，理性思维特色浓厚，因而决定了他们的日常消费需求和精神消费需求与其他群体不同。消费稳重、注重实用、讲求实惠是他们最大的消费特点。具体来看，主要表现在以下几方面。

1. 注重实用。老年人与其他群体消费的最大区别在于注重实用、能用、好用，往往相信自己的购买经验，当前使用不上的商品往往很难购买。

2. 讲求价位。由于老年人群体消费理性，购买商品时十分稳重。他们购买商品时喜欢货比三家，发现商品合适，价格相对较低时才会最后购买，因而，他们较多光顾降价、折扣、低价促销类商品。

3. 注重经久耐用。老年人购买消费品看重商品是否经久耐用，对购买的商品往往有长期使用的打算，而且希望在使用过程中尽量减少维修和维护，尽力避免售后维修麻烦。

4. 注重安全保健。随着生活水平的提高和社会的进步，老年人对健康长寿的渴望比较强烈，他们注重商品的保健和营养功能，安全卫生是决定老年消费者购买日常消费必需品的主要因素。

5. 文化休闲商品逐步成为热点。（略）

三、老年人消费市场存在的问题

老年人消费品市场是整个社会消费品市场的重要组成部分，我省老年人消费品市场在不断发展的同时，也存在着以下主要问题。

1. 老年人商品供应不丰富。(略)

2. 老年人消费品购买场所不集中。(略)

3. 老年人用品花样少。(略)

4. 老年人用品设计太复杂。(略)

四、扩大老年人消费市场的建议

我国整体上早已进入老龄社会,老年人群体是一个庞大的社会群体,作为消费者,衣食住行是基本要求。针对老年人消费特点和消费中存在的不方便、不放心的问题,我们有以下几点建议。

1. 大力开展便利消费进社区、进街道活动。由于老年人受年龄、体力限制,活动区域较小,时间相对固定,我们建议以社区、街道为依托,开展便利消费、便民服务。

2. 加强商业网点规划,合理布局老年消费者购物场所。目前,我省绝大部分市州没有专门的老年人用品商店,个别市州仅有的老年人专用商店的商品品种单一、不齐全。建议合理布局老年人专用商店,同时在大超市内开辟老年人用品专柜,满足老年消费者购买吃穿用等生活必需品需要。

3. 加强供应,组织丰富商品应市。(略)

4. 确保安全放心食品上市,营造放心消费环境。由于老年消费者每天与日常生活打交道较多,对食品安全和物价上涨较其他消费群体敏感。因此政府要大力加强对食品安全的监管力度,加强对肉、蛋、奶、菜等与日常生活息息相关的生活必需品的安全检测,确保放心合格的商品上市。

5. 规范媒体广告,保障老年人消费权益。一些不法广告商、厂家抓住老年人期盼健康长寿的心理,夸大或虚假宣传保健用品和食品的功效,欺骗老年消费者。建议有关部门规范媒体广告,合理引导老年人消费,保障老年消费者的消费权益。

案例分析:这是一篇关于老年人消费的市场调查报告,有比较强的针对性。总体来说,格式规范,思路清晰,结构比较完整。尤其对调查结果的分析比较到位,老年人消费的特点。老年人消费市场存在的问题,进而提出了有建设性的建议。在我国人口结构老龄化程度越来越高老年人群体越来越大的情况下,这篇市场调查报告具有现实意义。

一、市场调查报告的概念

市场调查报告是市场调查人员以书面形式,反映市场调查内容及工作过程,并提供调查结论和建议的报告。换句话说,就是用市场经济规律去分析,进行深入细致的调查研究,透过市场现状,揭示市场运行的规律、本质。一份好的市场调查报告,能给企业的市场经营活动提供有效的导向作用,能为企业的决策提供客观依据。

二、市场调查报告的特点

与普通调查报告相比,市场调查报告无论从材料的形成还是结构布局方面都存在着明显的共性特征,但它比普通调查报告在内容上更为集中,也更具专门性。

1. 针对性

市场调查报告是决策机关决策的重要依据之一,必须有的放矢。

2. 真实性

市场调查报告必须从实际出发,通过对真实材料的客观分析,才能得出正确的结论。

3. 典型性

主要表现为两点:一是对调查得来的材料进行科学分析,找出反映市场变化的内在规律;二是报告的结论要准确可靠。

4. 时效性

市场调查报告要及时、迅速、准确地反映、回答现实经济生活中出现的新情况、新问题,突出“快”“新”二字。

三、市场调查报告的分类

市场调查报告可以从不同角度进行分类。按其所涉及内容含量的多少,可以分为综合性市场调查报告和专题性市场调查报告;按调查对象的不同,可以分为关于市场供求情况的市场调查报告、关于产品情况的市场调查报告、关于消费者情况的市场调查报告、关于销售情况的市场调查报告以及有关市场竞争情况的市场调查报告;按表述手法的不同,可以分为陈述型市场调查报告和分析型市场调查报告。

四、市场调查报告的研究方法

市场调查报告采用直接调查与间接调查两种研究方法。

1. 直接调查法

通过对主要区域的行业国内外主要厂商、贸易商、下游需求厂商以及相关机构进行直接的电话交流与深度访谈,获取行业相关产品市场中的原始数据与资料。

2. 间接调查法

充分利用各种资源以及所掌握的历史数据与二手资料,及时获取关于中国行业的相关信息与动态数据。

五、市场调查报告的结构与写法

从严格意义上说,市场调查报告没有固定不变的格式。不同的市场调查报告写作,主要依据调查的目的、内容、结果以及主要用途来决定。但一般来说,各种市场调查报告在结构上都包括标题、导言、主体和结尾四个部分。

1. 标题

市场调查报告的标题即市场调查的题目。标题必须准确揭示调查报告的主题思想。标题要简单明了、高度概括、题文相符。如“××市居民住宅消费需求调查报告”“关于化妆品市场调查报告”“××产品滞销的调查报告”等,这些标题都很简明,能吸引人。

2. 导言

导言是市场调查报告的开头部分,一般说明市场调查的目的和意义,介绍市场调查工作基本概况,包括市场调查的时间、地点、内容和对象以及采用的调查方法、方式。这是比较常见的写法。也有调查报告在导言中,先写调查的结论是什么,或直接提出问题等,这种写法能增强读者阅读报告的兴趣。

3. 主体

这是市场调查报告中的主要内容,是表现调查报告主题的重要部分。这一部分的写作直接决定调查报告的质量高低和作用大小。主体部分要客观、全面阐述市场调查所获得的材料、数据，用它们来说明有关问题，得出有关结论；对有些问题、现象要作深入分析、评论等。总之，主体部分要善于运用材料来表现调查的主题。

4. 结尾

结尾主要是形成市场调查的基本结论，也就是对市场调查的结果作一个小结。有的调查报告还要提出对策措施，供有关决策者参考。

有的市场调查报告还有附录。附录的内容一般是有关调查的统计图表、有关材料出处、参考文献等。

六、市场调查报告写作的基本要求

1. 调查报告力求客观真实、实事求是

调查报告必须符合客观实际，引用的材料、数据必须是真实可靠的。要反对弄虚作假或迎合上级的意图、挑他们喜欢的材料撰写。总之，要用事实来说话。

2. 调查报告要做到调查资料和观点相统一

市场调查报告是以调查资料为依据的，即调查报告中所有观点、结论都有大量的调查资料为根据。在撰写过程中，要善于用资料说明观点，用观点概括资料，二者相互统一。切忌调查资料与观点相分离。

3. 调查报告要突出市场调查的目的

撰写市场调查报告，必须目的明确，有的放矢，任何市场调查都是为了解决某一问题，或者为了说明某一问题。市场调查报告必须围绕市场调查上述的目的来进行论述。

4. 调查报告的语言要简明、准确、易懂

调查报告的阅读者，无论是厂长、经理，还是其他一般的读者，他们大多不喜欢冗长、乏味、呆板的语言，也不一定精通调查的专业术语。因此，撰写调查报告语言要力求简单、准确、通俗易懂。

【例文】

汽车用品消费市场调查报告

近年来，中国汽车产业发展迅猛，特别是私家车快速增长。快速发展的汽车产业为汽车用品提供了广阔的应用市场，中国汽车用品市场随着中国汽车产业一起进入快速发展时期。

虽然汽车用品市场在汽车产业的带动下获得了较快的发展。但是问题仍然较为突出。价格混乱、质量低劣、服务水平参差不齐等都制约着汽车用品市场的进一步发展。在此背景下，腾讯汽车特联合慧聪研究，采用网络调查的方式，对汽车用品的流行消费趋势进行调查，以期获得真实的消费者感受和期望，为汽车用品市场的发展提供参考。

一、受访用户汽车用品消费能力

在接受调查的用户中，有3630名为车主，数据显示，97.2%的受访车主在过去一年购买过汽车用品，仅2.8%的车主没有购买任何汽车用品，且未购买过汽车用品的车主在未来一年也有购买汽车用品的计划。准车主中，未来一年计划购买汽车用品的占94.3%。

受访车主过去一年在汽车用品方面的平均花销为4066.7元，按受访车主年龄段来看，18-20岁的车主在汽车用品方面的平均花销为10190元，明显高于其他年龄段的车主，其次，

21～25岁的车主在汽车用品方面的花销也较高，达到4781元，略高于平均水平，由此看来，18～25岁阶段的人群才是各厂家开发产品时应考虑的重点对象。

购车时间越长的车主购买汽车用品的花销较高。按受访车主车辆购置时间来看，购置时间在4年以上的车主在汽车用品方面的花销所占比例较高，其次，购置时间在一年以下及1～2年（含）的车主花销略低于购置时间在4年以上的花销，购置时间在2～4年（含）间的车主花销则最少。高端车车主在汽车用品方面的花销相对较高。高端车车主消费能力相对较强，且与高端车相对应的汽车用品价格较高，导致高端车车主在汽车用品方面的花销也相应比低端车高。

二、受访用户汽车用品消费偏好

不同的消费者对产品的需求也不同，对汽车用品进行分类后发现，装饰类汽车用品更容易得到消费者的喜爱，在受访的3630位车主中，有3329位车主在装饰类汽车用品中消费过，其次是电子类产品。而香水、贴纸等被车主认为是最不值得购买的汽车用品。

三、受访用户汽车用品消费方式

随着信息技术的发展，网络对人们的生活影响越来越大，在选购汽车用品时，论坛及网友的使用评论已经成为消费者选购汽车用品时，获取相关信息的最主要途径，其次朋友介绍、保养及维修人员的推荐也是消费者获取汽车用品信息的主要途径。而汽配城及汽车用品专营店、网店是消费者选购汽车用品的主要途径，随着网购成为一种新的购物趋势，受到越来越多人的青睐，近1/3的消费者购买汽车用品时选择了网购。

四、结语

目前消费者在汽车用品上的花销并不十分大，但是汽车产业的发展必将拉动汽车用品行业的繁荣，其市场前景令人看好。当前汽车用品市场仍处于发展阶段，市场秩序混乱，缺乏有竞争力的产品品牌。同时，质量难辨、品牌山寨、价格混乱等问题也会从不同程度上影响汽车用品的健康发展。就企业来说，小企业想要获得市场份额，重点应该放在性价比和质量上，而对于有实力的大企业，现在市场缺乏的是品牌影响力，如果能够建立起品牌影响，其长远效益将非常可观。

第四节　市场预测报告

知识目标：了解市场预测报告的概念、特点和分类等理论知识。

掌握市场预测报告的写作格式。

能力目标：具备分析和初步写作市场预测报告的能力。

实际案例：

2015中国房地产市场走势分析及预测

2015年已经过半，纵观上半年楼市，房地产市场已由低潮期走向回暖期。但值得注意的是，由于供求关系的改变，城市间的房价分化也日益加剧，一线城市的房价涨幅较为明显，甚至出现了“日光盘”，但多数三四线城市仍在持续下调。

一、楼市利好政策显效70城房价总体走势转而向上

去年下半年以来，楼市利好政策接连出台，尤其是在多个信贷“组合拳”的作用下，楼市升温明显。“930新政”“330新政”，涉及“认房不认贷”“最低七折利率”以及“二套房最低首付四成”等实质性内容，此外，三次降息、两次降准，以及各地提高公积金贷款额度及放宽使用限制等等政策，均对楼市的回暖起到了实际的推动作用。

来自国家统计局的数据，70城房价环比综合平均涨幅由四月份开始由跌转涨，五月份环比上涨了0.7%，出现上涨的城市个数也由年初的2个增加到了20个，下降的城市由64个降为43个。由于一线城市的拉动作用，房价整体呈现出了回暖态势。

对于上半年70城房价环比综合出现增长的原因，中国社科院城市发展与环境研究所原所长牛凤瑞在接受中新网房产频道采访时表示，国家出台的一系列宽松政策的出台，是对过去房地产既有的政策逐渐放开，以恢复市场本来的面目，即用供求关系来决定价格，这对于房地产来说是一个向好的转换。

房地产协会名誉副会长朱中一也告诉中新网房产频道，正是由于国家出台了一系列利好措施，信贷政策日渐宽松，支持了自住和改善型购房人群，使得楼市的需求得到了集中释放。

二、一线城市房价“跳涨” 三四线房价仍下行

值得注意的是，楼市的利好政策对于三四线城市的刺激作用并不大，城市间的差距在逐渐拉大。5月份北京、上海、广州、深圳4个一线城市新房和二手房价环比普涨，4个城市环比平均分别上涨3.0%和3.8%，最高涨幅分别为6.7%和6.3%，二线城市房价整体较为稳定，而大部分三线城市房价仍然在下降。

今年“330新政”后，一线城市房价集体上涨，深圳和北京则成了“领头羊”，5月份的房价涨幅分别为6.7%和1.4%。（略）

与一线城市的火热相反，三四线城市的房价仍然处在下行区间。中原地产研究中心统计数据显示，6月份截止到22日，中原地产监测的54个城市合计住宅签约量达18.56万套，环比上涨5.5%，其中一线城市涨幅最明显，涨幅高达9.6%，而三线城市则出现了8.1%的下调。

对于城市间的分化现象，牛凤瑞表示，房地产是区域性市场，就比如广州的房子不能拿到长沙去卖，区域间的差异一直存在。一线城市房地产市场供给相对不足，需求压力比较大，所以房价较容易出现上涨的情况，所以四个一线城市也始终没有放开限购。而三四线城市此前供给、投资过度超前，需求出现透支，所以目前库存压力比较大，房价难现上涨。

三、后市预测：楼市回暖预期不改 未来分化或将加剧

对于楼市的未来走向，多位专家预期较为乐观，认为下半年将延续回暖态势，但房价分化的态势也将持续。

牛凤瑞认为，中国房地产长期的走势还是向好的，仍处在城市化加速阶段，城市居民的自住和改善型需求，还需很长时间才能满足，从长期来看，中国房地产供求两旺的趋势还要持续二三十年的时间。

中原地产首席分析师张大伟也认为，下半年房地产市场升温将延续，统计数据的普遍转好，表明前期一系列的托市政策开始见效，市场预期发生转变，对于购房者信心有所恢复。易居智库研究中心研究总监严跃进则预测，下半年重点城市房价涨幅月均1%的可能性很大，但需要加强信贷政策和购房预期的管控。

“只要原材料、土地、劳动力成本在上涨，建房成本不可能下来，房价恐怕还会上涨”，牛凤

瑞分析,但是房价出现过度上涨、短期内大幅度反弹的可能性也不大,因为从国家的宏观调控部门和地方政府以及供求双方来看,各方都在逐渐趋于理性,不会再出现过度、盲目的跟风现象。另外,张大伟还指出,城市间分化会加剧楼市的隐忧,目前大部分企业已经转向一二线拿地,导致地王频繁出现,市场资源过分集中,扩大购房预期,未来政策刺激效果会集中体现在一二线城市,而三四线楼市可能会越来越差,增加了崩盘的可能性。

中国新闻网　2015年6月24日

案例分析:房地产市场的风云变幻关系到千家万户的切身利益,本文对2015年上半年的楼市情况作出了分析,得出了"房地产市场已由低潮期走向回暖"的结论,并作出了后市预测:"楼市回暖预期不改 未来分化或将加剧"。有来自国家统计局和中原地产监测的数据,有业内人士的分析分析预测,有理有据,表述简练,是一篇值得广大消费者参考借鉴的楼市分析预测报告。

一、市场预测报告的概念

市场预测报告就是依据已掌握的有关市场的信息和资料,通过科学的方法分析进行研究,从而预测未来发展趋势的一种预见性报告。它是在市场调查的基础上,综合调查的材料,用科学的方法估计和预测未来市场的趋势,从而为有关部门和企业提供信息,以改善经营管理,促使产销对路,提高经济效益。市场预测报告实际上是调查报告的一种特殊形式。它也是应用写作研究的文体之一。

二、市场预测报告的特点

1. 预见性

市场预测报告的性质就是对市场未来的发展趋势作出预见性的判断,它是在深入分析市场既往历史和现状的基础上的合理判断,目的是将市场需求的不确定性极小化,使预测结果和未来的实际情况的偏差概率达到最小。

2. 科学性

市场预测报告在内容上必须占据充分、翔实的资料,并运用科学的预测理论和预测方法,以周密的调查研究为基础,充分搜集各种真实可靠的数据资料,才能找出预测对象的客观运行规律,得出合乎实际的结论,从而有效地指导人们的实践。

3. 针对性

市场预测的内容十分广泛,每一次市场调查和预测,只能针对某一具体的经济活动或某一产品的发展前景,因此市场预测报告的针对性很强。选定的预测对象愈明确,市场预测报告的现实指导意义就愈大。

三、市场预测报告的分类

1. 按预测的范围来分

(1)宏观市场预测报告

宏观市场预测报告是对大范围或整体现象的未来所作的综合预测,常指有关国民经济乃至世界范围内的各种全局性、整体性、综合性的经济问题的报告。

(2)微观市场预测报告

微观市场预测报告是某一部门或某一经济实体对特定市场商品供需变化情况、新产品开发前景等分析研究的预测报告。

2. 按预测的时间分

1）长期预测报告，是指超过五年期限的经济前景的预测报告。

2）中期预测报告，是指对二至五年时间内经济发展前景的预测报告。

3）短期预测报告，是指对一年内经济发展情况的预测报告。

3. 按预测的方法分

（1）定量预测报告

定量预测报告包括数字预测法预测报告和经济计量法预测报告。数字预测法预测报告，是采用对某一产品（商品）已有的大量数据进行分析研究，用统计数字表达，从中找出产品（商品）的发展趋势而写成的报告。经济计量法预测报告，是根据各种因素的制约关系用数学方法加以预测而写成的报告。

（2）定性预测报告

定性预测报告是对影响需求量的各种因素，如质量、价格、消费者、销售点等进行调查、分析研究，在此基础上预测市场的需求量而写成的报告。

四、市场预测报告的写作格式

1. 标题

市场预测报告的标题一般由预测、预测展望组成，标题要简明、醒目。

2. 前言

这一部分要求以简短扼要的文字，说明预测的主旨，或概括介绍全文的主要内容，也可以将预测的结果先提到这个部分来写，以引起读者的注意。

3. 正文

市场预测报告的正文是市场预测报告的主体部分，一般包括现状、预测、建议三个部分。现状部分，预测的特点就是根据过去和现在预测未来。所以，写市场预测报告，首先要从收集到的材料中选择有代表性的资料、数据来说明经济活动的历史和现状，为进行预测分析提供依据。预测部分，利用资料数据进行科学的定性分析和定量分析，从而预测经济活动的趋势和规律，是市场预测报告的重点所在。这个部分应该在调查研究或科学实验取得资料数据的基础上，对材料进行认真分析研究，再经过判断推理，从中找出发展变化的规律。建议部分，为适应经济活动未来的发展变化，为领导决策提供有价值的、值得参考的建议，是写市场预测报告的目的。因此，这个部分必须根据预测分析的结果，提出切合实际的具体建议。

4. 署名、日期

正文右下方写明纂拟此报告的单位或拟写人。

写全具体的年月日，如果文前已写明了日期，文末也可省略。

5. 附件

附件主要是图、表等数据材料以及其他具体的辅助材料。如果文章有需要和使用，可在文末注明。

五、市场预测报告的写作要求

市场预测报告，要求能运用资料数据，准确说明现状，分解资料数据，科学推断未来；依据分析预测,提供可行建议。尤其分析和建议部分,语言要准确、简练,不能模棱两可。

【例文】

2015 年中国餐饮市场预测报告

当前中国经济正处于从投资型驱动向消费型驱动转型的换档期,第三产业占比不断提升,城镇化规模和质量稳步推进,餐饮业充满发展潜力和机会。不过,竞争加剧、企业微利已成为餐饮行业无法改变的事实,并将长期维持。全行业仍需摆正思想认识,在新常态下顺应形势练内功,创新驱动谋发展。

一、行业发展环境将得到进一步优化

中央对于深化改革的决心是不容置疑的,深化改革将具有空前的广度、力度和深度。继去年商务部出台《加快发展大众化餐饮的指导意见》后,中央将继续以坚定的决心通过一系列调控政策,优化餐饮产业结构,加快制订支持大众化餐饮发展的财政、税收、金融政策,清理不合理收费,减轻企业负担,营造良好发展环境,为加快发展大众化餐饮保驾护航,从而实现保障和改善人民生活、扩大内需、促进就业的现实需要,推动餐饮业向现代生活服务业转型升级,促进餐饮业可持续健康发展。

二、新常态新形势新发展

针对消费者消费偏好、消费习惯、消费方式的新变化,以及市场需求的新要求,餐饮服务大众化、个性化、多元化成为市场主体;而且,餐饮企业应在追逐"盈利"的同时,找回"产品和服务"这一餐饮行业的本质。餐饮业逐步进入"修炼内功,提高管理水平,常态化下可持续发展"的阶段,整个餐饮产业组织也将显现出"三小三大"的新特征,即小店面大后台、小产品大市场、小群体大众化。

三、企业扩张势头逐渐恢复

前两年餐饮市场陷入最艰难困境,餐饮企业也随之收缩放缓扩张速度,有的甚至关闭部分业绩不佳的门店。阵痛期过后,企业开始摩拳擦掌,众多知名品牌都计划在 2015 年逐步加快新开店步伐,拓展区域市场,扩大版图布局。

四、资本引进来、中餐走出去

随着中国餐饮市场逐渐理性回归,资本市场纷纷涉足投资。弘毅投资基金、CVC、路易威登集团旗下的私募股权基金都已在 2014 年完成对国内餐饮的投资。并且,越来越多的国际餐饮企业也开始关注中国餐饮,希望可以进一步发掘中国大陆市场。在引入资本的同时,中国餐饮还在加速"走出去"。通过海外交流考察、赴海外投资开店、参与中餐烹饪技艺国际交流展示、参加国际烹饪技艺赛事等一系列活动,积极向世界宣传推广中华餐饮文化。

2015 年是中国餐饮业落实十二五目标的收官之年,也是巩固行业转型成效,迈向餐饮收入 3 万亿新阶段的关键时期。走满足大众需求、适应市场变化、提升盈利水平的理性发展之路,就是餐饮业未来发展的"新常态"。预计 2015 年春节餐饮市场将迎来开门红。

第五节　招标书　投标书

知识目标:了解招标与投标的基本概念、特点及其程序等理论知识。

掌握招标书与投标书的内容及其写作格式。

能力目标:具备分析和初步写作招标书和投标书的能力。

实际案例:

1.招标书

第十一届全运会奥体中心IBC装饰装修、空调工程、新闻中心功能及内部设置项目设计及施工公开招标公告

山东恒立伟业招标有限公司受第十一届全运会组委会委托,就第十一届全运会奥体中心IBC装饰装修、空调工程、新闻中心功能及内部设置项目设计及施工进行公开招标采购。欢迎符合本次招标文件要求的,在中国境内注册的承包商前来投标。

一、采购人名称:第十一届全运会组委会

采购代理机构:山东恒立伟业招标有限公司

二、采购计划编号:BJ11Y2009008

三、项目编号:HLWY2009-036

项目名称:奥体中心IBC装饰装修、空调工程、新闻中心功能及内部设置项目设计及施工

四、项目说明:

本项目共分三个包:A包,第十一届全运会奥体中心IBC装饰装修工程;B包,第十一届全运会奥体中心IBC空调工程;C包,第十一届全运会新闻中心功能及内部设置项目设计及施工。本项目为临时性工程,全运会结束后所有的设备及材料中标方可回收;此项可作为投标报价的依据。详细要求见招标文件。

五、招标文件工本费:人民币300元/包。

六、承包商资质要求:

1.建筑装修装饰工程专业承包二级及以上资质;

2.建筑装饰设计乙级及以上资质(如联合投标,施工单位为主投标方);

3.项目经理具有注册建造师或一级项目经理资质;

4.A包具有参加过省级以上电视台演播室及广电大厦专业装修的经验,须提供合同原件证明。

七、购买招标文件:

时间:2009年4月9日至4月28日,上午8:30—下午17:00(北京时间)。

地点:济南市文化东路24号文东花园A-2-401。

请携带营业执照副本(原件)。招标文件售出不退。

八、递交投标文件截止与公开报价:

时间:2009年4月29日上午9:30(北京时间)。

地点:省级政府采购招标大厅　开标会议室(二)

山东省省级机关政府采购中心办公楼

九、若有疑问或需澄清的内容请联系采购代理机构(山东恒立伟业招标有限公司)。

联系人:武昊　魏永波

联系电话:0531-8894××××　　0531-8894××××

传真电话:0531-8894××××

电子邮箱:sdhlwy@163.com

山东恒立伟业招标有限公司

2009年4月9日

案例分析:这份招标书简洁明了。从内容上,招标项目具体详尽,对投标人的要求明确具体,招标步骤也一目了然。思路清晰,结构完整,语言比较简练。

2. 投标书

大兴铜矿培训楼工程施工投标书

根据大兴铜矿兴建培训楼工程施工招标书和设计图的要求,我公司完全具备承包施工条件,决定对此项工程投标,具体说明如下。

一、综合说明

工程简况:(工程名称、面积、结构类型、高度层数、设备)培训楼一幢,建筑面积10 700平方米,主体6层,局部2层。

框架结构:楼全长80米,宽40米,主楼高28米。二层部分高9米。基础系打桩水泥浇筑,现浇梁柱板。外墙全部玻璃马赛克贴面,内墙混合砂浆,表面刷涂料,个别房间贴壁纸,全部水磨石地面。

二、标价:(略)

三、主要材料耗用指标:(略)

四、总标价:3 408 395.20元,每平方米造价370.23元。

五、工期:开工日期:2011年4月1日

竣工日期:2012年10月1日

施工天数:547天

六、工程计划进度:(略)

七、质量保证:全面加强质量管理,严格操作规程;加强各分项工程的检查验收,上道工序不验收,下道工序决不上马;加强现场领导,认真保管各种设计、施工、试验资料,确保工程质量达到全优。

八、主要施工方法和安全措施:安装塔吊一台,机吊两台,解决垂直和水平运输;采取平面流水和立体交叉施工;关键工序采取连班作业;坚持文明施工,保障施工安全。

九、对招标单位的要求:招标单位提供临时设施占地及临时设施40间,我们将合理使用。

十、坚持勤俭节约的原则,尽可能杜绝浪费现象。

投标单位:××建筑工程总公司　　　　负责人:李××

电话:××××××××;传真:××××××××;

地址:××××××××

2011年2月15日

案例分析:该投标书主体部分采用分条列项的方法,写明工程简况、主要材料耗用指标、总标价、工期、工程计划进度、质量保证、主要施工方法和安全措施、对招标单位的要求等内容，眉目清楚，有关的数据翔实准确，有关措施切实可行。

一、招标书

(一)招标书的概念和特点

招标书是招标人利用投标者之间的竞争，为达到优选卖主或承包商的目的，对外公告的，有明确招标内容和条件要求的书面文件。

招标书一般具备竞争性、明确性、公开性等特点。

(二)招标书的种类

1.按其形式分

(1)公开招标

在报纸等媒体上刊登招标广告。

(2)书面招标(邀请招标)

采用书面形式，直接通知有承担能力的单位参加投标。如招标通知书、招标邀请书。

(3)议标

议标也称非竞争性招标或指定性招标。这种方式是业主邀请一家，最多不超过两家承包商来直接协商谈判，一般应避免使用。

2.按使用对象分

(1)生产经营性招标书

如工程建设、承包租赁、劳务等。

(2) 科学技术招标

如科研课题、关键技术攻关、技术引进与转让等。

(三)招标书的结构与写法

1.标题

1)公文式标题：招标单位名称、招标项目名称、文种，如“×××厂供热中心锅炉改造项目招标书”“中国国际招标公司三峡工程项目招标公告”。

2)省去招标项目名称，如“中国轻工业品进出口总公司国际招标部招标书”。

3)只写文种“招标书”“招标公告”。

2.正文

(1)前言

写明招标的依据、目的、范围、方式。

(2)招标项目介绍(核心内容)

写明招标项目的主要内容，即标的名称、工程规模、技术指标或商品型号、数量、规格、价格等的要求。大型项目、大宗产品应分类列出。常用分条列项的文字表述方式。

(3)招标步骤

内容包括招标的起止时间、招标文件的发售日期、价格、购买方式，开标时间、地点，联系单位、地址等。

(4)投标须知

内容包括投标者的条件、投标程序、投标书的分数、内容要求。

(5)合同条款

招标书中的承包合同是为了保障招标与投标双方的合法权益而制造的,并不是每一份招标书中均有承包合同条款,常见于基建项目招标书中。

3. 结尾

1)招标单位名称。

2)招标单位的详细地址、邮政编码、电话、传真、电报挂号及业务联系人的姓名。

3)招标书的发文日期。

(四)招标书的写作要求

1. 周密严谨

招标书不但是一种"广告",而且也是签订合同的依据。因而,招标书是一种具有法律效应的文件。这里的周密与严谨,一是指结构形式的规范,二是语言措辞的准确严密。

2. 简洁清晰

招标书没有必要长篇大论,只要把所要讲的内容简要介绍,突出重点即可,切忌没完没了地胡乱罗列、堆砌。

【例文】

2013 年新生公寓楼内墙面粉刷工程招标公告

[项目专业:施工—装饰装修]

威招审(SG201312078)号

一、招标条件

2013 年新生公寓楼内墙面粉刷工程招标申请已经建设行政主管部门批准,招标人为威海职业学院,建设资金来自财政资金,项目已具备招标条件,现对该项目的施工进行公开招标。

二、工程招标范围

2013 年新生入住学生公寓的房间内墙面、天棚面刷乳胶漆工程。

三、项目基本情况

2013 年新生公寓楼内墙面粉刷工程位于威海市高区科技新城,建筑面积 128 000 平方米,合同估算价 99.8 万元,计划工期 15 天。

四、投标企业资格要求

1. 具有建筑装修装饰工程专业承包二级及以上资质。

2. 具有安全生产许可证。

3. 投标人不得和招标人存在利害关系,单位负责人为同一人或者存在控股、管理关系的不同单位,不得同时参加该项目(同一标段)的投标。

五、项目负责人资格要求

1. 要求承担本工程负责人具有建筑工程二级及以上注册建造师执业资格。

2. 项目经理应具有项目负责人安全生产考核合格证(B 证)。

3. 项目经理未担任其他在建工程项目的项目经理。

六、联合体投标要求

本工程不接受联合体投标。

七、投标报名

凡具备承担招标工程项目的能力并具备规定的资质条件的施工企业,可通过威海建设信息网(www.whci.gov.cn)报名。未办理入网手续的投标企业必须在报名日期截止之前,持办理CA认证相关资料到威海市塔山西路10号塔山宾馆4号楼一楼大厅CA认证窗口办理相关手续。

报名截止时间:2013年7月30日17:30

八、招标文件的获取

凡通过上述报名者,请持授权委托书到招标代理单位购买招标文件,购买时间另行通知。招标文件每套售价350元(包括招标文件200元,软件光盘150元),售后不退。

九、投标文件的递交

投标文件递交的截止时间及开标地点另行通知。

十、发布公告的媒介

本次招标公告同时在威海建设信息网、山东省建设工程招标投标管理信息网上发布。

十一、联系方式

招标人:威海职业学院	招标代理机构:山东省鲁成招标有限公司
地址:威海市高区科技新城	地址:威海市昆明路××号
邮编:	邮编:264200
联系人:刘××	联系人:王×× 谭××
电话:0631-571××××	电话:0631-522××××(527××××)
传真:××××××	传真:0631-528××××
电子邮件:××××××	电子邮件:wbidding@vip.sina.com
网址:××××××	网址:http://www.lucheng.sd.cn
开户银行:××××××	开户银行:××××××
账号:××××××	账号:××××××

2013年7月26日

二、投标书

(一)投标书的概念和特点

投标书也称标函,它是指投标单位按照招标文件提出的条件和要求而制作的递送招标单位的文书。

投标书一般具备竞争性、真实性等特点。

(二)投标书的分类

投标书分为生产经营性投标书和技术投标书。生产经营性投标书包括工程投标书、承包投标书、产品销售投标书、劳务投标书;技术投标书包括科研课题投标书、技术引进或技术转让投标书。

(三)投标书的结构与写法

1. 标题

标题可以有以下几种写法。

1)投标单位的名称+项目名称+文种,如“中华工程总公司京九铁路5段项目投标书”。

2)投标单位的名称+文种,如“××有限公司投标书”。

3)项目名称+文种,如“承包××建设工程投标书”。

4)只写文种,如“投标书”“标书”“标函”。

2. 正文

(1)前言

写明参加投标者表明态度、投标单位名称、授权签名人姓名。

(2)投标文件说明

说明所提供的投标文件种类和份数,如投标报表或总价、货物清单、资格审查文件、技术参数、招标保证书等。

如果是工程承包,还应说明工程建设期限、工程质量、合理施工措施等。

(3)投标人声明

内容有:投标书的有效期限;投标人履行合同的责任义务;表示放弃对招标人进一步解释招标文件的要求权力;对投标保证金的处置等。

3. 落款

投标单位名称、地址、通信、授权人签名以及撰写日期等。

4. 附件

投标书所附带的有关文件材料。应分别写明各种附件的名称、正本、副本数。

(四)投标书的写作要求

1. 内容真实

投标书要执行国家颁布的技术规范和质量标准,对投标项目进行客观分析,实事求是说明已方优势和特点,介绍已方的投标方案,以利于合作。

2. 表意准确周密

投标书内容代表了投标人对招标人的承诺,目的是防止产生歧义,所以文字表达必须严谨、规范,用语要准确周密。

3. 语言谦和恭敬

常用“贵公司”“贵单位”“贵方”等敬称。

【例文】

投 标 书

致:广州市开发区环卫美化服务中心、广州东进新区开发有限公司

根据你方招标的萝岗中心区水质净化厂首期工程之反吊膜加盖系统工程施工招标文件,遵照《中华人民共和国招标投标法》等有关规定,经踏勘项目现场和研究上述招标文件的投标须知、合同条款、图纸、工程建设标准和工程量清单及其他有关文件后,我方愿以投标文件内的

投标报价按上述图纸、合同条款、工程建设标准和工程量清单的条件要求承包上述工程的施工、竣工,并承担任何质量缺陷保修责任。

首先,我方已详细审核全部招标文件,包括修改文件及有关附件。我方承认投标函附录是我方投标函的组成部分。

其次,一旦我方中标,我方承诺如下。

1. 本工程质量合格。

2. 在30天内完成并移交全部工程。如因设计变更或其他因素影响工期,我方承诺想方设法弥补。

3. 我方将按照规定提交合同价的15%的银行保函作为履约担保。(提交形式为支票)

4. 我方保证履行招标文件以及招标文件修改书(如有)中的全部责任和义务,按质、按量、按期完成《合同书》中的全部任务。

5. 我方同意所提交的投标文件在招标文件的投标须知前附表中第13条规定的投标有效期内有效,在此期间内如果中标,我方将受此约束。

6. 除非另外达成协议并生效,你方的中标通知书和本投标文件将成为约束双方的合同文件的组成部分。

另外,我方将与本投标函一起,提交金额人民币14万元作为投标保证金。

投 标 人:××××建筑工程总公司 (盖章)

单位地址:佛山市利阳大街××号

法定代表人或其授权代表:张庆发 (签字)

日期:2009年3月29日

附录1(略)

附录2(略)

第六节 商业广告

知识目标:了解商业广告的概念、特点、分类等理论知识。

掌握商业广告的结构。

能力目标:能根据需要写作比较规范的商业广告。

实际案例:

南方黑芝麻糊电视广告文稿

时间:约20世纪30年代的一个晚上

地点:江南小镇街巷

人物:小男孩、挑担卖芝麻糊的妇女、妇女的小女儿

遥远的年代,麻石小巷,天色近晚。一对挑担的母女向幽深的陋巷走去。

(画外音,叫卖声):"黑芝麻糊哎"(音乐起)。

深宅大院门前,一个小男孩使劲拨开粗重的樘拢,挤出门来,深吸着飘来的香气。

(画外音,男声):"小时候,一听见黑芝麻糊的叫卖声,我就再也坐不住了……"

担挑的一头,小姑娘头也不抬地在瓦钵里研芝麻。另一头,卖芝麻糊的大嫂热情地照料食客。

(叠画)大锅里,浓稠的芝麻糊不断地滚腾。

小男孩搓着小手,神情迫不及待。

大铜勺被提得老高,往碗里倒着芝麻糊。

小男孩埋头猛吃,大碗几乎盖住了脸庞。

研芝麻的小姑娘投去新奇的目光。

几名过路食客美美地吃着,大嫂周围蒸腾着浓浓的香气。

站在大人背后,小男孩大模大样地将碗舔得干干净净(特写)。

小姑娘捂嘴讪笑起来。

大嫂爱怜地给小男孩添上一勺芝麻糊,轻轻地抹去他脸上的残糊。

小男孩默默地抬起头来,目光里似羞涩,似感激,似怀想,意味深长……

(叠画)一阵烟雾掠过,字幕出(特写):"一股浓香,一缕温暖"。

(画外音,男声):"一股浓香,一缕温暖。南方黑芝麻糊。"

(叠画)产品标板。

推出字幕(特写):南方黑芝麻糊　广西南方儿童食品厂

片长:30 秒

案例分析:这是抒情散文式的电视广告。20 世纪 30 年代江南小巷,芝麻糊的叫卖,勾画了芝麻糊的历史和民俗。小男孩贪吃的样子,形象地说明了黑芝麻糊味美香甜。叫卖声和男声配合画面恰到好处,长长的叫卖声增添了黑芝麻糊的诱惑。男声,点明这是回忆,回忆当年芝麻糊的甜美,回忆当年人情温暖。结尾,推出字幕"一股浓香,一缕温暖"点题,说明从制作芝麻糊的技艺到人情的温暖,今天都有继承和发展。这则抒情散文式广告,不仅有商业宣传,而且具有传统文化的底蕴。

一、商业广告的概念

商业广告是指商品经营者或服务提供者承担费用通过一定的媒介和形式直接或间接地介绍所推销的商品或提供的服务的广告。商业广告是人们为了利益而制作的广告,是为了宣传某种产品而让人们去喜爱购买它。

二、商业广告的特点

1. 真实性

商业广告要诚实,讲究信誉,在传递经济信息、推介产品时,要以事实为依据,真实、健康、

清晰、明白地向公众诉说商品的性能、用途、使用方法等，努力做到信誉第一、用户至上。这样做，一方面保证产品、厂家的信誉，另一方面又维护、保障消费者的利益。要体现社会公德和商业道德。

2. 功利性

由于市场经济的发展，市场竞争异常激烈，企业、商家增强竞争能力，立于不败之地，既要靠过硬的技术和质量，又要制作精良的广告，通过大众媒体的信息传播，树立企业形象，以提高商品的竞争能力，达到说服感染消费者、指导消费，促进消费者对特定商品或劳务产生积极的态度和购买行为的目的，为企业、商家带来良好的经济效益。

3. 审美性

随着社会的发展、科学的进步，在制作商业广告时，文字、图画、音响、实物多媒体结合，突出逼真性和审美性。在语言表达上，应当简明优美，可读性强。制作精良、审美性强的广告，有时还成为时尚楷模。一则好的商业广告，必须在具备实用功能的同时，也注重它的审美功能。只注重实用功能的广告，在广告的汪洋大海中很快就会被淹没，甚至翻不起一点点的浪花。反之，一则精心设计的广告，具有怡人的美丽形象，则会对消费者的视觉或听觉产生巨大的冲击力，激发其审美情趣，从而对广告所宣传的商品产生好感，以至于诱发购买的欲望。因而，广告的审美表现力是传递商品和服务信息的真正桥梁，是决定广告成败的重要因素之一。

三、商业广告的作用

1. 传递信息、拓宽产销渠道

市场的繁荣在于商品的流通，广告可以沟通生产、流通、交换、消费各个环节，使这一有机整体更好地发挥社会效益和经济效益，把生产者、经营者和消费者紧密地联系起来，使厂家了解市场，使经营者了解产品，使产品能根据消费者需求立足市场，开拓产销渠道，活跃经济。

2. 指导消费，树立企业、商家形象

商业广告是消费信息的一种形式，它向人们传递商品信息与市场信息，科学地指导消费者购买和使用商品。与此同时，通过信息的传播，企业和产品的知名度有所提高，广告帮助企业、商家、商品在消费者心中树立了自身形象，由此常常给一个企业，甚至整个地区带来经济、商业的大发展。如万宝路香烟、可口可乐饮料，通过各式的广告宣传，名扬四海，效益倍增。

3. 推动生产发展，促进经营管理

商业广告通过沟通产销方面的情况，可以促进经营管理和生产。企业要想占领市场，就得改善内部经营管理机制，挖潜力，对自己的产品加以改进，增效益，增加竞争优势。这样就推动了社会生产的发展。

4. 促进国际交流，增创外汇

商业广告还可以沟通国际国内商情，扩大国际市场，促进国际贸易交流。它可以向世界介绍我国的名优特产品，招徕外国商客，促进出口贸易，增创外汇；也可以让国内商家、厂家从外商广告中了解国际市场新动态，发现进出口贸易中的态势，促进出口更具规范性，减少盲目性，使我国在国际市场竞争中获得优势。

四、商业广告的分类

商业广告可以分为以下几类。

1. 商品广告(又称产品广告)

它是以销售为导向,介绍商品的质量、功能、价格、品牌、生产厂家、销售地点以及该商品的独到之处,给人以何种特殊的利益和服务等有关商品本身的一切信息,追求近期效益和经济效益。

2. 劳务广告(又称服务广告)

比如介绍银行、保险、旅游、饭店、车辆出租、家电维修、房屋搬迁等内容的广告。

3. 声誉广告(又称公关广告、形象广告)

它是指通过一定的媒介,把与企业有关的信息有计划地传播给公众的广告。这类广告的目的是为了引起公众对企业的注意、好感和合作,从而提高知名度和美誉度,树立良好的企业形象。声誉广告传播的内容非常广泛,主要是介绍有关企业的一些整体性特点。既可以是发展历史、企业理念、经营方针、服务宗旨、人员素质、技术设备、社会地位、业务情况以及发展前景等,又可以是企业理念、视觉标志、行为标志等 CI 内容。

五、商业广告的写作格式

商业广告的写法虽不拘一格,但结构一般分为标题、正文、结尾三部分。

(一)标题

1. 直接标题

就是以简明的语言,直截了当地将广告的主要内容传递给读者。如脍炙人口的博士伦隐形眼镜广告标题:“戴博士伦舒服极了!”

2. 间接标题

标题并不直接介绍产品或劳务,而只是暗示读者。如金利来领带广告标题:“金利来领带,男人的世界”。

3. 复合标题

这种标题是将直接标题和间接标题综合起来,主要用于内容多、较复杂的广告。它可以是正副标题法,也可以采用眉题正题法,还可以眉题、正题、副题三者结合。

正题:世间自有公道,付出自有回报

副题:步步高 VCD

眉题:中国名牌羽绒服

正题:雪中飘

副题:健康重现　惊喜不断

(二)正文

这是广告核心的部分,首先要给广告定位,然后考虑广告创意。准确的定位是创意的基础,独特的创意是实现定位的条件。

广告正文的写法常采用以下形式。

1. 简介式

又称陈述式，是用简洁而平实的语言，开门见山地介绍企业的规模、业务范围、经营品种以及商品的名称、规格、特点、性能、适用范围、使用方法、价格等。

2. 证书体

借助有关权威的鉴定评语、荣誉称号、获奖情况，使商品的信誉、美誉充分展现，证实广告的真实可靠。

3. 新闻体

用写新闻的方法来撰写广告，既有新闻真实可靠的特色，又有广告推介商品的风格。

4. 文艺体

用诗歌、小说、曲艺、小品、动画等多种文艺创作形式宣传商品，节奏感强，韵律美，容易使消费者迅速记住，并产生好感。

除上述方法外，还有问答体、联语体等写作方法，选用哪种方法来写，要针对商品的性质、广告的主题、选用的媒体来定。

（三）结尾

结尾是全文的收束，主要写明广告者的名称，销售商家的名称、地址、联系电话、电传、电挂、邮政编码等。有时也注明开户银行、账号等。

六、商业广告的写作要求

1. 要真实地传达产品（或劳务）的信息

广告直接影响消费者的消费动机。为了保护消费者的利益，为了企业的生存，广告的内容必须真实。真实是广告的生命。

2. 要遵守国家的法律法规

勿做国家明令禁止发布广告的商品（例如麻醉药品、精神药品、毒性药品、放射性药品、试生产期的药品等）广告或未取得商品广告审查批准文号或取得文号后擅自篡改审查内容的商品广告，并自觉地输出某种精神意识，倡导一种正确的价值观，体现社会公德和商业道德，审美品位高尚。

3. 要突出商品（或劳务）的特点

从商品或服务的消费主体出发，时刻考虑受众的特性和需求，为商家和消费者架起沟通的桥梁。

4. 要有新意，风格独特，形式灵活多样，感染力强

现代广告不断追求创新，力图以多种表现形式充分展示广告的艺术魅力。

5. 语言文字简明、准确、生动

如 20 世纪 90 年代初红桃 K 集团的主导产品是卟啉铁生血剂。“卟啉铁生血剂”这个名称固然科学，但打出去老百姓不了解。而红桃 K，红就是血，老 K 就是老板，红桃 K 就是生血

剂。红桃 K 的广告语一下子便引起了大众的关注。很快便家喻户晓，年销售额达数十亿元。

【例文】

××汽车电视广告文案

（画外音）
如果你问我
这世界上最重要的一部车是什么
那绝不是你在路上能看到的
30 年前
我 5 岁
那一夜
我发高烧
村里没有医院
爸爸背着我
走过山
越过水
从村里走到医院
爸爸的汗水
湿遍了整个肩膀
我觉得
这世界上最重要的一部车是
——爸爸的肩膀
今天
我买了一部车
我第一个想说的是
阿爸，我载你来走走
好吗

（广告语）
××汽车
永远向爸爸的肩膀看齐

附
经典广告词欣赏

麦氏咖啡：滴滴香浓，意犹未尽
德芙巧克力：牛奶香浓，丝般感受
诺基亚：科技以人为本

戴比尔斯钻石:钻石恒久远,一颗永流传

人头马 XO:人头马一开,好事自然来

中国联通:情系中国结,联通四海心

孔府家酒:孔府家酒,叫人想家

农夫山泉:农夫山泉有点甜

利郎商务男装:简约而不简单

空调广告:本品在世界各地的维修工是最寂寞的

理发店广告:虽为毫发技艺,确是顶上功夫

写作训练

一、掌握下列知识

1. 我们常见的经济文书种类有哪些?

2. 意向书和经济合同在文种特点及实际使用中有什么联系和区别?

3. 比较市场调查报告和市场预测报告的异同。

4. 比较招标书和投标书的异同。

5. 商业广告具有真实性和功利性的特点,两者是否矛盾? 联系商业广告在实际生活中的使用加以说明。

二、根据材料写作

1. 为迎接校庆六十周年,某大学(甲方)拟建大学生活动中心,建筑面积为 2000 平方米,工期一年,委托鲁班建设有限公司承建,请你参考建设工程合同示范文本,代表甲方与乙方拟定一份合同。

2. 根据大学生月(年)消费情况,设计一份大学生(月)年消费情况问卷,并根据大学生消费情况调查(含问卷调查)写出一份关于大学生消费情况的调查报告。

3. ××学院为了创造良好的教学环境,决定利用暑假一个月时间,对一万平方米的教学楼进行整修,包工包料(涂料、油漆、水泥、木头、玻璃等由投标者自备),向社会各建筑工程公司公开招标(时间为 7 月 10 日至 8 月 10 日,质量好、技术高、速度快、价格低者优先)。请代学院写出一份合格的招标书。

三、下面是一份招标公告,指出其错误

××省机电设备招标公司招标公告

××省机电设备公司受××区政府采购中心委托就电教设备项目进行国内公开招标,邀请有兴趣的合格投标人参加投标。

招标编号:0612c200××××

招标名称及数量:投影机 13 台,电动银幕 13 张,电脑 13 台。详细技术规格参阅招标文件中的用户需求。

交货时间:所购设备合同签订后10日内交付。

购买标书时间:2009年2月27日至2009年3月7日。

购买标书地点:金鹰大厦10楼。

投标截止及开标时间:2009年3月10日上午10点。

联系方式:有关此次招标事宜,可按下列联系方式向招标机构查询。

地址:西城区

电话:624××××

传真:×××××××

网址:××××××××

联系人:张先生

开户银行:×××××××

账号:×××××××

××省机电设备招标公司

2009年2月17日

第六章　科技文书写作

第一节　概述

知识目标：学习和掌握科技文书的含义、特点。

掌握科技文书的种类。

能力目标：能按照要求写作规范的科技文书。

一、科技文书的含义

科技文书是反映科学研究、科技成果、创新见解和科技知识等内容的记录或总结，是一种具有突出的实用价值和惯用格式的应用文体。科技文书广泛存在于自然科学和人文社会科学领域，是人们进行科学研究、科技管理等工作所产生的各种文体的总称。

二、科技文书的种类

随着科学技术的飞速发展，科技文书的应用范围逐步扩大，种类不断增加。从科技文书的用途来分，可分为以下几种。

1. 说明类科技文书

包括产品说明书、科普说明文等。

2. 报告类科技文书

包括实验报告、实习报告、毕业设计报告等。

3. 论文类科技文书

包括一般学术论文、毕业论文等。

4. 情报类科技文书

包括科技文摘、科技动态等摘要性文书。

5. 科技管理类科技文书

主要包括各种科技管理技术标准或流程、制度要求等。

三、科技文书的特点

1. 科学性

科学性是科技文书的核心要素，各类科技文书是以科学实验为基础进行写作的，对于科研过程或成果的阐述、说明要客观、真实、正确。

2. 创新性

科学研究是在已有的认识或知识基础上所进行的更加深入的研究和探索，是富有创造性的劳动，而不是对已有研究的重复和模仿。

3. 学术性

科技文书的内容有着特定的指向，一般是针对具体的科学研究活动，在内容上更加关注科研活动本身的性质、特点和规律，有较强的专业性和系统性。

四、科技文书的写作要求

1. 坚持实事求是、严谨务实的科学态度

科技文书所包含的相关内容，如科学实验过程、各种数据信息以及结论等都具有较为严格的要求，在写作中应实事求是，遵循客观事实，坚持严谨的态度，科学合理地进行分析论证。

2. 熟悉本专业、本行业的业务

科技文书在写作中会涉及许多专业性的知识，不同学科的特点和要求就决定了写作者必须熟悉本专业的相关业务，如各种专业术语的运用、专业现象的解释等内容。

3. 要有较强的思维能力和表达能力

说明书、实验报告和科技论文等科技类文书的写作，许多是基于对各种试验过程或见解观点的表述，内在逻辑性要求较高，注意文字、语句等准确表达，同时应条理清晰地表述思路和观点。

第二节　产品说明书

知识目标：了解产品说明书的作用与特点。

掌握产品说明书的写作格式、内容和写作要求。

能力目标：能按照要求写作规范的产品说明书。

实际案例：

药品说明书

[药品名称]：复方消化酶

[英文名称]：Compound Digestive Enzyme Tablets

[商品名称]：贝尔润

[成分]：

本品为复方制剂，含生物淀粉酶、脂肪酶、蛋白酶、纤维素酶、肠溶胰酶颗粒、熊去氧胆酸、二甲硅油。

[适应症]:

用于食欲缺乏、消化不良,包括腹部不适、暖气、早饱、餐后腹胀、恶心、排气过多、脂肪便,也可用于胆囊炎和胆结石以及胆囊切除患者的消化不良。

[用法用量]:

口服,一次 1 片,一日 3 次,饭后服。

[不良反应]:

有呕吐、恶心、泄泻、软便、心悸、憋气、胸痛。可能发生口内不快感。

[禁忌]:

急性肝炎患者及胆道完全闭锁患者禁用。

[注意事项]:

由于本品含有乳糖,具有半乳糖不耐受症、乳糖酵素缺乏症及葡萄糖-半乳糖吸收不良等遗传性问题的患者不能服用本品。不可嚼碎药片。对本品过敏者禁用,过敏体质者慎用。本品性状发生改变时禁止使用。

[药物相互作用]:

铝制剂可能影响本品疗效。

如与其他药物同时使用可能发生药物相互作用,详情请咨询医师或药师。

案例分析:这是一份药品说明书。该说明书从成分、适应症、用法用量等几方面进行说明,尤其结合产品特点和消费者的需要和利益重点介绍了不良反应、禁忌等事项。内容全面,语言平实、简洁、准确,很好地体现了产品说明书的说明性和指导性特点。

一、产品说明书的概念和作用

(一)产品说明书的概念

产品说明书又叫商品说明书,是一种常见的说明文,是全面、明确地介绍商品的构造、性能、用途、使用方法、保养维护以及注意事项等内容的文字材料。

(二)产品说明书的作用

1. 介绍和宣传商品,指导消费

产品说明书的内容一般是对产品各方面知识的介绍和宣传,专业而有针对性地说明,以便于消费者了解产品,帮助引导消费者正确地认识和选择商品,并对其合理使用和保养。

2. 传播知识

许多产品具有一定的科技含量,通俗易懂的产品说明书在普及科学文化知识、扩大信息沟通与传播等方面,作用十分明显。

3. 促进消费

产品说明书在内容上突出产品特点和优势,强调产品的实用性,有利于激发消费者的购买欲望。

二、产品说明书的特点

1. 说明性

用平实准确、明白晓畅的语言说明、介绍产品,是产品说明书的主要功能和目的。面对消费群体的多样性，产品说明书通俗浅显、清楚明白地介绍产品，使消费者使用产品得心应手，注意事项心中有数。

2. 真实性

产品说明书是对产品各方面实际情况的客观、准确、如实的反映。产品使用涉及广大消费者的切身利益，因此实事求是的介绍和说明是首要因素。

3. 科学指导性

产品本身是科学研究与生产实践的产物，体现了一定的科技水平。产品说明书在科学专业地对产品性能、构造、用途等方面的介绍之外，同时还包含产品的使用和维修知识，可以在一定程度上指导消费者。

4. 实用性

产品说明书的主要作用是介绍产品，引导消费者合理选择和正确使用产品。因此，形式多样、通俗易懂的介绍和说明就形成了产品说明书实用性强的特点。

三、产品说明书的格式与写法

面对多种多样的产品，说明书的写作格式也是不尽相同的。有的内容较为简单，如食品、日化用品等常用品，多是简短的文字说明。而一些机械设备、电子产品等产品说明书则较复杂，一般装订成册，印刷精美，内容包含封面、前言、正文和封底等。本文重点介绍一般产品说明书的写作。

产品说明书的结构通常由标题、正文和附文三个部分组成。其中，正文是产品说明书的主体、核心部分。

（一）标题

产品说明书的标题通常由产品名称或说明对象加上“说明书”这一文种构成，如“××家用电冰箱说明书”“感冒冲剂说明书”等。标题一般位于说明书第一行，有时为突出视觉效果，可以有不同的版式设计。

（二）正文

正文是产品说明书的主体部分，主要详细介绍产品的功能、成分、构造、特征、性能、使用方法、保养维护和注意事项等各项内容。一般根据产品特点有所侧重，主要目的是通过详细准确的介绍，让消费者了解产品实际情况，并能安全使用和保养。

正文的写作一般以文字阐述为主，有时也可根据情况需要，使用图片、图表等多样的表达形式，图文兼备，以达到较好的说明效果。如文字表述内容过多，应分条列项，层次清晰地介绍产品。

（三）落款

这一部分主要写明生产者、经销单位的名称、地址、电话、邮政编码、E-mail 等内容，介绍产品生产者的相关信息，同时为消费者进行必要的联系提供方便。

四、产品说明书的写作要求

1. 实事求是

说明书要实事求是，有一说一，客观真实地介绍产品，不可故意隐瞒相关细节或随意夸大产品的作用和性能。

2. 要全面、客观地说明事物

不仅介绍产品的优点,同时还要清楚地说明应注意的事项和可能产生的问题等。比如产品的副作用或在使用过程中可能会产生的某些特殊情况等。

3. 注意表述的条理性

产品说明书在陈述产品的各种要素时,要遵循由浅入深、循序渐进的逻辑顺序。同时应根据产品特点或实际需要,突出重点。

4. 语言简练、准确、通俗

产品说明书以说明性语言为主,要讲究用词的准确、简练,通俗易懂地将产品的性能特点等介绍出来。因面向的群体较为广泛,切忌用较为抽象的术语,应充分考虑用户的阅读需要。

【例文】

电水壶使用说明

一、使用说明

1. 将水壶移离电源基座。

2. 按下开盖按钮,打开壶盖,向水壶中灌入清水,注意不要超过其最高水位。

3. 盖好壶盖,将水壶放在电源基座上。

4. 按下电源开关按钮,电源指示灯亮,水壶开始加热。

5. 水开后,开关自动断电,电源指示灯灭。打开保温开关,保温指示灯亮,水壶开始保温,不要保温时,再次按保温开关,水壶停止保温,保温指示灯灭。

6. 水壶提升离开基座即可倒水饮用。

二、安全须知

1. 本产品只能用来烧水,千万不要用来煮牛奶,咖啡或茶等,不能用来蒸煮食物。

2. 不要将水壶的壶身和电源基座放在潮湿的地方或浸入水中;手湿时,不要操作本产品。

3. 请把水壶放置在平坦的桌面,不要将电热水壶靠近热源放置,也不可靠近或置于任何电器之上。

4. 向水壶中加水时不能低于最低水位,也不能超过其最高水位。

5. 水壶放置到电源基座上的时候必须擦干水壶底部的水迹。

6. 煮水时,防止干烧。

7. 当水烧沸时,酷热的水蒸气会引起烫伤,水壶正在烧水时,不要打开壶盖。

第三节 实 习 报 告

知识目标:了解实习报告的作用与特点。

掌握实习报告的写作格式和写法。

能力目标:能按照要求写作规范的实习报告。

实际案例:

顶岗实习报告

一、实习单位介绍

广州联科工业设备维修服务有限公司,在广东全省各地设立维修服务点,为工厂企业提供专业化的设备维修、设备改造、设备保养服务。

目前重点承担的维修服务项目包括:

1. 维修各种液压设备,如折弯机、剪板机、油压机、硫化机,包括液压系统维修、电路系统维修、控制系统维修;

……

二、实习时间

2015 年 2 月 14 日至 5 月 31 日,为期 3 个半月。

三、实习具体情况介绍

我在公司的实习主要是工业设备维修工作,分为以下三个阶段。

第一阶段:培训阶段。包括安全培训,技能培训,规章纪律培训等。

第二阶段:跟着师傅学习经验和工作专业技能。

第三阶段:学会独立在现场工作并且解决问题。

四、顶岗实习期间的收获

为期 3 个半月的顶岗实习,是迅速成长,脱胎换骨,在工作中完成角色转化的 3 个半月;是理论联系实际,专业知识付诸工作环节,寻求到自我发展平台的 3 个半月。在顶岗实习中,感触良多,收获颇丰。

(一)思想、作风、安全意识等方面的收获

思想收获:通过这次顶岗实习,我感觉自己最大的变化就是思想变得成熟了,我开始学会用成人化的思维去思考问题,处理事情,学会了换位思考。懂得了通过脚踏实地的工作去实现自己的社会价值和人生价值,给自己创造美好的未来。

作风收获:实习期间,我形成了严谨的工作态度和精益求精的工作作风。作为维修员,工作中会有很多琐事、杂事,这就需要我们耐住性子一丝不苟地处理,不能急躁、马虎了事。做事要讲求效率,还要精益求精,追求创新,永不满足,带着激情去工作。

安全意识收获:我的工作大部分时间都在工业设备现场走动,各种设备种类繁多,所以安全是一个非常重要的方面。每次维修设备,我都穿好工作服,带好手套,杜绝安全隐患,工作前接受的安全培训和演习,增强了我的安全意识,让我更加小心安全隐患,更加珍爱生命。

(二)职业技能、技术水平方面的收获

实习期间,我学会了更多办公软件的操作和使用,如 Word、Excel 以及扫描机、打印机、复印机等设备的使用。在学校学习的 ERP 系统知识和物流知识也得到了应用和巩固,将理论知识有效地应用于实践当中。

在实际操作中,我需要与带队师傅、同事、问题厂方车间负责人、问题机械专人和公司的领导有工作联系,通过与不同阶层、不同职业、不同年龄、不同性别的人一起工作和交流,提高了我的语言沟通能力和人际交往技巧。

我们公司是实行两班倒的,在倒班的过程中,我学会了如何与人团结协作,齐心协力完成我的工作。同时,我仍然没有忘记学习,有时间我就学习英语,提升自己的能力。

五、不足及改进措施

顶岗实习是一个学习适应的阶段,也是一个重新调整和审视自己的阶段,离开校园步入工作岗位,发现自己还有许多要修缮(完善)和提高的地方。

(一)工作中的不足

思想上,有时会懈怠,不思进取,畏惧困难,满足现状,不求创新。

技能上,办公软件和 ERP 系统的学习不够深入。我是学物流管理的,维修方面的知识学得有限,在实际操作中很多都不懂。

业务上,缺乏经验,遇到突发事故时有点不知所措,不会灵活变通、及时处理。沟通能力不强,为人处世还是有点孩子气,有待提高。

(二)精益求精,完善不足

时刻保持良好的精神和工作状态,积极创新,善于发现,提出自己的合理化建议。

利用空余时间,继续努力学习各种专业知识,拓宽知识面。

在实践中积累经验,学习与人沟通和交往。

案例分析:这是一份大学生的顶岗实习报告,从实习单位、时间、实习情况、收获及不足等方面进行书写,尤其详细叙述了实习收获,重点突出、详略得当。

一、实习报告的含义及作用

1. 含义

所谓实习报告,是实习人员在实习结束后对实习过程、结果以及个人体会的书面总结材料。

2. 实习报告的作用

1)撰写实习报告有利于实习者总结实习过程中的经验、教训,加深对专业理论知识的认识和掌握,并能较好地将理论与实践相结合,培养相关技能和良好的职业素质。

2)实习报告一般交给校内外指导教师,通过实习报告的批阅,指导教师能较全面、具体地了解学生的实习情况,增强教学和指导的针对性,有助于提升教学效果。

二、实习报告的特点

1. 专业性

实习报告是针对某一专业学习的检验或能力提升的培养而进行的,在特定的专业领域,运用专业知识和理论,实践相关的专业技能。

2. 总结性

对实习经历的回顾与总结是实习报告的主要内容和本质。

3. 报告性

在写作中讲求相对固定的格式,符合报告的特点。

三、实习报告的格式与写法

实习报告一般有相对固定的格式,同其他报告一样,较正规的都设有封面,主要包括报告名称、姓名、实习时间、实习单位名称等要素。而后是报告正文的写作。如果不设封面的话,则将上述要素在报告的开篇交代清楚。实习报告一般包含开头、正文和结尾三部分。

(一)开头(引言)

开头部分也是报告的引言,是对实习的时间、地点、任务、结果或感受等方面的简单概括和交代,有时也可概括地介绍实习单位的大体情况。

(二)正文

正文是实习报告的核心,写作内容可根据实习内容和性质而不同。一般正文全面具体地反映实习情况,阐述实习目的、实习内容、实习过程以及实习的收获等内容。

1. 实习目的

简明扼要地介绍实习目的、实习岗位的大体情况及实习要求等。

2. 实习内容

具体介绍实习的内容,包括实习的具体任务、实习中资料的收集与整理、实习的过程描述以及对实习任务的完成情况等。

这一部分可以根据实习内容和性质、要求的不同来安排写作内容。可结合实习任务特点,对实习过程全面地叙述,包括岗位的素质要求、工作环境、实习任务、实习情况等,重点描述实习的过程经历,如自己所做的事情及完成任务的实际情况。也可以根据自己的认识、实习的内容和要求等对自己承担的某一具体工作进行重点描述,突出自己的认识和体验。

3. 实习结果

对实习结果,即取得的成绩或存在的不足进行简明的总结。一般介绍自己在能力上的提升、对实习岗位的了解和适应、实习效果等,或者是在实习中暴露出的差距或不足。

(三)结尾

可对全文进行总结、概括,主要内容是对实习的总结、引发的感想体会或经验教训等,是对实习经历的最终的、整体的认识,也可表示决心或致谢,还可针对存在的问题提出建议或改进措施等。虽然是在结尾部分,但此处的内容在一定程度上决定了实习报告的质量。可以对实习体会、经验及今后努力的方向等内容进行挖掘,写出深度和高度。

如果正文部分言已叙尽,也可不写结尾。

此外,有的实习报告在后面附上参考文献,因实习的内容较为专业或复杂,实习过程中需要查阅相关资料,因此会随机附上对实习过程和实习报告有直接作用或有影响的书籍与论文。

四、实习报告的写作要求

1. 实习报告必须反映真实情况,写自己的实习经历

如实反映实习中的各种情况,如取得的成绩和收获等,不可主观臆造、文过饰非。

2. 材料具体

突出重点。内容安排上不要面面俱到,而应重点突出,确保材料的针对性与真实可靠性。

3. 语言准确简练,符合报告的要求

在叙述事实的基础上,有一定的分析概括与提炼。

【例文】

毕业实习报告

一、实习时间:2014 年 4 月 1 日至 2015 年 3 月 30 日

二、实习地点:和雅大酒店

三、实习内容:西餐厅零点服务、自助餐服务

四、主要收获和体会

(一)实习收获

1. 服务意识的提高

对于酒店等服务行业来讲,服务质量无疑是企业的核心竞争力之一,是企业的生命线。通过酒店组织的培训和平时部门的强化练习,我锻炼了自我的服务意识,养成了面对客人面带微笑的好习惯,学会了用标准的礼仪礼貌待客。

2. 服务水平的提高

经过一年的实习,使我对酒店的基本业务和操作有了一定的了解,礼貌是一个人综合素质的集中反映,在酒店更是如此,要敢于开口向客人问好。对于客人的要求,要尽全力去满足;有些要求不合理,要用委婉的语气拒绝,帮他寻求其他解决方法。

3. 英语水平的提高

在五星级的涉外酒店中,英语的实际应用能力包括听、说、写的能力是特别重要的。石材展期间,我们用英语为来自世界各地的客人们介绍信息,接受他们的咨询,及时向客人展示和宣传酒店的形象。

(二)实习体会

1. 实习不是体验生活

实习占用了我们大学里的最后一个学期的时间,但是这和以往假期打工不同,在工作过程中,我们不是单纯地出卖自己的劳动去换取报酬,而是当自己是酒店的一员,和各部门同事密切合作,维护酒店形象和创造最大的效益。

2. 实习是一个接触社会的过程

通过这次实习,我比较全面地了解了酒店的组织架构和经营业务,接触了形形色色的客人,同时还结识了很多很好的同事和朋友,他们让我更深刻地了解了社会,教会了我如何去适应社会、融入社会。

3. 实习与就业

实习实际上就是一次就业的演练,实习过程中,让我提前接触了社会,认识到了当今的就业形势,并为自己不久后的就业计划做了一次提前策划。通过这次实习,我发现了自己与酒店的契合点,为我的就业方向做了一个指引。

五、对酒店的建议

酒店各部门多交流,在酒店信息和资料上尽量统一并及时送达,以免造成信息不通或信息

迟到的情况出现,这是提高酒店服务质量、改善工作效率、化解部门纠纷和营造酒店形象的必要措施。

针对员工流动性大的问题,希望人力资源部可以根据每月新入职的员工情况和当月酒店的营业状况安排培训时间,派专人进行培训工作并在员工工作后跟踪新员工的工作、生活情况,强化新员工的业务素质。

定期安排员工参加相关的应用英语、日常日语和国际礼仪强化培训,提高员工服务质量,为客人们提供更周到的服务。

六、实习心得

在毕业实习期间,我成功地完成了个人角色的转换及整个人际关系的变化,并且在心理上适应了酒店行业与全新的生活环境,清楚地认识到,学历只是一个方面,它与最终的能力有关联,却不是绝对的。虽然对待酒店行业,还有很多东西要学习,但我想我已经做好了充足的准备,无论在心态上还是技能上,现代社会的竞争是残酷的,但只要努力付出,我的职业生涯就必定会开出希望的花,结出成功的果——我相信。

第四节　毕业设计报告

知识目标:了解毕业设计报告的作用与特点。

掌握毕业设计报告的写作方法和写作要求。

能力目标:能按照要求写作规范的毕业设计报告。

实际案例:

轴类零件数控车床加工工艺及编程设计

前　　言

数控编程是将零件的工艺过程、工艺参数、刀具移位量与方向以及其他辅助动作(换刀、冷却、夹紧等),按运动顺序和所用数控机床规定的指令代码及程序格式编成加工程序单(相当于普通机床加工的工艺过程卡),再将程序单中的全部内容记录在控制介质上(如穿孔带、磁带等),然后输给数控装置,从而指挥数控机床加工,最终得到各种机械零件。

设计课题是一个螺纹配合件,通过二维图以及三维图分析得出零件的加工参数和走刀轨迹。通过手工编程从而得到整个零件的加工过程。本次设计内容介绍了数控加工的特点、加工工艺分析以及数控编程的一般步骤。并利用 Pro/E 软件完成零件的三维造型,进行加工轨迹设计,实现加工仿真。利用斯沃仿真软件完成数控仿真加工。利用 CAD/CAM 软件及 G 代码指令进行手工编程。

1. 绪论

本次设计的课题是一个螺栓连接的组合件,该选题能够让我们深入了解机械零件从设计到制造出成品的全过程,对机械行业有一个更深层次的认识。

1.1 数控技术

数控技术和数控装备是制造工业现代化的重要基础。这个基础是否牢固直接影响到一个国家的经济发展和综合国力,关系到一个国家的战略地位。在我国,数控技术与装备的发展亦得到了高度重视,近年来取得了相当大的进步。特别是在通用微机数控领域,以PC平台为基础的国产数控系统,已经走在了世界前列。

数控技术的应用不但给传统制造业带来了革命性的变化,使制造业成为工业化的象征,而且随着数控技术的不断发展和应用领域的扩大,他对国计民生的一些重要行业(IT、汽车、轻工、医疗等)的发展起着越来越重要的作用,因为这些行业所需装备的数字化已是现代发展的大趋势。

……

本次设计内容介绍了数控加工的特点、加工工艺分析以及数控编程的一般步骤,并利用Pro/E软件完成零件的三维造型,进行加工轨迹设计,实现加工仿真。利用斯沃仿真软件完成仿真加工。利用CAD/CAM软件及G代码指令进行手工编程。

1.2 技术途径

数控系统是各类数控装备的核心,因此通过科技创新首先发展具有中国特色的新型数控系统,将是推动数控产业化进程的有效技术途径。

……

目前,PC数控系统的体系结构有2种主要形式:专用数控加PC前端的复合式结构;通用PC加位控卡的递阶式结构。另外还有一种正在发展的数字化分布式结构。

……

2. 毕业设计任务

2.1 课题名称

球头螺纹轴类零件加工工艺及编程

2.2 毕业设计的目的

(1)了解数控机床的基本原理和各部分的功能。

(2)了解数控加工编程的内容和步骤。

(3)掌握数控加工程序的编程结构、格式和典型零件的数控编程方法。

(4)掌握数控机床操作方法,对典型零件进行加工。

(5)能够创建零件的三维模型,并对模型进行模拟加工,自动生成数控代码。

2.3 设计要求

(1)毕业设计过程中要认真学习毕业设计指导书,并按照内容要求进行毕业设计,保证毕业设计进度,按时保质完成毕业设计。

(2)毕业过程中要勤思考、勤问、勤做、勤总结,不断积累编程技巧,提高对数控加工工艺分析和编程能力。

……

2.4 设计任务

(1)零件图工艺分析。

(2)确定加工顺序。

……

2.5 应完成的技术资料

2.5.1 毕业设计说明书

2.5.2 技术资料

3.二维图(略)

4.三维图(略)

5.设计总结(略)

6.参考文献(略)

案例分析:上述案例按照毕业设计报告的格式要求进行写作,内容详尽,层次结构清晰合理,结合设计内容,全文有文字叙述和图表、数据等多种表达方式,将毕业设计的实际情况反映出来,具有较好的效果。

一、毕业设计报告的含义及作用

毕业设计报告是记录毕业设计过程和结果的重要文献资料,是毕业生所写的用来阐释、论证工程技术设计过程、任务、要求及其成果的说明性文书。

毕业设计报告实质上是毕业生的科技论文,是学生获取毕业资格的重要依据。同时,毕业设计报告是对学生所取得的设计、开发与制作等成果的科学表述,反映了学生运用专业知识,分析和解决实际问题,进行科研创新的能力。

二、毕业设计报告的特点

1.科学性

毕业设计本身是一种科研活动,报告的写作是建立在科学严密的设计、论证基础上的,报告的内容具有一定的科学价值。

2.应用性

毕业设计报告是介绍毕业生的设计、开发与制作成果的文字性材料,目的是应用到生产生活实践中,解决实际问题,促进科技发展。

3.专业性

毕业设计报告主要反映某一学科或某一专业的研究成果等信息,专业研究范围明确,专业性特点突出。

三、毕业设计报告的格式与写法

毕业设计报告包括标题、目录、摘要、关键词、正文、致谢、参考文献和附录等部分。

(一)标题

毕业设计报告的标题由设计项目加“设计(说明书)”构成,是对毕业设计最重要内容的简短、明确的概括。标题表述应规范、明确,大致能涵盖报告的内容、设计的项目和学科的范畴等信息。标题不宜过长,一般不超过20个汉字。

(二)目录

目录单独成页,包括毕业设计报告中全部章、节的序号、标题及页码。

(三)摘要

摘要是对毕业设计报告主要内容的提炼与高度概括,主要介绍毕业设计课题的主要内容、特点和结论,一般包括以下内容:毕业设计的背景分析、毕业设计的主要工作内容、设计的思路、设计取得的结果及价值等。

摘要应突出设计所体现的新思路、新观点,简要而完整地表述毕业设计的性质与主题等核心内容。摘要一般不超过300个汉字。根据需要,有时报告中还要附上英文摘要。

(四)关键词

关键词一般列出3~5个,是从毕业设计报告的题目、摘要和正文中选取出来的词汇或术语,能准确表述毕业设计报告的中心内容。关键词便于信息系统汇集与检索。

(五)正文

正文是毕业设计报告的核心内容,包括前言、主体、结束语三部分。

1. 前言

前言一般概括地介绍毕业设计的背景条件或选题的缘由、目的、依据等要素。分析该课题的研究概况、市场现状,简要介绍本项目的设计原理、设计的思路与方法、设计的现实意义以及要解决的问题和实现的手段等内容。

2. 主体

主体是毕业设计报告的主要部分,主要包含设计目标、设计方案论证、技术手段、设计过程、结果分析等内容。

(1)设计目标

阐述本课题前期的调研情况、依循的设计原理及设计目标、设计产品所提供的主要功能及最终能解决的主要问题等。

(2)设计方案论证

主要是对设计方案的分析与确定,根据设计目标,提出不同的设计思路,这一部分可展示作者设计的相关草图,反映完整的构思过程。通过分析、比较及论证,从中确定一种技术先进、经济合理的方案,在此应阐明该方案的可行性。同时采用图文结合的方式详细展示说明完整的设计作品,包括设计细节。

(3)设计综述

结合设计中的具体内容进行归纳总结,阐述较完整的理论观点,主要包括技术手段、设计过程、结果分析等。这一部分内容多采用图纸、数据表格、模型等进行展示,也可适当采用程序界面、关键源程序段,并结合设计任务或研究工作进行说明,反映设计工作的成果内容。

1)技术手段。包括选择、确定的软硬件环境、技术参数、开发工具、核心技术和有关技术参数的计算公式与结果等。对于设计采用的新技术、新方法、新工艺、新材料及其他创新的内容在此应重点突出。

2)工作流程。详述描述设计步骤以及设计思路,详尽准确地说明设计过程中所获得的主要数据、现象、设计方案与原理、实现方法与手段、技术性能与流程等。技术性能包括设计的产品型号、功率等。

3)结果分析。在总结设计结果的基础上,分析说明设计成果所达到的技术指标与技术性能,并对设计的最终结果是否实现了预期的设计目标进行必要的阐述、分析,从而得出相应的结论或推论。

3. 结束语

结束语是对整个毕业设计报告的综述,可总结设计创新成果,也可指出存在的问题,阐述改进思路等建议和设想。

(六)致谢

用简短得体的文字对在毕业设计工作中提供帮助的组织和个人表示感谢。

(七)参考文献

参考文献是设计报告中不可缺少的组成部分,是毕业设计和撰写设计报告过程中参考的主要文献或资料。应按照报告中引用的先后顺序进行规范的罗列。

四、毕业设计报告的写作要求

1)结构严谨规范、重点突出,符合学科与专业的特点和规律。

2)语言表述精练、严密、合乎逻辑。能清晰完整地阐述主要内容和思路,设计中的用语、图形、图片、表格等应规范准确,符合国家标准。

3)内容客观真实、准确完备。能如实地反映毕业设计的具体情况和效益价值。

【例文】

时尚用品网站制作

摘 要

随着网络技术与信息技术的发展,因特网迅速成长。因特网与企业经营活动的结合创造了新的网络经济,使企业的经营活动由传统经营模式转向产品发布、网络营销、商务洽谈、交易管理等的电子化,企业的内部运作、组织管理也发生了深刻的变革,迎来了崭新的电子商务时代!

使用 Dreamweaver 创建设计网页,利用 Dreamweaver 提供的多种网页模板,能快速地创建具有各种布局和功能的网页,为了使网站的网页统一美观,各页都用了与首页相同的网页模板,而网页间的转换运用了网页过渡效果,网页内的功能按钮运用了动态 HTML 效果,还在页眉插入了滚动字幕,使网页有了动起来的感觉。网页间用了超链接技术,网页的查看、转换和更新就更快了。

关键词:ASP　ACCESS HTML　动态网页

前 言

近年来,Internet 技术迅速发展,已经成为计算机产业的一个技术热点。随着 Internet 技术的发展,它已经成为一种操作平台,为用户提供强大的服务,例如电子商务、社会信息数据库服务等。

第1章　网站设计构思

1.1　项目背景

随着信息技术在国际贸易和商业领域的广泛应用，利用计算机技术、网络通信技术和Internet来实现商务活动的国际化、信息化和无纸化，已成为各国商务发展的一大趋势。电子商务(Electronic Commerce)正是为了适应这种以全球为市场的变化而出现和发展起来的。它可以使销售商与供应商更紧密地联系起来，以更快地满足客户的需求，也可以让商家在全球范围内选择最佳供应商，在全球市场上销售产品。电子商务基于网络技术，网络技术提供了实现电子商务的技术平台，而电子商务是网络技术的最新应用和最终目的。

1.2　研究意义

作为一种现代商务模式，电子商务利用计算机网络检索和获取信息，对个人和公司提供决策服务，满足了组织、商家和客户的需求，减少了用于改善货物和服务质量的投入，加快了商品交易的速度。在过去的几年里，随着Internet的迅速发展，通过网络使在家庭办公的个人用户也积极投入到了电子商务中。由于激烈的市场竞争和对成本的关注，大量企业正在改进原有的电子商务系统来支持新兴的网络经济。

1.3　建设目标

网上购物系统电子商务系统目标如下：(1) 能让消费者浏览想查找的产品，通过注册能够在网上进行交易；(2) 有一定的安全性、隐秘性，各个模块要相对透明，在对不同模块进行修改时不会对系统造成损害，能方便地进行模块组装等；(3) 实现不同的登录者用不同浏览器可以访问的目的，并且能交互地解决一些具体的问题。

第2章　网站的设计介绍

2.1　网站的设计目标

本平台是利用现在比较广泛的ASP + Access数据库的架构实现的，进行系统分析，为将来进一步的实施打下一个坚实的技术基础。本平台将投入到实际的试运行之中，进行测试，如果测试满意的话，将进行平台的完善开发，从而实现信息化、规范化、系统化、网络化的平台，具有较好的适应性和推广性。

此系统前台管理是友好的操作界面，供用户浏览、查询使用，包括浏览商品、订购商品、购物车、用户注册等功能。

2.2　网站结构分析图

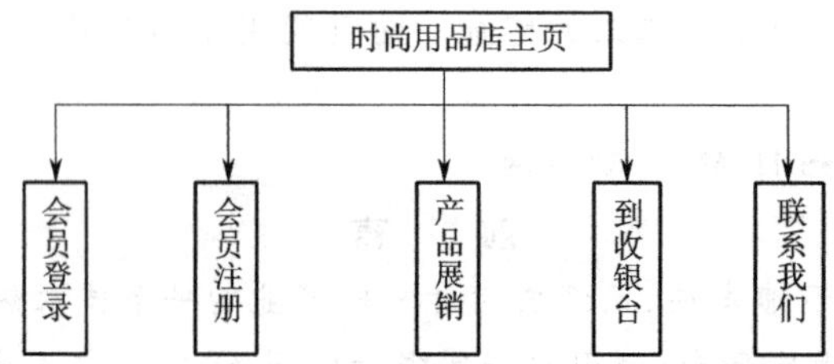

2.3　网站详细设计

2.3.1　主页(index.asp)

设计主页页面时要注意给人一种舒服、自然的感觉，不要太多的广告，图片不要太大，避免影响页面的运行时间，色彩要和谐，不能太复杂，主页是整个网站的灵魂，成功的主页占网站成功的一半。效果图如下：

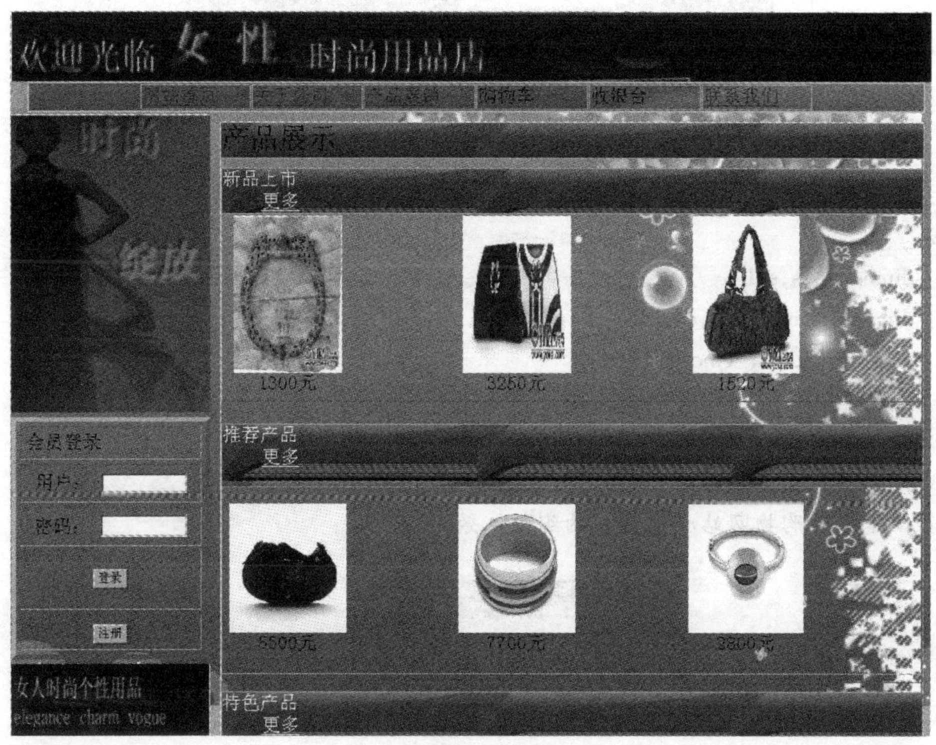

主页中是通过以下的代码直接从数据库商品表(itemi)中读取商品信息显示到主页中去的。

```
<%
    setrs = server. createobject("adodb. recordset")
    rs. open "select Top 8 * from shop _ books where newsbook = 1 order by
    itemi desc",conn,1,1 if rs. recordcount = 0 then
    response. write "< tr > < td >   暂无新品 < /td > < /tr >"
    else
    while notrs. eof
% >
```

2.3.2　注册页面(register. html)

注册页面的作用是注册新的会员，所有的注册信息都自动保存到数据库中的注册信息表中去。效果图如下：

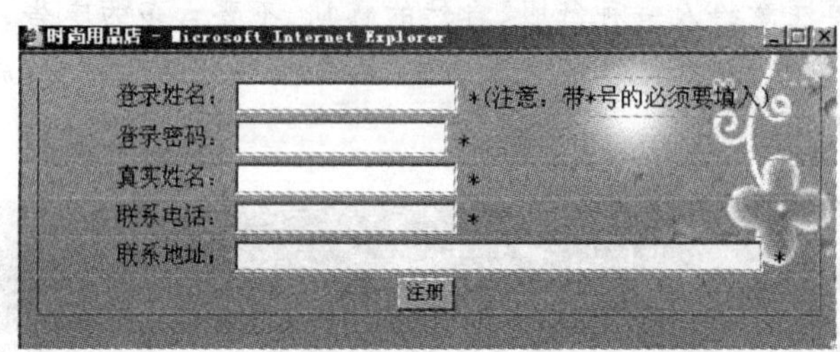

其主要的代码如下：

```
<%
    dimconn,rs,sql
    dimcmc,cmm,cxm,cp,cd
    cmc = Request("cmc")
……
```

通过这些代码，系统会自动把信息插入到会员表中去。

2.3.3　购物车页面(lookbuy. asp)

购物车是每个购物网站必须具备的组件。效果图如下：

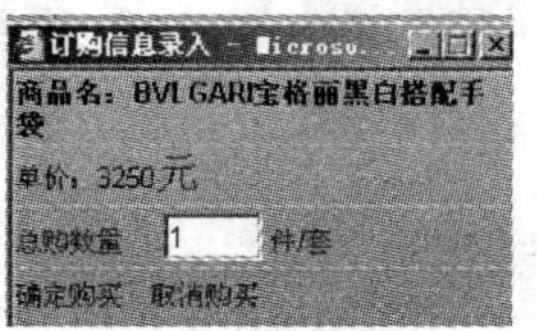

收银结算主要代码如下：

```
dimoid,cd,username,cxm,charge
dimconn,rs,sql
dimexist,haveinsert
dimobjBasket,boughtItem,thisItemArrqy,sqlstr
dimitemid,jiaqen,ordersum,orderto,itemi
Set conn = Server. CreateObject("ADODB. Connection")
   conn. Open("DSN = sj")
   ……
```

第3章　网站数据库设计

3.1　数据库的分析

网上购物系统的主要对象是用户，所以必须建立用户表，包括用户的基本信息情况；用户的主要活动是对商品的购买，所以必须建立商品信息表；用户对商品的购买，选择所要的商品，首先得对商品进行搜索，所以我们把商品进行分类，进行大类和小类的划分，建立商品类别表和商品类别细分表；最后用户提交订单，建立订单表。

经过分析，此数据库主要包含以下信息。

itemi：商品表，所有的商品信息（图片、简介等）信息都在这个表中，结构如下图：

itemi：表

字段名称	数据类型	
itemid	自动编号	货品ID号
itemr	文本	货品品名
itemmc	文本	货品注册商标名
itemlx	文本	货品类属
iteminte	文本	货品简单
img	文本	货品图片相对路径
jiaqen	数字	货品单价
itemp	备注	货品参数

ci：注册用户信息表，所有的会员注册的信息都保存在这个表中，结构如下图：

ci：表

字段名称	数据类型	
cuid	自动编号	会员ID号
cmc	文本	会员登录名
cmm	文本	会员密码
cxm	文本	会员真实姓名
cp	文本	会员电话
cd	文本	会员地址

ordcrl：购物车和订单表，用户购买的商品都存放在这个表中，结构如下图：

orderl：表

字段名称	数据类型	
[illegible]	自动编号	订单ID号
oid	数字	订单编号
cuid	数字	会员ID号
itemi	数字	货品ID号
jiagen	数字	货品单价
ordersum	数字	订购数量
orderto	数字	订单总计

其他的表的设计都大同小异。

3.2　数据库逻辑结构设计

数据库设计要遵循一些规则，一个好的数据库满足一些严格的约束和要求。尽量分离各实体对应的表，一个实体对应一个表，搞清楚该实体有哪些属性，对应些什么字段以及各实体之间有何种联系。实体、属性与联系是进行概念设计时要考虑的3个元素，也是一个好的数据库设计的核心。从实际出发，经过仔细地设计，得到各表的结构。

第四章　全文总结

在本网站的开发过程中，由于本人是初次开发电子商务网站，在知识、经验方面都存在着不足。另外，在整个开发的过程中，时间也比较仓促。因此，该网站必然会存在一些缺陷和不足。因为对电子商务业务的整个流程不够熟悉，在需求分析时未能做到完全满足用户的需求。虽然简单的电子商务网站的应用不是很多，但是未来的发展方向，在本次开发过程由于硬件的限制，未能进行真正的网络测试，因此在以后的网站更新或运行过程中可能会造成一些不必要的不稳定。

参考文献（略）

第五节　毕业论文

知识目标：了解毕业论文的文种知识。

掌握毕业论文的结构，理解并掌握科技论文的选题原则和写作要求。

能力目标：能按要求写出合格的毕业论文。

实际案例：

试论建筑设计与地域文化的融合

【摘要】 建筑文化是人类社会历史实践过程中创造的建筑物质和建筑精神财富的总和。本文在阐述地域文化内涵和分析建筑文化地域性的形成与表现的基础上，提出了建设设计与地域文化融合的一些新的见解，以期对促进我国地域文化与建筑设计的融合，从而为体现建筑艺术的个性化提供指导和参考。

【关键词】 建筑设计　地域文化　融合

建筑文化是人类社会历史实践过程中创造的建筑物质和建筑精神财富的总和；它是在一定的历史时期，在政治、经济、文化等社会条件和地理、自然条件构成的文化环境中产生的；这样的文化环境，是由社会与自然整体构成的。在不同的地域之间，由于社会发展的不平衡以及自然条件的不同，而呈现出地域建筑文化的差异。

一、建筑文化地域性的形成及其表现

作为人与自然中介的建筑设计，同样要受到各种地域文化的限制与制约，为适应不同的地域气候，必须针对气候进行建筑设计，于是产生了热带雨林建筑及其建筑文化，温带建筑及其建筑文化，高寒、荒漠、极地等不同气候环境的建筑及其建筑文化。因此，为了适应不同地域文化的要求，在建筑设计中，自然就必须考虑地域文化的要求，将各种地域文化因素融入建筑设计中，并最终形成了建筑文化的地域性。

具体而言，建筑设计与地域文化相互融合而产生的地域性的建筑文化，主要体现在物质文化与非物质文化两大层面。

（一）物质层面的建筑地域文化。物质层面的建筑地域文化，主要体现在物理环境的地域性和建筑材料的地域性两方面。

1. 在物理环境的地域文化上，为适应不同区域的物理环境，需应用不同的建筑物理学。高纬度地区需保暖，光辐射强烈的地方需遮阳，温湿地区要防潮通风，雪压大的地区要防积雪，多雨地区应注意排水，多沙地区要防沙暴，多地震地区特别要注意防震等。我国幅员辽阔，南方和北方纬度差别大，气候差异也非常明显，造成了各地建筑设计的差异，从而产生了不同特色的建筑文化。

2. 在建筑材料的地域文化性方面，建筑设计必须充分考虑建设材料地域性的影响。建筑用材多，体积庞大，运输困难，所占造价比重甚大，因此必须就地取材，就近采集和生产，并最大限度地发挥材料力学、美学的特长。产石地区多石构，生土地区有土筑窑洞，产木的地区用木构，产竹地区有竹楼，这些都是建筑设计在建筑材料地域文化的充分体现。

（二）非物质层面的建筑地域文化。建筑文化的地域差异性，除了表现在物质层面外，还表现在各种地域性的意识形态、地域性的人文习俗等非物质层面。首先，不同文化模式下的人类机体的建筑尺度和建筑风格也表现出某些差别，这是建筑文化地域性的民族性或国家性之缘。其次，各个在民族或国家内部，都存在着一定地方界限的社会生活联系与规则。这种地域性的界限一方面联系着种种经济、政治及宗教性质的公私活动，形成了与建筑文化相互关联的规则、法律、习惯、规范、道德、情操、宇宙观等，另一方面，在不断的联系交往中也沉淀下了各个地区的地域性文化，并反映在地域性的建设文化上。再次，由于礼制的不同，各个地域会出现不同的礼制文化与礼制建筑。宗教信仰的不同，就会产生不同的宗教建筑，如西方的教堂、中国的庙宇，如欧洲史前的圆环巨石建筑等。最后，由于风俗习惯的差异，建筑文化与建筑活动也必然会产生差异，最终形成地域性的建筑文化。如我国各个地区不同的家庭习惯、村规民俗对宅区、村镇建设的影响就非常典型。

综上所述，建筑地域文化的非物质基因表现为人们通过不同仪式化行为和标志边界等各种方法将文化意义赋予场所和行为。

二、建筑设计与地域文化有机融合的途径与方式

从上述分析可以看出，文化是根，在建筑设计领域同样如此。这就要求在建筑设计中要有意识地从文化入手，寻求建筑设计与地域文化的有机融合。为此，建筑设计师在建筑设计的过程中，应从如下几方面做起。

（一）在建筑设计时要充分考虑当地环境和当地材料等硬件性物质文化对建设设计的影响与要求。为此，建筑设计师在进行建筑设计时，要尊重当地的地理特征和生态环境，充分考虑与环境相融合，使建筑成为环境的一分子，找寻天人合一的惬意。同时，还要灵活地运用当地的地方性材料，使得所设计出来的建筑风格一方面能本着节俭节约的原则，另一方面也能够充分体现出地方特色来，使地域文化在建筑设计中得以充分释放与发扬。

（二）在建筑设计时将当地的人文、风俗、生活习惯、地域特色等软文化要求，与建筑设计进行有机融合。比如，川西地区传统的养生休闲文化，使人们乐于找寻并享用幽雅的生态环境，成都人潜意识中大多具有盆地意识，小富即安，安逸自在，喜欢循规蹈矩的生活，上班、下班、菜市场、茶馆、回家，几点一线，周末假日闲暇时到附近休闲放松，有滋有味，其乐融融，也是明显的地域文化特点。因此，在建筑设计中就要体现出文化背景设计构思感受体验这一过程，使人们在建筑中亦能享受到当地生活风情的文化习俗。

（三）在吸收与借鉴西方文化的基础上，将西方文化元素融入地域文化中，并体现在建筑设计中，最终在建筑设计中体现对地域文化的继承与发展。要保持建筑文化的民族性，继承发扬优秀的地域文化传统，就存在一个正确对待西方文化的问题，西方文化是在当前网络信息时代无法回避的文化环境，它影响改变着人们的生活模式、思维模式。为此，建筑设计与地域文化的融合，并不代表我们要排斥外来的优秀文化。相反，在建筑设计中建筑设计师要有意识地汲取西方先进文化的精神、利用它的科技性，使地域文化上一个台阶，发出新枝新芽，即在发扬自己本土文化的基础上，利用地域文化优势、吸收外域文化精华，滋养自己，使地域建筑文化在跟上时代的发展步伐的同时，又不失去自己的精华。为此，建筑设计师在进行建筑创作的创意过程中，可遵循这样的流程：在现有文化的整体感觉中寻找灵感；在历史文化与地域文化的积淀中寻找胚芽；在建筑文化的民族性及地域性中寻找芽蘖；利用当代科技手段及科技观念拓展

建筑设计空间的前瞻性。

【参考文献】

[1]王升. 建筑文化的地域性[J]. 安徽建筑,2006(2).

[2]应方德. 地域文化与地方志[J]. 探索 创新 发展,2000.

……

案例分析:这篇毕业论文是关于建筑设计类的专业论文。论文研究和探讨的问题是“建筑设计与地域文化的融合”,选题新颖。论文标题、关键词、摘要、正文、参考文献、目录齐全,结构完整。引言简单,点明研究内容和主旨,正文采用横式结构,首先介绍了建筑文化的地域性,接着分析了建筑设计与地域文化融合的途径,条理清晰,分析充分、有力。

一、毕业论文的含义

毕业论文又称学位论文,是高等教育毕业生在学业完成前写作并提交的论文,内容主要是运用在校学习的基本知识和基础理论,分析、解决专业领域的实际问题,也是学生在校学习期间学习成果的综合性总结,是整个教学活动中不可缺少的重要环节。撰写毕业论文对于培养学生初步的科学研究能力,提高其综合运用所学知识分析问题、解决问题能力有着重要意义。

二、毕业论文的分类

1）按学科总体门类划分,可分为社会科学论文和自然科学论文。

2）按不同教育层次划分,毕业论文一般包括专科毕业论文、本科毕业论文(学士学位论文)、硕士研究生毕业论文(硕士学位论文)、博士研究生毕业论文(博士学位论文)等。

三、毕业论文的特点

1. 专业性

毕业论文是作者对自己所学专业的研究成果,是一定专业领域的理论阐述,不仅体现作者的专业水平和素质,还能反映作者的思维能力、分析和解决问题的能力以及文字表达能力。

2. 学术性

毕业论文是从客观实际出发,运用专业知识对一些现象和问题进行观察、分析,找出规律,得出结论。同时,在分析与论证中强调严密的逻辑性。

3. 创新性

毕业论文是对毕业生的知识学习的总结,应是独立完成的,而且是在借鉴现有理论、资料基础上的独立思考,而不是重复已有的研究成果。

四、毕业论文的格式与写法

毕业论文的写作,一般包括选题、拟写提纲和撰写三个步骤。

(一)毕业论文的选题

毕业论文的选题在一定程度上决定论文的价值,题目有意义,论文的内容和价值也就有了一定保证。

毕业论文的选题原则如下。

1)选择自己感兴趣,有把握的题目。毕业生在选题的过程中其实已经对要写的论文有了深入的思考和了解,构建起大体的框架。所以,一定要根据自己的能力选择切实可行的课题,只有这样,才能通过分析论证,真正发现和解决问题。

2)选择有现实意义、易于发挥效用的题目。毕业论文的选题,必须能将理论与实际紧密结合。选择符合研究方向、新颖、有创新、有理论价值、对现实具有指导意义或推动作用的课题。如《地热资源的开发与应用》结合社会发展热点或焦点问题进行研究写作,对现实有推动意义。

3)选择在学术上有探讨价值的课题。许多毕业生在选题时容易出现纰漏,所选题目言之无物,无法在深度和高度上有所突破,从而制约了写作思路。因此,应在广泛积累资料的基础上,选择有学术价值的课题。

4)选择与今后就业岗位相关的课题。课题的选择,应能发挥自己的业务专长,同时能有助于今后的从业。如《德国会展营销模式对我国的启发》《关于旅游新业态的思考》等,对于旅游管理类的毕业生来说,上述题目就能较好地发挥专业优势。

(二)拟写论文提纲

毕业论文的内容与结构都较复杂,在选定题目之后,应拟写论文提纲,以确定论文主要思路和框架。其实,拟写提纲的过程也是作者综合相关知识储备构思的过程,在这一阶段,论文的主题、各层次结构和支撑材料等都会初现轮廓,为下一步正式写作打好基础。论文提纲无固定的格式,根据自己的习惯和论文内容的需要将相关要点整理清晰即可。

(三)毕业论文的格式与写作

《科学技术报告、学位论文和学术论文的编写格式》对论文的编写格式规定由前置、主体、附录、结尾四部分构成。在四个部分中,作为论文编写的基本格式项目为前置部分和主体部分。

1. 前置部分

各高等院校根据实际情况,对论文的前置部分制定了相关的规定格式,学生只需根据其规定填写相关的内容即可。但前置部分中必不可少的项目有标题、作者及工作单位、摘要、关键词。

(1)论文题目

题目是对作者的写作意图、文章的主旨的体现,一般用简短精练的语句概括文章的主要内容,揭示课题的实质,表露作者的观点。有时,可以加上副标题,对总标题加以补充、解说,点明论文的研究对象、研究范围、研究目的等。如《建设和谐校园——以……为例浅谈大学校园文化建设》等。

(2)论文摘要

论文摘要概括地反映出本论文的主要观点和内容,说明本论文的研究目的、内容、方法、研究成果和结论。一般简要地叙述课题研究的成果(数据、看法、意见、结论等),对于本论文的创新性成果或新见解应注意突出。语言应精练准确,字数在二三百字。

(3)关键词

关键词是在论文的题目和正文内容中摘出的,标示论文性质或主要内容的词语,主要是便于在信息系统中进行管理和查询。关键词一般列3~5个。

(4)目录

论文目录是论文的提纲,也是论文各章节组成部分的小标题。目录一般放置在论文正文的前面,因而是论文的导读图。目录的设置应与全文的纲目一一对应,将文章的各项内容在目录中准确清晰地反映出来,并标注清楚无误的页码。

2. 主体部分

主体部分包括引言、正文、结论、致谢、参考文献、附录等。

(1)引言

引言又称前言、引言、引论等,是毕业论文主体部分的开端,不同于摘要。言简意赅地说明研究理由、方法、结果等,评述本课题国内外研究现状和相关领域中已有的研究成果,介绍本项研究工作的背景条件、理论依据和实验基础以及该论文所解决的问题及意义等。明确、具体地提出问题是引言的核心部分。

(2)正文

正文是毕业论文的主体和核心,是展开论题、表达作者个人研究成果的部分。不同学科专业和不同的选题可以有不同的写作方式。

正文应深入分析,充分论证该课题要研究的问题,全面、详尽地表述课题研究成果。如果正文部分内容较多,应注意各层次之间的内在逻辑性。

(3)结论

毕业论文的结论是整篇论文的最终和总体的结论,应包括下述内容:课题研究结果,本文研究的不足之处或遗留的问题,解决这些问题的建议等。其中研究的创造性成果及其在本研究领域中的意义是课题研究的核心,应着重阐述。结论部分应简要、具体、明确,使读者能明确了解课题研究的独到之处。

论文主体以上三部分内容要首尾呼应,形成一个严谨、完整的逻辑构成。

(4)致谢

致谢语句可以放在正文后,主要感谢导师和对论文工作有直接贡献及帮助的人士和单位。

(5)参考文献

对引用的他人成果应按在文中出现的先后次序列于参考文献中,指明引用资料出处,便于检索。参考文献的罗列既体现了作者严谨、求实的科学态度,同时也是对前人的科学成果表示尊重。

(6)附录

一些不宜放入正文中,但作为毕业论文又是不可缺少的部分,或有重要参考价值的内容,可加在毕业论文附录中。例如调查问卷原件、数据、图表及其说明等。

五、毕业论文的写作要求

1. 注意论文的学术理论性

毕业论文的写作,要有一定的理论性,要运用科学的原理和方法,对专业领域的某一问题进行阐述、说明与论证,以揭示事物内在本质和发展变化的规律。在写作时,不能仅是现象的描述,而应善于从理论的角度、逻辑的角度、实践的角度,多角度地进行分析和讨论。在分析和论证中,可以沿用一些理论与说法,侧重于理论分析与论证,突出专业学科特点。

2. 格式内容规范

毕业论文的写作一定要遵循规定的格式要求,论文的各要素要符合规范,合理安排标题、摘要、关键词、正文、参考文献、注释和附录等内容。

3. 观点材料新颖

毕业论文是在广泛占有材料的基础上完成的,但并不是对已有成果、观点的照搬。因此,在论文的构思与写作过程中,应注重独立思考,发现别人没有发现的内容。同时,科学研究讲求创新,应充分占有资料,在课题及观点的创新性方面有所突破。

【例文】

电子商务对企业经营管理的影响

【摘 要】电子商务时代,顾客已不再作为一个整体因素而被考虑,而是一个主动的个体,是企业生产系统的一部分。与传统企业经营管理相比,电子商务下的企业经营管理具有鲜明的特色和创新性。本文通过对电子商务对企业经营管理产生的影响进行探讨,希望能起到抛砖引玉的作用。

【关键词】电子商务 企业经营 影响

随着电子商务魅力的日渐显露,虚拟银行、虚拟企业、网络营销、网上购物、网上支付等一大批前所未闻的新词汇正在为人们所熟悉和认同,这些词汇同时从另一个侧面反映了电子商务对社会和经济产生的影响,也就是电子商务在改变人们的生活,电子商务对传统企业产生了极大的影响。本文分析了电子商务对传统企业的采购方式、生产运作方式、营销方式和客户服务等方面所产生的影响。通过电子商务对传统企业所产生的影响分析,让我们更深刻地认识电子商务的作用,使传统企业和电子商务的优势恰当地结合起来,提升传统企业的综合竞争力。

一、电子商务对企业采购带来的影响

我国大部分传统企业仍以订货会、供需见面会等为采购原材料的主要方法,由此而花费大量的人、财、物力,而电子商务恰好可以弥补这方面的不足,成为减少企业采购成本支出的一种有效途径。电子商务的发展,使企业之间的竞争不再取决于企业所实际占有的资源多少,而取决于企业可控制运用的资源多寡。因此,企业必须利用外部资源尤其要发挥好网络的作用,通过互联网使自己与合作伙伴、供应商互通互连,做到信息资源实时共享,最大限度地提高运作效率,降低采购成本。

现在,已经有一些企业通过商业增值网使用电子数据交换建立一体化的电子采购系统。海尔集团搭建一个面对供应商的采购平台,降低了采购成本、优化了分供方,而且这个平台建设成为一个公用的平台,为海尔创造了一个新的利润源泉。海尔跨越企业的界限与供应商建立协同合作的关系,在采购平台上实现网上招标、投标、供应商自我维护、订单状态跟踪等业务过程,把海尔与供应商紧密联系在一起。通过海尔的电子商务采购平台,海尔与供应商建立起了良好的、紧密的、新型的动态企业联盟,达到双赢的目标,提高了双方的市场竞争力。

二、电子商务对企业生产加工过程带来的影响

在传统的生产管理中,存在着许多问题。由于一个企业生产的产品品种繁多,批量变化较大,为了及时生产出合格的产品就必须采用各种方法解决生产中存在的问题。早期一般采用

监视库存的方法，一旦库存降低，就重新订货，以保证不间断地生产。这种方法在企业生产较为复杂的情况下，常常造成库存占用过高，资金利用率较低。电子商务对企业的生产运作方式、生产周期、库存等都会带来巨大的影响。例如，美国DELL公司为客户量身定做不同要求的PC机取得巨大的成功就是一个很好的典范。该公司产品57%在网上销售，即先收取顾客的钱，再组织生产，因而实现了零库存。

三、电子商务给企业销售带来的影响

电子商务可以降低企业的销售成本，网上销售突破了时间与空间的限制，增强了企业利用互联网展示产品及服务的优势，具体表现在如下几个方面。

第一，电子商务可以降低企业的交易成本。电子商务模式主要是通过互联网进行广告宣传及市场调查，构筑遍及全球的营销网络，改变了市场准入及品牌定位等规则，建立起无中介的销售渠道。互联网络渠道可以避开传统销售渠道中批发、零售等中间环节，使生产商与消费者直接接触，生产商可不通过零售商而最终完成商品流通过程，既降低了流通费用和交易费用，又加快了信息流动速度。

第二，突破了时间与空间的限制。传统经营模式通过各种媒体做广告，需要对复杂的销售渠道进行管理，并且目标市场受到地域的限制，这是一种销售方处于主导地位的强势营销，而电子商务环境下的网络营销是一种主动方在于客户的软营销。

由于受到地域的限制，传统企业所面对的市场是有限的，而利用互联网进行商务活动则是企业直接面向市场，在网上展开的营销活动，面对的就是全球市场，能够针对全世界每一个客户，电子商务就成为企业最好的国际交易平台。某书店17%的订单来自海外，这在过去是不可想象的，在北京开书店，不可能有17%的书卖给外国人。网上的业务也可开展到传统销售和广告促销方式所达不到的市场范围，为企业赢得更多的潜在客户。

第三，全方位展示产品，促使顾客理性购买。从理论上说，顾客理性地购买，既能够提高自己的消费效用，又能够节约社会资源。网上销售可以利用网上多媒体的性能，全方位展示商品功能的内部结构，企业通过网络展示商品的质量、性能、价格及付款条件等，从而有助于消费者完全地认识了商品及服务后，各取所需，发出订单，再去购买它。

四、电子商务对企业客户服务的影响

企业内部的一切努力，开发新产品，提高生产效率和产品质量，以及降低消耗等，都依靠顾客的购买而取得实际成效，因此，客户是企业最重要的资源。不断了解顾客需求，不断对产品及服务进行改进，满足顾客的需求，提高客户满意度和忠诚度是企业能否在市场上立足的关键。电子商务对企业客户服务的影响主要体现在以下几个方面。

第一，电子商务使企业与客户之间产生一种互动的关系，极大地改善客户服务质量。通过互联网，企业与客户之间的双向交流是非常容易的。同时，企业可以利用先进的信息技术，正确分析客户的需求，提供服务，从而能够在最大范围内抓住客户，提高客户的忠诚度。

第二，密切用户关系，加深用户了解，改善售后服务。由于Internet的实时互动式沟通，以及没有任何外界因素干扰，使得产品及服务的消费者更易表达出自己对产品及服务的评价，这种评价一方面使企业可以更深入了解用户的内在需求，及时了解市场动态，调整企业产品结构；另一方面企业的即时互动式沟通，可提高企业的售后服务水平，改进客户的满意程度，促进了双方的密切关系。

第三，促使企业引入更先进的客户服务系统，从而提升客户服务。在电子商务的基础上，企业可以建立客户智能管理系统，企业通过它收集和分析市场、销售、服务和整个企业的各类信息，对客户进行全方位了解，从而理顺企业资源与客户需求之间的关系，提高客户满意度并减少客户变节的可能性。同时，通过获取并分析与客户所有的交往历史，从整个企业的角度认识客户，达到全局性销售预测目的，从而增加获利能力。

【参考文献】（略）

写作训练

1. 请选择一款你熟悉的产品，为其设计一份产品说明书。要求格式完整、正确，语言清楚、流畅。

2. 试结合自己所学专业，写一篇毕业论文。要求内容完整、要素齐全、格式规范。

第七章 诉讼文书写作

第一节 概述

知识目标：了解诉讼文书的使用程序。

掌握起诉状、上诉状、申诉状和答辩状等诉讼文书的写作方法和写作要求。

能力目标：能根据实际需要写作比较规范的起诉状、上诉状、申诉状和答辩状等诉讼文书。

一、诉讼文书的概念

诉讼文书是指公检法机关及公民、法人和其他社会组织在诉讼活动中依法制作的具有法律效力或法律意义的文书的总称。

我们通常所说的司法文书，包括诉讼文书和非诉讼文书，相对于诉讼文书，非诉讼文书则是指在非诉讼活动中产生的具有法律效力或法律意义的文书。而一般意义上的法律文书，包括司法文书和法律法规，是指具有法律效力或法律意义的文书的总称。

诉讼文书的适用范围是具体明确的，而本章所讲的是指公民、法人、其他社会组织或其法定代理人为维护自己的合法权益向法院提交的诉讼文书，主要包括起诉状、上诉状、申诉状和答辩状。

二、诉讼文书的特点

（一）制作的合法性

诉讼文书是诉讼活动的一个重要环节和内容，制作诉讼文书必须符合法律尤其是诉讼法的规定。一是制作主体的合法性，诉讼文书的制作主体必须合乎法律的规定，否则就不具备法律效力或法律意义，如本章所讲的起诉状、上诉状、申诉状和答辩状，其制作主体只能是通过诉讼活动维护自己合法权益的公民、法人、其他社会组织或其法定代理人。二是制作内容的法定性，公民、法人、其他社会组织或其法定代理人在起诉、上诉、申诉或答辩文书中内容要符合法律规定，如诉讼请求，不仅诉讼请求的根据必须在法律上是存在的，而且诉讼请求本身（如赔偿损失、没收财产、判处徒刑等）也是法律上所允许的。三是使用程序的合法性，诉讼必须按照法律预先确立的具体程序进行，诉讼文书在提交和使用上必须合乎法律的规定，无论是提交的对象、提交的时限，还是在诉讼活动中发挥的作用，都要符合程序法的要求。

（二）程式的规范性

诉讼文书的制作有规范的程式，无论是基本格式，还是写作方法，都有规范性的要求，这保证了诉讼文书在诉讼活动中准确地发挥作用，体现了诉讼文书明显的程序化特征。

（三）内容的客观性

诉讼文书的内容必须客观真实，无论是叙述案情，还是列举证据，都要实事求是，准确地揭示案件的本来面貌，准确表达案件关键部分的事实，这样才能保证人民法院在事实和相关证据的基础上，公正合理地审理案件。

（四）语言的准确性

诉讼文书作为诉讼活动中产生的具有法律效力或法律意义的文书，对语言的要求非常严格，无论是公民、法人、其他社会组织或其法定代理人为维护自己的合法权益向法院提交的诉讼文书，还是审判机关作出的判决、裁定文书，语言表述必须与法律的精神相一致，必须与法律规定的提法相同，对事实的叙述、证据的列举、理由的阐述，力求做到准确简练无歧义，模糊含混是诉讼文书语言之大忌，滥用修辞手法、文言语体及反问、设问、疑问、感叹等加强语气和感情色彩的句式也不符合诉讼文书语言的要求。

三、诉讼文书的作用

（一）是公民、法人、其他社会组织维护自己合法权益的重要工具

公民、法人或其他社会组织在自己的合法权益受到侵害时，当调解与仲裁等其他手段无法解决，诉讼就成为一种合法的、最有效的、也是最终的解决手段，当事人就可以通过起诉状、上诉状、申诉状或答辩状等诉讼文书进入诉讼程序，努力维护自己的合法权益。

（二）是法律严肃性和公正性的重要体现

诉讼活动是法律实施，体现法律严肃性和公正性的活动，诉讼文书是法律实施的重要依据，尤其是审判机关的裁决文书，更是“以法律为准绳”，体现着法律的规范性、权威性和公正性。

（三）是诉讼活动的重要标志和组成部分

诉讼活动的整个过程都离不开诉讼文书，没有诉讼文书，诉讼活动无法有效进行，起诉、应诉、上诉、裁决以至执行，无一能离开相应的诉讼文书。没有起诉状、上诉状、申诉状，无法启动诉讼程序，没有裁判文书，诉讼活动就没有结果，达不到诉讼的目的。所以诉讼文书是诉讼活动的重要标志和组成部分。

（四）是反映诉讼活动公正性、合法性的必备记录

诉讼文书真实地记录了从起诉到裁决直至执行的全过程，从整个诉讼活动中所涉及的诉讼文书可以反映出诉讼活动的合法性与公正性。所以，诉讼文书既是诉讼活动的必备记录，也为有关机关进行法律监督提供了可靠的依据。

四、诉讼文书的写作要求

1）严格按照“以事实为基础，以法律为准绳”的原则，保证诉讼文书的客观性、准确性和合法性，做到事实要客观准确，证据要真实充足，理由要充分有力，引用法律要正确适用，诉讼请

求要合理合法。

2)严格按照诉讼文书规范的写作程式,保证诉讼文书在诉讼活动中准确地发挥作用。

3)语言必须准确、客观。表述不能随意,叙述事实不能模糊,不能带有强烈的主观情绪。如当事人信息和在诉讼活动中的法律地位,都要全面准确,不能想当然,当事人的基本情况,应严格按照法律规定的要素写,不能随意增减,当事人的身份要素要按照法律规定的顺序写,不要随意颠倒;叙述事实,尤其是关键点,要注意概念的准确性,如果出现模糊概念或概念前后不一,甚至语义有歧义,都会造成不利局面;而感情用事,主观臆断,牵强附会,同样不利于达到自己的诉讼请求。

4)内容要富有逻辑性。叙述事实要抓住重点、焦点,既要让法官了解案件全貌,更要让法官了解案件实质;诉讼请求要紧扣事实和理由,叙述事实和列举证据要有机结合,阐述理由要以事实和法律为依据,不能空发议论,有针对性地引用有关法律法规,论定案件实质,指出对方应负的责任和己方应享有的权利,为诉讼请求提供可靠而充分的依据。

5)制作诉讼文书,要符合相应的文书种类法律规定的提交时限。

第二节　起诉状

知识目标:了解起诉状的使用程序。

掌握起诉状的写作格式、写作方法和写作要求。

能力目标:能根据需要写作比较规范的起诉状。

实际案例:

民事起诉状

原告:郑××,男,××岁,汉族,住所地:××省××市××区

电话:×××××××××

被告:刘××,男,××岁,汉族,住所地:××市××区××路

电话:×××××××××

案由:租赁合同纠纷

诉讼请求:

1. 判令被告立即腾出所租赁的房屋

2. 判令被告支付违约金×××元整

3. 判令被告承担诉讼费用

事实与理由:

2009年2月××日,原告与被告签订了《房屋租赁合同》,因双方对有关约定事项发生异议,于是经双方协商,在2010年××月初,对原合同有关条款进行了修改,重新签订了《房屋租赁合同》,原合同作废并已销毁。被告在合同履行期间,违反《房屋租赁合同》第十条第7款(即乙方保证承租甲方的房屋为无明火商业用房使用,遵守中华人民共和国法规和政府相关规定,合法经营。因乙方违法经营而给甲方造成的连带损失,甲方有权收回房屋并不退还押

金，由此给甲方造成的损失由乙方负责赔偿。）和第十一条第一款第一项（即租赁期间，乙方有下列行为之一，甲方有权终止合同，收回该房屋，乙方应按照合同总租金的10% 向甲方支付违约金。A：改变本合同规定的租赁用途或利用该房屋进行违法经营的。）的约定，使用明火和进行无照违法经营。2010 年 2 月 ××日，原告向被告送达了《告知书》，要求被告停止使用煤气罐，被告不予理睬，拒不接受。2010 年 3 月 ××号，物业向被告送达了《通知函》，要求被告停止使用煤气罐，被告仍然不予理睬，拒不接受。

被告的行为严重违反了双方的协议约定，损害了原告的合法权益，为了维护原告的合法利益不受侵害，起诉至贵院，恳请贵院能依法维护原告的合法权益，维护法律的权威性和严肃性。

此致

××市××区人民法院

起诉人：郑××

二〇一一年八月××日

附：本诉状副本一份

证据材料五份

案例分析：这是一份关于房屋租赁合同纠纷的民事起诉状。合同纠纷包括房屋租赁合同纠纷，生活中时有发生。本状中所涉及的纠纷并不复杂，被告在房屋使用上有明显违约行为，且拒不接受原告和物业要其改正的合理要求，最后只有通过诉讼来解决纠纷。本状诉讼请求明确具体，合理合法；事实陈述，能抓住纠纷的焦点，简明清楚，证据列举有力，理由充分，逻辑性强，为诉讼请求提供了坚实的事实和法律上的依据，是一份比较规范的民事起诉状，对大学毕业生，尤其是许多需要租赁房屋的毕业生，具有很重要的指导性。

一、起诉状的概念和种类

（一）起诉状的概念

起诉状亦称“诉状”，俗称“状子”，是指公民或法人因自身合法权益遭受侵害而向人民法院提起诉讼请求的文书。

（二）起诉状的种类

根据诉讼的性质和目的不同，起诉状可以分为刑事起诉状、民事起诉状和行政起诉状三类。

1. 刑事起诉状

即自诉人或其法定代理人，依据有关法律和事实，直接向人民法院控告刑事被告人，侵犯人身权益，要求追究被告人刑事责任的书状。

2. 民事起诉状

即原告在自己的民事权益受到侵害而与他人发生纠纷时，依据有关法律和事实向人民法院提呈的书状。

3. 行政起诉状

即公民、法人或其他组织，认为行政机关和行政机关工作人员的具体行政行为侵害其合法权益，根据有关法律和事实，向人民法院提呈的书状。

二、起诉状的格式与写法

起诉状的结构由首部、正文、尾部组成。

(一)首部

1. 标题

起诉状的标题由具体案件的性质和文种构成,写明“刑事起诉状”“民事起诉状”等。

2. 当事人基本情况

当事人的基本情况,包括原告、被告及第三人的姓名、性别、年龄、民族、籍贯、职业、工作单位、职务和住址等。

如果当事人是法人或其他组织,应写明其名称、地址和法定代表人或者主要负责人的姓名、职务。

如果有两个及以上的原告或被告,应依次列明。

有委托代理人的,注明委托代理人姓名、单位和职务。

(二)正文

正文是起诉状的主要部分,包括诉讼请求、事实与理由、证据部分。

1. 诉讼请求

诉讼请求即请求事项,要简明扼要地写出请求法院解决的权益的争议问题,即请求法院依法解决原告一方要求的有关权益争议的具体事项,如请求赔偿、偿还债务、履行合同等。

诉讼请求的内容是当事人提起诉讼的直接目的,是在分析研究案件事实和法律规定的基础上经过高度概括提出的,其确立的原则是追求诉讼利益的最大化。提出诉讼请求时,用词一定要严谨、精练、准确,既要把请求表达清楚,又要“惜墨如金”。

2. 事实与理由

这是起诉状的核心部分,包括事实和理由两方面的内容,是请求人民法院解决原告一方诉讼请求的重要依据,主要是摆事实、讲道理。

事实方面,即双方争议的具体问题,要把争议的起因、经过、现状,特别是争议的焦点,具体地写清楚。叙述案情时,必须实事求是,如实反映案件事实,叙事要明确,与争议事实有直接关系的事实,要详细叙述明白,与案件事实关系不大的,但又必须交代清楚的,可以简要概括。这一部分内容要求:一是完整概括案情,二是围绕诉讼请求叙述事实。

理由方面,即诉讼请求的根据,主要是依据前面叙述的事实和相关证据,分析被告行为的性质,证明被告依法应承担的责任,目的是根据事实,依照法律有关规定,分析论证诉讼请求的合理性、合法性。这一部分内容要求是理由必须与事实、诉讼请求相一致,援引法律条款要全面、准确、规范。

3. 证据部分

这一部分主要写明证据和证据来源、证人姓名和住址,主要是对证据和证人情况依次列举,说明证据的可信性,以便人民法院查证核实。其表述方式为:①书证××(名称)××份;②物证××(名称)××份;③证人×××(姓名、住址、电话)。

总之,写正文部分时要注意以下问题:一是请求目的必须明确具体,提出的要求要合情、合理、合法;二是写事实和理由时,着重写争议的焦点和实质性重点,阐明因果关系,写过程尽量概括,力避拖沓、空洞,分析必须有根据,引用法律必须准确。

（三）尾部

1. 结尾

在正文之后，另起一行写明致送机关，而后在其右下方，由具状人签名或盖章，注明具状的年、月、日。

2. 附项

这是起诉书的附加部分，应具体写明起诉状副本的份数和证据的种类、名称、数量以及证人的姓名、住址等。

1）本状副本×份（副本的份数应该与诉讼中双方当事人的人数一致，立案时按被告及第三人的人数提交）。

2）物证×件。

3）书证×件。

三、起诉状的写作要求

1. 诉讼请求要具体明确、合理合法

诉讼请求是当事人起诉的直接目的，应写明具体的诉讼请求，充分体现法律规定的“具体”要求，否则起诉立案时，法院会要求重新制作起诉状。如只写“要求被告赔偿损失”，而没有写明具体请求数额等，法院是不会立案的。如果有多项诉讼请求，也应分别具体写明。

诉讼请求还要合情合理，切实可行，不能随意提出一些不现实、不合乎法律规定的要求，否则会影响人民法院对案件的公平审理和对纠纷的合理解决。

2. 事实与理由要做到事实清楚、理由充分

该部分是诉状的主要内容，应紧紧围绕诉讼请求，客观陈述事实，合理论述理由。一般包括六个要素，即时间、地点、人物、事件、原因、结果和证据等。因为该部分的每一句话，都是为了证明原告诉讼请求的合法性和合理性，或者证明对方行为的违法性和违约性质，书写时应以陈述事实和理由为主，详略得当，不能用过激或侮辱性的语言；尽量简单地做到“事实清楚”“理由充分”即可。

【例文】

民事起诉状

原告：方××，男，35岁，汉族，××省××县×××镇××村农民，住址：××省××县×××镇××村

被告：××市××房地产开发有限责任公司，住所地：××市×××××路×号

法定代表人：王××，总经理

诉讼请求：

1. 请求法院判令被告立即为原告办理房屋所有权证；

2. 请求法院判令被告支付逾期办理房屋所有权证的违约金；

3. 请求法院判令被告承担本案诉讼费用。

事实与理由：

2008年10月11日，原告向被告支付叁拾捌万元（380 000.00元）用于购买被告于2007

年开发建成的××小区××号楼207、206两套住房，由于该小区是现房销售，被告于原告付款当日便将房屋交付入住。2010年7月15日，原告向被告支付该房屋契税及维修基金，并敦促其早日办理房屋所有权证，但时至今日，被告方一直以种种原因拖延原告办理其应有的房屋所有权证，原告多次联系被告方该项目的负责人刘××要求办理房屋产权手续，均未果。

综上所述，被告作为房屋买卖合同的出售方，在原告交付购房款履行了付款义务后，被告方交付房屋即购房合同成立，被告方应当在合同订立之日起90日内按约定办理房屋所有权证。根据《中华人民共和国城市房地产管理法》第60条、《城市房地产开发经营管理条例》第33条及最高人民法院《关于审理商品房买卖合同纠纷案件适用法律若干问题的解释》第十八条定，被告应当立即办理房屋产权证并支付违约金。

为维护原告合法权利，特诉请人民法院依法判决。

此致

××市××区人民法院

具状人：方××

二〇一一年三月 三日

附：本状副本1份

【知识链接】

我国《民事诉讼法》关于起诉、受理的主要规定如下。

1. 第108条规定：起诉必须符合下列条件：

（1）原告是与本案有直接利害关系的公民、法人和其他组织；

（2）有明确的被告；

（3）有具体的诉讼请求、事实和理由；

（4）属于人民法院受理民事诉讼的范围和受诉人民法院管辖。

2. 第110条规定，起诉状应当记明下列事项：

（1）当事人的姓名、性别、年龄、民族、职业、工作单位和住所，法人或者其他组织的名称、住所和法定代表人或者主要负责人的姓名、职务；

（2）诉讼请求和所根据的事实与理由；

（3）证据和证据来源，证人姓名和住所。

3. 第111条规定：人民法院对符合本法第108条的起诉，必须受理。对下列起诉，分别情形，予以处理：

（1）依照行政诉讼法的规定，属于行政诉讼受案范围的，告知原告提起行政诉讼；

（2）依照法律规定，双方当事人对合同纠纷自愿达成书面仲裁协议向仲裁机构申请仲裁、不得向人民法院起诉的，告知原告向仲裁机构申请仲裁；

（3）依照法律规定，应当由其他机关处理的争议，告知原告向有关机关申请解决；

（4）对不属于本院管辖的案件，告知原告向有管辖权的人民法院起诉；

（5）对判决、裁定已经发生法律效力的案件，当事人又起诉的，告知原告按照申诉处理，但人民法院准许撤诉的裁定除外；

（6）依照法律规定，在一定期限内不得起诉的案件，在不得起诉的期限内起诉的，不予受理；

(7)判决不准离婚和调解和好的离婚案件，判决、调解维持收养关系的案件，没有新情况、新理由，原告在六个月内又起诉的，不予受理。

第三节 上诉状

知识目标：了解上诉状的使用程序。

掌握上诉状的写作格式、写作方法和写作要求。

能力目标：能根据需要写作比较规范的上诉状。

实际案例：

民事上诉状

上诉人(一审被告)：魏某某，女，1964年3月17日出生，汉族，个体，住××市××区××办事处××村35号

被上诉人(一审原告)：李某某，女，1977年9月9日出生，汉族，住××市××区××路69号

被上诉人(一审被告)：高某某，男，1981年3月7日出生，汉族，个体，住××市××区××街建行宿舍

上诉人因房屋租赁合同纠纷一案，不服××区人民法院2008年8月7日作出的(2008)××民二初字第402号民事判决，现提起上诉。

上诉请求：

1. 一审判决认定事实不清，证据不足，适用法律错误，程序违法，请求二审法院撤销一审判决，依法改判或将本案发回重审。

2. 一二审诉讼费用全部由被上诉人承担。

上诉理由：

一、一审判决认定事实不清，证据不足，适用法律错误

(一)2007年7月9日，被上诉人李某某与上诉人魏某某签订《房屋出租合同》，约定由上诉人魏某某出租渤海国际广场A1－C59房屋给被上诉人李某某使用，租赁期限为2007年7月10日起至2008年7月9日止。自双方签订合同后，该房屋一直由被上诉人李某某使用，并且一审法院也认定根据合同的相对性原则，李某某应当在房屋租赁期限届满后将该房屋返还给上诉人魏某某，但自从双方签订合同之后，被上诉人李某某一直使用该房屋，并未将该房屋返还给上诉人魏某某，截止到一审法院判决作出的2008年7月4日，至双方签订合同的约定期限还差5天，该合同已经履行完毕，在被上诉人李某某使用房屋的一年时间里，该房屋的使用受益权都在李某某手里，李某某也一直在正常经营，并且根据《合同法》第58条的规定，合同无效或被撤销后，因该合同取得的财产，应当予以返还。但被上诉人李某某一直未将该房屋返还给上诉人魏某某，其一直在使用收益。并且根据法律的规定，法律最基本的原则是公平原则，而一审判决上诉人返还被上诉人李某某155 000元显然违背了法律的公平原则，在我国无

论是侵权法里的侵权责任还是合同法里的违约责任都始终贯穿着法律的一条基本原则，那就是损害填补原则。法律的目的在于弥补因法律所保护的法益受到侵害而遭受的损失，使法益恢复到未被侵害之前的状态。而法律严格禁止当事人因此而获得法外利益，具体到本案中，被上诉人李某某一直使用收益该房屋，并且直到现在也未向上诉人魏某某返还该房屋，一年的房屋租赁合同已经履行完毕，房屋租赁费已经支付了相应的对价，而一审判决却对此事实予以不顾，作出错误的判决，严重损害了上诉人的合法权益，上诉人不服该判决。

（二）一审判决曲解法律，在适用法律上存在错误。司法的目的之一就是使不确定的法律关系明确化，法律的目的在于定纷止争，并且根据法律的公平原则要兼顾各方当事人的合法权益，尽最大努力实现社会的公平、正义。在本案中，被上诉人高某某与上诉人魏某某之间的房屋租赁合同关系与魏某某与李某某之间的房屋租赁合同关系是基于同一事实而发生的连贯的、不可分割的法律关系，根源还在于被上诉人高某某的无权转租行为，一审判决不能把基于同一事实而发生的不可分割的法律关系人为拆解，假使一审判决正确，它也应当在判令上诉人魏某某返还租赁费的同时判令被上诉人高某某向上诉人魏某某返还租赁费，这才是公平公正的判决。因为被上诉人高某某并非不是本案的当事人，其也是一审的被告，而一审判决却回避了这个问题，将原本不可分割的法律关系人为拆解，明显的是在故意偏袒被上诉人一方。结合××法院（2007）滨民二初字第364号民事判决书的内容，其并未判决被告高某某承担任何责任，可见一审法院偏袒高某某的行为更加明显，不能叫人心服。

二、一审判决违反法定程序，因程序违法导致实体判决不公

根据《民事诉讼法》第146条的规定，人民法院适用简易程序审理的案件，应当在立案之日起三个月内审结，也就是说简易程序的审理期限是三个月，本案一审的立案时间是在2007年的8月，而作出判决的时间是在2008年7月4日，审理期限长达近一年，并且根据《民事诉讼法》第134条的规定，当庭宣判的，应当在10日内发送判决书，定期宣判的，宣判后立即发给判决书。而一审判决在2008年7月4日作出后，直到2009年2月20日才送达给上诉人，整整拖了长达7个月的时间，程序的严重违法，导致判决的公正性和权威性在上诉人的心目当中荡然无存。根据《民事诉讼法》第153条第四款的规定，原判决违反法定程序，影响了案件的正确判决，二审法院应当裁定撤销原判决，发回原审人民法院重审。一审判决严重的程序违法，导致实体判决不公，法律丧失公信力，希望二审法院对此予以高度重视

综上所述，一审法院认定事实不清，证据不足，适用法律错误，违反法定程序，请求二审法院依法查明事实，维护上诉人的合法权益。

此致

××市中级人民法院

上诉人：魏某某
二〇〇九年二月二十五日

附：本上诉状副本一份

案例分析：这是一份不服一审法院判决的民事上诉状。发生了民事纠纷，如果通过诉讼的方式来解决问题，一审法院通过审理，作出判决或裁定；为了保证法律的公正与公平，当事方尤其是败诉方，如果不服一审判决或裁定，可以向原审法院的上一级法院提起上诉，请求更改原判决或裁定，或重新审理。该案例是上诉人不服一审法院对房屋租赁纠纷一案作出的判决提

起上诉而书写的上诉状。本状中，上诉人针对一审判决认定事实不清，证据不足，适用法律错误，违反法定程序等方面逐一反驳，以清楚的事实、充足的证据、充分有力的论证，支持了自己的上诉请求。

知识概要：

一、上诉状的概念和种类

(一)上诉状的概念

上诉状是民事、行政或刑事案件的当事人或其法定代理人对地方各级人民法院作出的第一审民事、行政或刑事判决或裁定不服，按照法定的程序和期限，向原审法院的上一级人民法院提起上诉时使用的文书。

当事人认为一审法院审理裁决不当，提起上诉，可请求撤销、变更原审裁决，或重新审理，维护自己的合法权益，以体现法律的公正性和权威性。

(二)上诉状的种类

上诉状分为刑事上诉状、民事上诉状和行政上诉状三类。

1.刑事上诉状

即刑事诉讼当事人或其法定代理人对人民法院一审判决或裁定不服，在法定上诉期限内依照法定程序，向原审法院的上一级人民法院请求撤销或变更原审裁决或重新审理而提出的诉讼文书。

2.民事上诉状

即民事诉讼当事人或其法定代理人对人民法院一审判决或裁定不服，在法定上诉期限内依照法定程序，向原审法院的上一级人民法院请求撤销或变更原审裁决或重新审理而提出的诉讼文书。

3.行政上诉状

即行政诉讼当事人不服一审法院对行政案件作出的裁定或判决，在法定期限内依法向原审法院的上一级人民法院提出上诉，要求撤销、变更原审判决或裁定，或重新审理的诉讼文书。

二、上诉状的格式与写法

上诉状的结构由首部、正文、尾部组成。

(一)首部

1.标题

上诉状的标题由具体案件的性质和文种构成，写明“刑事上诉状”“民事上诉状”“ 行政上诉状”等。

2.当事人的基本情况

分别写明上诉人、被上诉人的姓名、性别、年龄、籍贯、民族、职业、工作单位、职务和住址等内容。特别注意应把当事人在一审中的诉讼地位加以备注，例如：“上诉人(一审被告)”“被上诉人(一审原告)”。如果当事人是法人或其他组织，应写明其名称、地址和法定代表人或者主要负责人的姓名、职务。有委托代理人的，注明委托代理人姓名、单位和职务。

3.案由

写明上诉人不服原审判决或裁定而提起上诉的事由。如“上诉人因××一案，不服××

×人民法院于××××年×月×日×字第×号民事判决(或裁定),现提出上诉。”

(二)正文

正文包括上诉请求和上诉理由。

1. 上诉请求

主要写明上诉人不服原审法院判决或裁定,请求第二审人民法院撤销、变更原审判决或裁定,或重新审理。上诉请求应明确、简洁,使人一目了然。

2. 上诉理由

上诉理由即上诉状的核心部分,关系到上诉请求能否成立,是用以论证上诉请求的,因此要紧扣上诉请求,针对不同原因,运用相关法律,对一审法院审理裁决中的事实认定,或者适用法律,或者诉讼程序等方面的不正确合理,进行反驳,做到充分有力,击中要害。上诉理由应根据具体情况从三个方面来阐述。首先,应针对原判认定的事实是否有错误,有没有遗漏的重要事实,用以认定事实的证据是否可靠进行分析论证;如果事实认定有误,或者证据不足,要用确凿的证据说明事实的真相。其二,分析原审对案件定性是否正确,运用法律有没有错误。定性不当,要具体指出其不当之处;适用法律不当,要分析原审裁决在运用法律上的不当之处,或者与案情事实不符,或者引用有关法律条文存在片面性,或者曲解了有关法律条款;要有针对性地举出具体的法律条款,加以分析论证。最后,分析一审案件在审理过程中有无违反诉讼程序,可能影响裁决的正确性。原审法院适用程序法不当,造成案件处理不当,裁决不公,要具体分析指出其错误,并作为论证原裁决应予撤销或变更的事实依据和法律依据。

在阐明上述理由后,以结束语收尾,通常写法如“综上所述,一审法院认定事实不清,证据不足,适用法律错误,违反法定程序,判决(或裁定)不当,特向你院上诉,请求依法撤销原判决(或裁定),予以改判(或重新审理)。”

(三)尾部

尾部包括呈送机关、落款和附项。

1. 呈送机关

在正文的右下方写明上诉状提交的人民法院,如“此致”“×××人民法院(二审法院)”

2. 落款

在正文的右下方由上诉人签名盖章,注明年、月、日。

3. 附项

写明下列事项:上诉状副本××份,书证、物证各××件。

三、上诉状的写作要求

1)上诉状应主要采用反驳法进行写作。反驳要讲究针对性、说明性和逻辑性,针对上诉人对原审裁判的不服之处,有的放矢;摆出客观事实和证据,摆出正确引用的法律条款,据理论证,分清是非;根据论证所得出的结论,明确提出对原审裁判的主张。

2)上诉请求要具体明确,写明是要撤销原判,或是全部还是部分变更原判,或是重新审理。

3)上诉理由主要是针对原审裁判而言,而不是针对对方当事人。针对原审判决、裁定论证不服的理由,主要是以下方面:①认定事实不清,主要证据不足;②原审确定性质不当;③适用实体法不当;④违反了法定程序。

【例文】

民事上诉状

上诉人:王××,男,汉族,中国××科技集团职工,现住××市××区××路××号,身份证号码3705××××××××××××255,联系电话139××××××××35

被上诉人:中国××银行股份有限公司××支行(以下简称"××支行"),现住胜利油田现河采油厂院内,组织机构代码××××××-0,联系电话13××××××788

负责人钟××行长。

上诉人因与被上诉人侵权纠纷一案,因不服××区人民法院于2010年5月10日作出的(2009)×民初字第1256号民事判决,现依法向贵院提起上诉。

上诉请求:

一、请求贵院撤销(2009)×民初字第1256号民事判决第二项,依法改判;

二、判令被上诉人对上诉人恢复名誉、消除影响、赔礼道歉;

三、判令被上诉人向上诉人赔偿精神损害5 000元;

四、判令被上诉人赔偿上诉人经济损失20 920元(一审律师费6 200元、购房借款利息损失14 720元);

五、被上诉人承担一、二审全部诉讼费用。

上诉理由

一、一审法院对上诉人购房利息的损失和支出的律师代理费定性错误

一审法院认为被上诉人"在管理上存在明显的过错",并对上诉人造成了侵害。但上诉人因该侵害而造成的利息损失和支出的律师代理费,一审法院认为"具有或然性,并不必然发生,与被告的过错行为没有必然的因果关系",该定性是错误的。

上诉人的工作单位为职工建设新的住宅小区,凡是符合买房条件的职工都在报名买房,上诉人作为一名符合买房条件的职工,理所当然地报了名。别的职工都顺利地办理了房贷手续,而我却因为被上诉人的过错行为被拒之门外。为了买房,我只好向私人借贷,因此而多支付的利息与被上诉人的过错行为是具有必然性的,退一步讲,即使我不买自己单位建设的房子,为了改善居住环境,我也会用贷款的方式买市场上的商品房。无论哪种途径,只要我买房就肯定无法向银行办理房贷手续,这是必然的,不具有或然性。如果因为被上诉人的过错行为而产生了我的不良诚信记录,那么我就不能贷。有损失,就有赔偿,这是民事法律关系的一项基本原则。一审法院置该原则于不顾,认为上诉人的利息损失"与被上诉人的过错行为没有必然的因果关系",这种定性错误。根据《民法通则》的相关规定,这种赔偿是法定的,一审法院应当支持我的诉讼请求。故,请求贵院查明事实,依法要求被上诉人赔偿上诉人的经济损失20 920元,包括一审律师费6 200元、我购房因不能到银行贷款而是借朋友钱款超出银行同期贷款利息的损失14 720元。

二、一审法院对上诉人的名誉损失定性错误

被上诉人的过错严重的侵害了上诉人的名誉。我的同事们都顺利的办理了房贷手续,而唯有我被不良信用记录挡在了门外,同事们都用异样的眼光看我,而我又无法向他们解释,我

的心情天天都非常压抑，天天有见不到阳光的感觉，被上诉人的过错使我的名誉在单位上受到了严重的贬损，只有被上诉人按照诉求向我赔礼道歉并给付我所主张的精神损害抚慰金，才能恢复我已经被降低的社会评价。一审法院仅仅认定上诉人的名誉受到了"一定损失"，且不判令被上诉人承担任何的责任。这种认定是错误的、是不符合事实的、是有失公平的。

综上所述，上诉人特依据《民事诉讼法》第147条的规定，提起上诉，请贵院依法支持上诉人的上诉请求。

此致

××市中级人民法院

上诉人：王××

二〇一〇年八月六日

附：本上诉状副本×份

【知识链接】

1. 上诉只能采用书面形式。如果当事人仅在一审判决、裁定送达时口头表示上诉而未在法定期间内递交上诉状，则视为未提出上诉。

2. 上诉是当事人享有诉权，一审原、被告及被判决承担责任的第三人均有权上诉。

3. 民事诉讼法147条规定：当事人不服地方人民法院第一审判决的，有权在判决书送达之日起15日内向上一级人民法院提起上诉，当事人不服地方人民法院第一审裁定的，有权在裁定书送达之日起10日内向上一级人民法院提起上诉。上诉期限应从判决书裁定书送达当事人的第二日起算。判决书裁定书不能同时送达当事人的，上诉期限从各自收到判决书，裁定书之次日起算。

4. 人民法院审理上诉案件，按照下列情形，分别处理：

(1)原判决认定事实清楚，适用法律、法规正确的，判决驳回上诉，维持原判；

(2)原判决认定事实清楚，但适用法律、法规错误的，依法改判；

(3)原判决认定事实不清，证据不足，或者由于违反法定程序可能影响案件正确判决的，裁定撤销原判，发回原审人民法院重审，也可以查清事实后改判，当事人对重审案件的判决、裁定，可以上诉。

第四节　申诉状

知识目标：了解申诉状的使用程序。

掌握申诉状的写作格式、写作方法和写作要求。

能力目标：能根据需要写作比较规范的申诉状。

实际案例:

民事申诉状

申诉人:(一审被告;二审上诉人)蔡××,男,1958年7月23日出生,汉族,无业,现居无定所,联系电话137064×××××

被申诉人:(一审原告;二审被上诉人)程××,女,1946年3月9日出生,汉族,××厂退休职工,住××市××小区5号楼1单元302室

蔡××因与程××遗嘱继承纠纷一案,不服××市××区人民法院(2005)×民初字第2011号民事判决书和××市中级人民法院于2007年8月3日作出的(2007)×民五终字第698号民事判决,特向贵院申诉。

一、申诉请求

撤销××市××区人民法院(2005)×民初字第2011号及中级法院的(2007)×民五终字第698号民事判决,依法重审。

二、具体事实与理由

我父亲蔡××,1991年离休,1998年通过婚姻介绍所与被申诉人程××相识,并于当年10月12日办理了结婚登记,2003年9月被诊断患胃癌,2004年8月21日因胃癌医治无效去世。我父亲住院期间,被申诉人程××拒绝到医院陪护;却趁我们在医院里日夜陪护父亲的机会,把我父母名下上百万元的动产非法转移,占为已有后逃之夭夭,连追悼会也未敢露面。继而,又起诉要求分割我父母留下的房产。结果是:××市××区人民法院(2005)×民初字第2011号判决书在使用证据时有误,造成应当属于申诉人的继承权利丧失。在上诉、申请再审无果的情况下,现依法提出申诉,请贵院依法受理此案,以维护申诉人的合法继承权利。申诉理由如下。

(一)原判决、裁定认定的基本事实缺乏证据证明

原审判决的依据是原告提供的所谓我父亲的代书遗嘱、《见证书》以及司法笔迹鉴定,但是这三个判决依据不具备证明力如下。

1. 代书遗嘱只有一个代书人,而没有见证人,不符合《继承法》"代书遗嘱应当有两个以上见证人在场见证"的规定。因没有对被继承人身份进行验证,且舍近求远的事实令人怀疑;有找律师事务所的熟人和利用替身制作假代书遗嘱的嫌疑,不具备真实性。

2.《见证书》不但没有当事人的签字,而且所见证的12月30日的遗嘱根本就不存在。与本案认定的遗嘱日期没有关联性、真实性,有拉见证人凑数的嫌疑。针对以上两个疑点,在我们的口头和书面法庭发言中提到。

3. 司法笔迹鉴定采用的"样本"来源渠道非法,原告提供的所谓我父亲写给我大姐的一封私人书信,而"检材"也是原告提供的只有一个代书人的代书遗嘱,这种鉴定结果只能证明是同一个人的签名,却不能证明是我父亲的签名。对此鉴定结果,本申诉人根据《最高人民法院关于民事诉讼证据的若干规定》第二十七条和第六十八条提出了异议,但原审法庭并不理会。

(二)原判决、裁定适用法律确有误

适用法律错误一:在听说房产的继承过户比赠予过户多交过户费用后,我父亲生前与我们

签订了两份房产赠予合同并有××市××区公证处的《询问笔录》为佐证。临终前一个月还给我们留下了符合法律规定的代书遗嘱。根据《最高人民法院关于民事诉讼证据的若干规定》第七十条:“一方当事人提出的下列证据,对方当事人提出异议但没有足以反驳的相反证据的,人民法院应当确认其证明力:书证原件或者与书证原件核对无误的复印件、照片、副本、节录本”的规定,原审法庭应该对我们提供的以上书证予以确认。但是,原审法庭却以各种理由,甚至以不传唤见证人出庭作证等于没有见证人的办法,在判决书中写下了“对于被告提供的2004年5月11日有代书的遗嘱,因代书人×××及见证人×××均未出庭作证”的理由不予确认。

适用法律错误二:20年前,我父母就腾出一套房子,作为给我弟弟的结婚用房。房改时,由我弟弟缴清了购房款。父亲生前也与我弟弟签订了房产赠予合同。按照最高人民法院《关于贯彻执行〈民法通则〉若干问题的意见(试行)》第一百二十八条:“赠予房屋,如果根据书面赠予合同办理了过户手续的,应当认定赠予成立;未办理过户手续的,但赠予人根据书面赠予合同已将产权证书交与受赠人,受赠人根据赠予合同已占有、使用该房产的,可以认定赠予有效,但应令其补办过户手续”的规定,我弟弟已经占有使用了该房产近20年,按照以上法律规定,也只存在一个“可以认定赠予有效,但应令其补办过户手续”的问题。但是,原审判决书却把法律“令其补办过户手续”的规定,说成是房产证由我弟弟“保管”并分割给原告一份。

适用法律错误三:对于同一事实,出现了两种相反的证据,法庭可以按证据证明力大小作出确认。但是,在本案中出现被继承人先后两次立遗嘱,即两个事实的情况下,原审判决仍然按证明力大小只确认一个事实而否定另一个事实的发生,显然违背了《继承法》的有关规定。

(三)对审理案件需要的证据,当事人因客观原因不能自行收集,书面申请人民法院调查收集,人民法院未调查收集

因为银行不许任何自然人查其他私人存款的客观原因,我们向法庭提交了书面的《证据保全申请》,但法庭没有依法调查,致使我们无法按反诉数额缴纳反诉费用。于是,原审判决书仅仅对被继承人的房产进行了分割,而我亲生父母辛劳一生积累的上百万元的动产至今下落不明。

综上所诉,一、二审法院认定事实确有错误,在没有查清被继承人立遗嘱的事实和动产数额的情况下,仅仅对被继承人的房产进行分割,使申诉人的合法权益得不到应有的维护。现依法申诉,望贵院在查明本案全部事实的基础上,依法支持申诉人的申诉请求。

此致

××高级人民法院

申诉人:蔡××

二〇〇八年九月二号

附:本申诉状副本×份

案例分析:在诉讼活动中,往往有当事人对已经生效的判决或裁定持有异议,认为缺乏公正性,这种情况下,可以向有关机关提起申诉,启动审判监督程序,请求撤销、变更原审裁决或重新审理,以维护法律的尊严和申诉人的合法权益。本申诉状就是申诉人认为在审理遗产纠

纷一案中，一审法院和二审法院的判决和裁定，都有损自己的合法权益，从而向高级人民法院提起申诉的诉讼文书。在申诉状中，申诉人对原审法院在事实认定、证据采纳、适用法律三个方面的不当之处进行了申辩和反驳，以事实依据和法律依据，指出了原审法院的判决不当，合理合法地提出了自己的申诉请求。

一、申诉状的概念和种类

（一）概念

申诉状是刑事、民事和行政案件的诉讼当事人或法定的其他有资格申诉的人对一审或二审作出的已经发生法律效力的判决或裁定不服，向人民法院或人民检察院提交的请求撤销、变更原审裁决或重新审理的诉讼文书。

（二）申诉状的种类

申诉状分为刑事申诉状、民事申诉状和行政申诉状。

1. 刑事申诉状

刑事申诉状是刑事案件的当事人、法定代理人、被害人及其家属或其他公民对一审或二审作出的已经发生法律效力的判决或裁定不服，向人民法院或人民检察院提交的请求撤销、变更原审裁决或重新审理的诉讼文书。

2. 民事申诉状

民事申诉状是民事案件的当事人或其他法定代理人对一审或二审作出的已经发生法律效力的判决或裁定不服，向人民法院或人民检察院提交的请求撤销、变更原审裁决或重新审理的诉讼文书。

3. 行政申诉状

行政申诉状是行政案件的当事人或其他法定代理人对一审或二审作出的已经发生法律效力的判决或裁定不服，向人民法院或人民检察院提交的请求撤销、变更原审裁决或重新审理的诉讼文书。

二、申诉状的格式与写法

申诉状的结构由首部、正文、尾部组成。

（一）首部

1. 标题

申诉状的标题由具体案件的性质和文种构成，写明“刑事申诉状”“民事申诉状”“行政申诉状”等。

2. 当事人的基本情况

当事人的基本情况写明申诉人和被申诉人的姓名、性别、出生年月、民族、文化程度、职业或工作单位和职务、住址，还应把当事人的诉讼地位加以备注，如“申诉人（一审原告，二审上诉人）”。当事人如为单位，应写明单位名称、法定代表人姓名及职务、单位地址。

3. 案由

写明申诉的案件名称，作出生效判决或裁定的人民法院的名称，判决或裁定编号及制作日期,并表明对该判决或裁定不服,提出申诉的态度。具体表述为:“申诉人×××因×××(案件性质)一案,不服××××人民法院于××××年×月×日×法(刑、民、经、行)初字第×号刑事(或民事等)判决(或裁定),现提出申诉。”

(二)正文

正文包括请求事项、申诉事实和理由。

1. 请求事项

概括写出请求人民法院解决什么问题,从原则上说明要求达到的目的,提出请求法院撤销、变更原审判决、裁定或再审。

2. 申诉事实和理由

这是申诉状的核心部分,要针对原判决或裁定的不当之处,逐一进行申辩和反驳,具体指出原判决或裁定是认定事实错误,还是适用法律错误,或是运用法律程序不当等。然后全面、客观、准确地叙述事实真相,列举准确可靠的证据,依据相应的法律条文,进行充分有力地论证,证明原判决或裁定的不当或错误,使申诉请求合理合法。

在摆清事实、阐述申诉理由之后,申明申诉请求,如“为此,特向你院申诉,请求依法撤销(变更)原判决(或裁定),予以改判(或重新审理)。”

(三)尾部

尾部包括呈送机关、落款和附项。

1. 呈送机关

申诉状可以呈送原审法院或其上一级人民法院,刑事申诉状可以是人民检察院。

2. 落款

申诉人签名或盖章,注明年、月、日。

3. 附项

写明申诉状副本×份,物证和书证的件数,并附上已经发生法律效力的判决或裁定文件。

三、申诉状的写作要求

1. 申诉请求要明确,理由要充分

申诉状是对已经发生法律效力的判决或裁定认为确有错误而提出申诉的书状,必须要有明确的申诉请求和充分的理由,才有可能在呈送后发生审判监督程序。

2. 摆清事实,证据是关键

在制作申诉状时,应特别注意将申诉的事实与原裁判对事实的认定和处理加以对照,逐一摆清事实,列明证据,尤其要注意新证据的利用,有助于全部或部分地推翻、改变已经发生法律效力的裁判。

3. 反驳要抓住关键,证明要坚实有力

反驳是申诉状中最常用、最有效的方法,要抓住原判中的关键进行反驳,如“认定事实不清,主要证据不足”“确定性质不当”“适用实体法不当”“违反法定程序”等,以事实和法律为依据,进行申辩、反驳,论证申诉请求的合理性。

四、申诉状与上诉状的区别

申诉状与上诉状有着明显的相同点，即都是对原判不服，向相关司法机关请求依法撤销（变更）原判决（或裁定），予以改判（或重新审理）的诉讼文书。但两者又有着明显的区别。

1）申诉状是对已经发生法律效力的判决或裁定认为确有错误而提出申诉的书状，上诉状是对未发生法律效力的判决或裁定认为确有错误而提出上诉的书状。

2）申诉状的有效时间限制较宽，民事诉讼案件的申诉时间限制在判决或裁定生效后两年内，刑事诉讼案件和行政诉讼案件申诉时间没有限制。而上诉状的有效时间有严格的限制，必须在规定的时间内提出才有效，刑事诉讼案件上诉时间是判决生效后 10 日内，裁定生效后 5 日内；民事诉讼案件和行政诉讼案件上诉时间是判决生效后 15 日内，裁定生效后 10 日内，逾期不得上诉。

3）申诉状呈送的机关可以是原审人民法院、原审法院的上一级人民法院或人民检察院，上诉状呈送的机关只能是原审人民法院的上一级人民法院。

4）申诉状呈送后并不能停止判决、裁定的执行，不一定引起审判监督程序的发生；而上诉状呈送后即可引起二审程序发生。

【例文】

民事申诉状

申诉人：××科技有限公司，地址××市××区××路××号

法定代表人××，总经理

被申诉人：×××，女，19××年10月12日生，汉族，住××市××区××路××号

申诉人因买卖合同纠纷一案，不服××市中级人民法院（2009）×民二终字第 0017 号民事判决书，依法向贵院提起申诉。

申诉请求：

1. 请求依法对本案进行再审，撤销××市中级人民法院（2009）×民二终字第 0017 号民事判决书；

2. 请求驳回被申诉人要求申诉人赔偿延期交付电梯损失的诉讼请求；

3. 本案全部诉讼费用由被申诉人承担。

基本案情：2007 年 3 月 15 日，被申诉人向申诉人购买电梯一台，约定价格为 16 万元，7 月 5 日前安装完毕，7 月 10 前发证到位，如迟交货一天（以质监部门发证为准），应赔偿每天的迟交货金 800 元，等等。合同签订后的履行过程中，由于被申诉人未能及时提供安装电梯所需的三相四线电源，电梯运到现场后搁置了半个多月才安装完毕。申诉人向质监部门委托验收期间，由于酒店仍在装修过程中，电梯外围相关报警和防护措施未能及时跟上，所以验收工作一直拖到 10 月 15 号才结束。被申诉人根据合同 7 月 10 日前发证到位的约定，要求申诉人赔偿损失 77 600 元。原一、二审法院全然不理会被申诉人种种导致申诉人不能及时安装和不能通过验收的客观事实，径直判决申诉人支付 7 万 7 千多元违约金。申诉人不服，依法再次向上级法院提起申诉。

事实与理由：

一、××市中级人民法院认定申诉人"未能在约定的时间安装并交付电梯"错误。

1. 申诉人在原一、二审时，一再强调申诉人将电梯运到安装现场后，搁置了将近半个月，被申诉人才将安装电梯所必需的三相四线电源接通。被申诉人聘用的电工黄××在一审法院对其作的调查笔录中对此作了证明(证七法院调查笔录)。

2. 申诉人于7月11日书面向质监部门委托检验验收，7月19日质监部门向被申诉人送达检验意见通知书(证八)，要求被申诉人对电梯未预留对外联络报警装置线路、进入机房通道无照明、爬梯无护栏、无降温措施和地面防尘措施等存在问题进行整改。

3. ××电梯制造公司在一审庭审中陈述并证实(一审卷宗第103页)：电梯在2007年7月10日前已安装完毕，并于当日出具产品检验情况表。而二审法院居然以申诉人与××签订的合同中"货款支付后发货"的约定来作出"××公司应当是在2007年7月17日收到电梯款后发货"的推定。7月11日都已委托检验了，7月19日都已通知整改了，7月17日后才发货的推定未免也太不通情理、太不负责任了。

综上，电梯未能及时安装和通过验收是因被申诉人不及时提供三相四线电源、不及时提供电梯外围的安全防护措施等自身原因所致，与申诉人无关。

二、××市中级人民法院判决申诉人支付迟延违约金无事实根据和法律依据。

1. 如上所述，申诉人并无迟延交货的违约行为，因此并不负违约责任。

2. 电梯是10月15日通过验收的，而被申诉人的酒店是在11月1日才开业的(证九被申诉人提供的酒店承包人葛亚军的书面证明、证十花店的收据、被申诉人一、二审庭审自认)。

3. 二审法院询问申诉人是否要求调减违约金的数额，申诉人曾明确声明：申诉人并无违约行为；即使有违约，一审判决的违约金过分高于法律规定不得超过合同金额30%的规定，是不合法的。而二审法院居然以"上诉人在庭审中未要求对违约金数额调减"的认定，判决维持了一审判决。

4. 申诉人与被申诉人在合同中仅对迟交货造成对方损失的赔偿计算方法作了约定而未约定支付违约金条款。根据"无损失即无赔偿"的法律原则，申诉人提供的电梯是在被申诉人酒店装修期间、未开业之前交付的。而二审法院认定"给被申诉人造成租金和经营损失"的事实显然无事实根据和法律依据。

三、一、二审两级法院对申诉人申请调查的由一审法院做的×××的调查笔录不进行质证，甚至在判决书中只字不提，在程序上反映了一、二法院对申诉人极大的不公正。

综上所述，由于二审判决以推定的方式来认定申诉人交货迟延，而不理会现有证据和当事人庭审自认所证明的客观事实，导致认定事实和适用法律严重错误，且程序违法。依照《民事诉讼法》第179条之规定，申诉人特向人民法院提起申诉，请求人民法院重新审理本案，撤销原判决，驳回被申诉人要求申诉人赔偿延期交付电梯损失的诉讼请求。以维护申诉人的合法权益。

此致

××省高级人民法院

申诉人：××科技有限公司

二〇〇九年七月六日

附：本申诉状××份

【知识链接】

1. 根据有关法律的规定，申诉状的制作及提呈，必须有一个前提条件，即一定要针对法院确定的判决或裁判的错误或不妥之处。申请再审要符合下列条件：

(1)有新的证据，足以能够推翻原来判决、裁定的；

(2)原判决、裁定认定事实的主要证据不足的；

(3)原判决、裁定适用法律确实错误的；

(4)人民法院违反法定程序，可能影响案件正确判决、裁定的；

(5)审判人员在审理该案件时有贪污受贿、徇私舞弊、枉法裁判的；

(6)当事人对违反自愿原则的调解协议和调解协议内容违法的。

2. 根据有关法律规定，刑事申诉状的制作及提呈者是刑事案件的当事人、法定代理人、被害人及其家属或其他公民；民事申诉状的制作、提呈者是民事案件的当事人或其他法定代理人；行政申诉状的制作、提呈者是行政案件的当事人或其他法定代理人。因此，并不是每个人都有资格提呈诉状。

3. 申诉状的制作及提呈，一般不受时间限制。

第五节　答辩状

知识目标：了解答辩状的使用程序。

掌握答辩状的写作格式、写作方法和写作要求。

能力目标：能根据需要写作比较规范的答辩状。

实际案例：

民事答辩状

答辩人汪××，男，汉族，19××年×月×日出生，住××市××区××路××号，身份证号：452×××××××××××042

答辩人张××，男，汉族，19××年×月×日出生，住××市××区××路××号，身份证号：452×××××××××××036

答辩人因桂林××通信设备有限责任公司提出侵犯特许经营权一案，答辩如下。

一、被答辩人无特许经营权资格，无权干涉答辩人依法经营，于法无据。

被答辩人在起诉书中称：答辩人以"××公司的名义，公然侵犯中国人民解放军总参谋部机要局军事代表室授予原告的属国家机密的××一体化传真机配件的特许专有生产经营。"被答辩人的这一诉讼请求，没有法律依据和事实证据支持。

国务院2007年5月1日公布施行的《商业特许经营管理条例》第三条规定："本条例所称商业特许经营(以下简称特许经营)，是指拥有注册商标、企业标志、专利、专有技术等经营资源的企业(以下称特许人)，以合同形式将其拥有的经营资源许可其他经营者(以下称被特许人)使用,被特许人按照合同约定在统一的经营模式下开展经营,并向特许人支付特许经营费用的经营活动。”从被答辩人提交的证据看,××通信设备有限公司成立于2004年6月28日,其经营范围系承担原××电信设备厂为总参谋部机要局拥有专有技术定型的××一体化传真机生产任务,根据《商业特许经营管理条例》第十一条规定:从事特许经营活动,特许人和被特许人应当采用书面形式订立特许经营合同。总参谋部机要局并没有与被答辩人签订特许经营合同,被答辩人也没有向总参谋部机要局支付特许经营费用,根本没有特许经营权。2005年11月,××通信设备贸易有限责任公司依法成立,其经营范围有零售通信设备、电子产品、办公设备、办公耗材、计算机软硬件及辅助设备、五金家电用品、办公设备维修通信工程设计安装技术咨询及培训(见证据1)。如果××公司有销售××一体化传真机的业务,也是在依法经营,并不存在侵犯被答辩人特许经营权的问题。

需要指出的是,被答辩人为了达到干涉答辩人依法经营的目的,公然出具假证据干扰法院正常的案件审理(见被答辩人证据目录清单证据二),该证据证明“××通信设备有限责任公司自一九九八年来为我部研制生产军用××一体化传真机以来,已共计生产200余台”。属于明显的造假行为,一九九八年××公司尚未成立,怎么会生产2 000台传真机呢。

二、被答辩人要求答辩人连带赔偿经济损失十五万元,没有事实证据支持。

被答辩人称:“经初步核实,迅普公司涉嫌非法经营额为三十余万元,非法获取利润十五万元。”被答辩人的这一荒唐的诉讼请求,简直令人不可理解。被答辩人没有提供任何证据证明答辩人有非法经营且经营额有三十余万,利润高达十五万元(50%的利润比例)的证据事实,被答辩人蒋××曾经是××公司的总经理,负责过××一体化传真机生产销售业务,如果有这么高的利润空间,桂林××电信设备厂为什么会破产,××公司为什么会连工资都发不出去,曾经是××公司的副总经理的×××、×××现在就不需要去××植物园做清洁工了,可见,被答辩人要求答辩人连带赔偿经济损失十五万元,既不符合常理,也没有证据支持。

三、被答辩人所诉被告主体不适格,于法无据。

《中华人民共和国民事诉讼法》第一百零八条规定:起诉必须符合下列条件:(一)原告是与本案有直接利害关系的公民、法人和其他组织;(二)有明确的被告;(三)有具体的诉讼请求和事实、理由;(四)属于人民法院受理民事诉讼的范围和受诉人民法院管辖,缺一不可。本案案由是侵犯特许经营权纠纷,原告起诉的被告是8名公民个人,究竟是哪一个被告有涉嫌非法经营侵犯了原告的特许经营权,他们是否以个人的名义或者以几个人共同的名义与总参谋部机要局签订了生产销售合同,原告没有证据证明。所以,原告没有明确的被告,不符合起诉条件,即被告诉讼主体不适格。

另外,原告起诉××通信设备贸易有限责任公司涉嫌非法经营,侵犯原告特许经营权,也没有证据证明迅普公司超经营范围经营业务。没有具体的事实与理由,即被告诉讼主体不适格。不属于人民法院受理民事诉讼的范围,不符合起诉条件。

综上所述,被答辩人无特许经营权资格,无权干涉他人依法经营,没有事实证据证明被答辩人受到所谓的经济损失,且所诉被告主体不适格,于法无据。请求人民法院全面查清本案事实,作出合法、公正的判决,依法驳回原告的诉讼请求,本案诉讼费由原告承担。

此致

××区人民法院

答辩人:汪×× 张××
××××年×月×日

附:本答辩状副本×份

案例分析:这是一份一审程序的民事答辩状。答辩人在收到人民法院送达的原告起诉状后,为维护自己的合法权益,在法定期限内,向人民法院递交了本答辩状。本答辩状中,针对起诉状中认定事实不清、证据不足、适用法律错误,违反法定程序等方面逐一辩驳,指出了起诉状的理由和诉讼请求缺乏事实依据和法律依据,明确提出了自己的答辩请求。本案经法院开庭审理,依法驳回了原告的诉讼请求。

一、答辩状的概念和种类

(一)答辩状的概念

答辩状是指在民事、行政、刑事诉讼活动中,被告人或被上诉人在收到人民法院送达的起诉状或上诉状副本后,针对原告或上诉人在起诉状或上诉状中提出的诉讼请求和阐述的事实及理由,进行回答或辩驳的一种诉状文书。

依照《中华人民共和国民事诉讼法》的规定,人民法院应当在立案之日起5日内将起诉状副本发送被告或被上诉人,被告或被上诉人在收到之日起15日内提出答辩状。提出答辩状是当事人的一项诉讼权利,不是诉讼义务;但被告人或被上诉人逾期不提出答辩状,不影响人民法院审理。

(二)答辩状的种类

1.以答辩状的答辩对象分类

以答辩状的答辩对象分类可分为一审答辩状和上诉答辩状。

一审答辩状,是一审程序中被告人针对原告人在起诉状中提出的诉讼请求和阐述的事实及理由进行回答或辩驳的一种诉状文书。

上诉答辩状,是二审程序中被上诉人针对上诉人在上诉状中提出的诉讼请求和阐述的事实及理由进行回答或辩驳的一种诉状文书。

2.以答辩状的性质分类

以答辩状的性质分类可分为民事答辩状、刑事答辩状和行政答辩状。

民事答辩状,是指民事诉讼案件中的被告或被上诉人针对原告或上诉人在民事起诉状或民事上诉状中提出的诉讼请求和阐述的事实及理由,进行回答或辩驳的一种诉状文书。

行政答辩状,是指行政诉讼案件中的被告或被上诉人针对原告或上诉人在行政起诉状或行政上诉状中提出的诉讼请求和阐述的事实及理由,进行回答或辩驳的一种诉状文书。

刑事答辩状,是指刑事起诉案件中的被告或被上诉人针对原告或上诉人在刑事起诉状或刑事上诉状中提出的诉讼请求和阐述的事实及理由,进行回答或辩驳的一种诉状文书。

二、答辩状的基本格式与写法

答辩状的结构由首部、正文、尾部组成。

（一）首部

1. 标题

答辩状的标题由具体案件的性质和文种构成，属于一审程序的，直接写“民事答辩状”“刑事答辩状”和“行政答辩状”；属于二审程序或审判监督程序的，写明“民事上诉答辩状”“刑事上诉答辩状”和“行政上诉答辩状”。

2. 答辩人基本情况

写明答辩人姓名、性别、年龄、民族、职业、单位、住址。当事人是企事业机关单位的，应写明单位名称、法定代表人姓名及职务、单位地址。

3. 案由

主要写明答辩人对某原告或上诉人因××案件提出的起诉或上诉进行答辩。一审答辩状具体写法，如“答辩人因原告人×××提起××（案名）诉讼一案，现答辩如下”，或者写“答辩人于××××年×月×日收到你院送达的原告×××提起×××（案名）诉讼一案的起诉状副本，现答辩如下”；二审答辩状具体写法，如“上诉人×××因为不服×××人民法院（年度）字第×号判决，提起上诉，现就上诉状所列各点，答辩如下”。

（二）正文

正文包括答辩理由和答辩请求。

1. 答辩理由

答辩理由是答辩状的主体部分，或者说是核心部分，针对起诉状或者上诉状中提出的诉讼请求，根据事实和法律规定，进行答复和辩驳，阐述事实，辩清原委，明确提出自己对案件的具体主张和理由。可以从以下几个方面进行答辩：从事实和证据方面进行答辩，针对起诉状或者上诉状中提出的事实和证据，全部否定或部分否定其事实和证据，用符合客观真实的事实和充足的证据进行辩驳，从而否定其理由和诉讼请求；从使用法律方面进行答辩，指出原告对法律条文理解错误，或者法律程序有误，以致诉讼请求不合法。

2. 答辩请求

答辩请求是答辩人在阐明答辩理由的基础上，通过综合归纳，向人民法院提出的要求和主张，答辩请求一般包括以下内容：一是依据法律和事实，阐明答辩理由的正确性；二是提出自己的答辩主张，请求人民法院依法公正裁判。

（三）尾部

答辩状的尾部由呈送机关、落款、附项组成。

1. 呈送机关

写明“此致”“×××人民法院”。

2. 落款

答辩人签名或盖章，注明年、月、日。

3. 附项

写明答辩状副本×份（按原告人数提交），物证和书证的件数。

三、答辩状的写作要求

1）答辩状要遵循实事求是的原则，辩清事实，提出证据，进行有理有据的辩驳。

2）答辩状要具有针对性，针对起诉状或上诉状所陈述的事实、理由、证据上的不当，或适用法律的错误，逐一辩驳，并提出自己的理由、证据和具体要求。

3）答辩状要紧扣诉讼的焦点，以事实和证据为根据，以法律为准绳，反驳原告或上诉人的理由和请求，简明扼要，避免赘述案情，横生枝蔓，使争议的焦点不突出。

【例文】

民事答辩状

答辩人：郑××，男，汉族，19××年×月×日出生，现住××市××区××路××号

答辩人因与上诉人中国××保险股份有限公司××市分公司、被告人王××之间道路交通事故人身损害赔偿纠纷一案，提出答辩意见如下。

一、上诉人质疑答辩人误工费没有任何依据

答辩人在一审期间提交了《××市劳动合同》证明合同约定答辩人工资为每月15 000元，也提供了用人单位工商营业执照证明用人单位合法身份，根据我国司法惯例已经完成了举证责任。上诉人对答辩人的举证只是表示怀疑，却不能提出任何反证推翻答辩人的举证，因此这种所谓质疑没有任何法律效力。

《最高人民法院关于审理人身损害赔偿案件适用法律若干问题的解释》（以下简称《解释》）第二十条规定“误工费根据受害人的误工时间和收入状况确定”，根据我国司法实践，只有在受害人不能举证其收入状况的特殊情况下才是参照受诉法院所在地相同或者相近行业上一年度职工的平均工资计算，上诉人完全无视《解释》的明文规定，显然是一种企图逃避足额赔偿责任的行为。

二、原审法院的判决合法有效

原审法院虽然没有完全支持答辩人的诉讼请求，但是对其直接财产损失基本予以了支持，符合《解释》规定和《××市中级人民法院民事审判工作座谈会会谈纪要》（以下简称《纪要》）精神，适用法律并无不当，应依法予以维持。

上诉人认为停车费110元不属于直接财产损失，对于有私家车的当事人而言，停车费毫无疑问是因为交通事故而直接增加的费用，上诉人不可能要求答辩人有车不开而必须使用公共交通工具或出租车。

至于交通强制险的赔付分为医疗限额与死亡赔偿限额，在司法实践中只适用于投保人不承担交通事故责任的情形。根据《机动车交通事故责任强制保险条例》第二十一条的规定“被保险机动车发生道路交通事故造成本车人员、被保险人以外的受害人人身伤亡、财产损失的，由保险公司依法在机动车交通事故责任强制保险责任限额范围内予以赔偿”，因此上诉人须在交通强制险的限额内先行承担赔偿责任，不足部分由第三者责任险予以承担。无论是交通强制险还是第三者责任险，上诉人都需要承担赔偿责任，因此上诉人的辩解没有任何实际意义。

保险公司存在的价值，就在于能够转移投保人的赔偿风险，保险公司生存的前提也就在于能够起到后风险转移作用。可是，投保人发生保险事项后，作为保险公司的上诉人不是快速理赔从而赢得潜在客户的信赖，而是滥用诉权和上诉权制造理赔的障碍，不仅损害了答辩人的合

法利益，也损害了上诉人的社会声誉和商业利益。一个轻易挑起诉讼的公司，是一个缺乏社会责任和商业道德的利益集团，频繁陷入诉讼所导致的是“损人不利己”的恶果。

综上所述，本案上诉人提出的要求改判的理由不成立，建议法院依法驳回上诉，维持原判。

此致

××市××区人民法院

答辩人：郑××

××××年××月××日

附：本答辩状副本×份

【知识链接】

民事诉讼法第113条第1款规定：“人民法院应当在立案之日起五日内将起诉状副本发送被告，被告在收到之日起十五日内提出答辩状。”

民事诉讼法第113条第2款 规定：“被告不提出答辩状的，不影响人民法院审理。”

写作训练

一、掌握下列知识

1. 什么是起诉状？
2. 什么是上诉状？
3. 什么是申诉状？
4. 申诉状与上诉状有什么区别？
5. 什么是答辩状？
6. 根据审判程序的不同，答辩状有哪几种？各是针对什么诉状提出的答辩？

二、指出下列诉讼文书在基本结构和写法上的错误

（一）民事起诉状

原告：张×，女，汉族，××有限公司职工，住××路××花苑41号101室，电话：××××××××

被告：胡×，男，汉族，××有限公司驾驶员

被告：××有限公司，地址：上海市××路××号

法定代表人：李×　　　　电话：×××××××××

事实与理由：

2009年4月1日下午1:15，当原告在上班途中，骑助动车正常行经××路、××路路口时，遭遇被告胡×驾驶的小客车（牌号为沪A×××××）右转弯撞击，致使原告头部直接坠地及身体多处受伤，并致使原告的助动车严重损坏。事故发生后原告被送往市六人民医院，经门诊诊断，造成原告头部颅底骨折，左颞顶头皮下血肿、压痛、耳聋等。后经 ××公安分局交巡警支队认定，被告对上述事故承担全部责任，原告无责任（见证据1）。原告又于2009年12月18日，经上海市道路交通事故鉴定中心伤残评定，确认“道路交通事故致颅底骨折，遗留头

痛、头晕,左耳伟导功能障碍,属十级伤残”(见证据2)。又于2010年7月30日,双方不能达成一致意见,交警出具了道路交通事故损害赔偿调解终结书。

原告颅脑受伤,市六人民医院于2009年5月9日曾出具入院通知书,要求原告应住院手术检查,但由于住院手术检查费用高达1万余元,且当时原告经济窘迫而被告拒绝作任何赔偿的情况下,原告不得不放弃了住院手术治疗的机会(见证据4)。现已造成原告留有后遗症,经常头痛、头晕、耳鸣等,不得不被 原单位解雇,至今不能正常上班。

另外,由于事故原因,原告助动车损坏严重,至今仍在被告处。且由于被告未履行修缮和归还义务,现已造成助动车报废,使原告经济损失5 000元。

综上所述,原告认为:被告的行为显然构成对原告的侵权,并且直接给原告造成了人身损害和经济损失,据此,原告为维护自身合法权益,依法提起诉讼,恳请法院支持原告的诉讼请求。

原告:张×

二〇一一年 三月二日

附:1. 本诉状副本2份

2. 证据10份,共13页

(二)民事上诉状

上诉人(一审被告):任××,女,37岁,汉族,××市人,××市××公司职员,住××市××区××路××号。

被上诉人(一审原告):吴××,男,40岁,汉族,××省某县人,××市××厂推销员,住××市某区××路××号。

上诉人因离婚一案,不服××市××区人民法院2010年5月10日(2010)×民初字第×号民事判决中的第二项判决,现提出上诉。

上诉请求:

依法撤销××市××区人民法院(2010)×民初字第×号民事判决中的第二项判决;改判婚生女孩吴××(13岁)由上诉人抚养。

上诉理由:

首先,上诉人一直照顾孩子的生活和学习,孩子与上诉人结下了浓厚的母女情谊;而被上诉人近十年来在××工厂担任推销员,经常出差在外,有时几个月不回家,对孩子生活、学习从来不闻不问,与孩子也没有什么感情。因此上诉人认为孩子由被上诉人抚养,不利于孩子成长,而由上诉人抚养则有益于孩子身心健康,有利于培养孩子成人。其次,上诉人经济收入也有保障,完全有能力培养孩子成人。关键不在谁有钱,而在于由谁抚养更有利于孩子健康成长。被上诉人说,他有钱,可以请保姆照顾孩子,这清楚地说明,被上诉人没有足够的精力,也没有充分的心理准备抚养孩子,不能给孩子全身心的关爱,由他抚养不利于孩子的健康成长。再者,孩子归谁抚养,应考虑孩子的意见。最高人民法院1993年印发的《关于人民法院审理离婚案件处理子女抚养问题的若干具体意见》第五条规定:“父母双方对10周岁以上的未成年子女随父或随母生活发生争执的,应考虑子女的意见。”孩子听说要跟父亲生活,哭了好几天,说不愿意与父亲一起生活,愿意同母亲一起生活。

综上所述,请求法院将孩子改判归上诉人抚养。

此致

××市中级人民法院

上诉人:任××

二〇一〇年六月十二日

附:本上诉状副本一份

(三)民事答辩状

答辩人:××人民医院

住址:××市××路七号

因××要求××人民医院人身损害赔偿一案,现提出答辩意见如下。

1. 答辩请求

请法院依法驳回原告的诉讼请求。

2. 答辩理由

(1)答辩人与××之间不存在直接的合同关系,答辩人2009年6月10日与××建筑安装工程公司订立了一份口头合同,由××建筑安装工程公司负责把答辩人的一个高压电表柜拆除,××是受××建筑安装工程公司的委托来拆除高压电表柜的,与答辩人之间不存在直接合同关系。

(2)××的伤害赔偿应由××建筑安装工程公司负责,其一,根据我国法律和有关司法解释规定,××建筑安装工程公司对其职工在履行合同的范围内所受到伤害应负责任,××的伤害并不是由于合同客体以外的事物造成的;其二,受××建筑安装工程公司委托的××在拆除高压电表柜的过程中,存在着严重违反操作程序的行为。

(3)答辩人对××伤害赔偿不应承担责任。根据我国《民法通则》的规定,从事高度危险作业的人致他人损害的,应负赔偿责任。而本案中答辩人与××建筑安装工程公司订有合同,高度危险来源已通过合同合法地转移给××建筑安装工程公司。××建筑安装工程公司成为该危险作业物的主体,××在操作过程中受到伤害,这是××建筑安装工程公司在履行合同过程中,合同客体造成自己员工的伤害行为,与答辩人无关。

此致

××市中级人民法院

答辩人:××人民医院

二〇〇九年四月二日

三、根据下面材料拟写一份起诉状

李刚被某国有企业雇为临时工,从事货车装卸毛竹、竹片等土产品工作。某日上午,李刚与其他5名临时工装运毛竹,因货车无固定的铁架或木架,仅临时选用几根毛竹做插杆,装车设备不牢,加上超载2.6吨(250支毛竹),以致毛竹塌落,李刚从车上摔下,被毛竹打伤,不省人事。经医院检查诊断为“外伤性脾破裂,脑震荡”,头部裂伤缝合12针,脾脏切除,共输血1 810毫升,住院治疗56天,仅医疗费就花去20 000余元。出院后,医嘱休息半年(有医院诊断书)。李刚住院期间,雇用单位除为李刚支付5 000元的押金外,以李刚是临时工为由,拒绝承担其他费用,并停发工资。李刚认为雇用单位是在推脱责任,在多次交涉未果的情况下,决定通过法律来维护自己的合法权益。

适用法律参考:

1.《中华人民共和国劳动保险条例》第十二条因工负伤、残废待遇的规定:工人与职员因工负伤,应在该企业医疗所、医院或特约医院医治。如该企业医疗所、医院或特约医院无法医治时,应由该企业行政方面或资方转送其他医院医治。其全部诊疗费、药费、住院费、住院时的膳费与就医路费,均由企业行政方面或资方负担。在医疗期间,工资照发。

2. 劳动部公布的《劳动保险条例实施细则修正草案》第三十六条第一项规定:“实行劳动保险的企业的临时工、季节工及试用人员,因工负伤医疗期间待遇与一般工人职员同。”

第八章　新闻写作

第一节　概述

知识目标：了解新闻写作的有关理论知识。
　　掌握写作新闻的格式。
能力目标：具有一定的分析和写作新闻的能力。

一、新闻的概念

什么是新闻？对于新闻至今没有一个统一的定义。

在日常生活中“新闻”一词一般有两种用法：一种是广义的，就是指“新近发生的事实报道”，泛指报纸、广播、电视中常用的各种报道文章，包括消息、通讯、特写、报告文学、调查报告、评论等；另一种是狭义的新闻，专指消息。

新闻除了评论等少数议论文外，绝大多数都是记叙性文体。

二、新闻的特点

新闻有着和其他应用文不同的特点，概括地说，其特点主要体现在以下几个方面。

1. 真实性

真实性是新闻写作的基本原则，新闻写作的基本要求就是真实。新闻所表现的必须是现实生活中真实发生、客观存在的事物，包括人物、地点、时间、事件经过、数字等，都需要具体真实、准确无误，不允许随意编造。

2. 时效性

新闻必须是新鲜的所见所闻。新闻的“新”包含内容的“新”和时间的“新”两个方面。内容的“新”即要有新意；时间的“新”就是要及时。它报道的是新情况、新经验、新问题，给人新意、新信息、新启发。这要求新闻写作者，能敏锐发现新闻点，把握新闻的最早发布时机，否则新闻就会失去它“新”的价值了。

3. 短小性

新闻要求用最短的篇幅报道新近发生的事情，尽量减少描述性的文字，采用直白、通俗、简洁的方式，表述事件的来龙去脉。

三、新闻的种类

新闻一般可以分为以下三类。

1. 消息类新闻

消息类新闻，如报纸上的本报讯、广播中的新闻和报纸摘要节目、电视节目中的新闻联播。其最大的特点是可以迅速、简要地报道国内外新闻，使受众在很短的时间里接收到大量的信息。这类新闻刊发篇幅和播报时间都短。

2. 专题类新闻

专题类新闻是在动态新闻的基础上又做深入详尽的报道，因此占用的版块大或时间长。它的话题一般是当下人们关注的热点问题，如报纸上的新闻背景分析、广播中的广播讲话、电视节目中的焦点访谈等。

3. 评论类新闻

评论类新闻如报纸和广播中的社论、评论员文章，电视讲话和电视评论等。

四、新闻的写作格式

新闻的格式一般包括标题、导语、主体、背景材料和结尾五部分。

1. 标题

新闻的标题有正题、引题和副题等形式。正题是标题的主体部分之一，一般概括标题的主旨，点明立意之所在。引题和副标题则是介绍背景、烘托气氛、或对正题予以补充。

新闻标题要做到准确符合新闻内容，有鲜明的政策倾向和新闻价值，新鲜活泼，具体生动，以简练的语言概括较多的新闻内容。

2. 导语

导语就是新闻的开头。它要求用简明扼要的文字，写出新闻最重要、最新鲜的事实，揭示全文的主题思想，以便使读者了解主要内容，并引起读者的阅读兴趣。

导语的写法有多种多样，例如可以采用直叙式，就是用最简练的语言叙写新闻中最主要的事实，给读者以开门见山、一目了然的印象；也可以用设问式，就是把新闻里所要解决的问题或所要介绍的经验提到读者面前，以引起人们的关注和深思；还可以用描写式，就是针对消息内容中富有特色的事实或有意义的某一侧面，用简洁的笔调勾出它的形象，从而给读者以鲜明、深刻的印象；还有评论式、结论式、对比式、引用式等。

3. 主体

新闻的主体要围绕新闻立意展开，主体运用的材料要充实、具体，具有典型意义。要交代清楚新闻的五要素——时间、地点、人物、事情和原因。立意要集中，一则新闻只有一个中心，说明一个问题，叙述一件事情。

主体的结构有时按事情的发展顺序安排，有时按逻辑顺序安排。但不论用什么结构来写，都要做到使新闻内容充实，层次分明，详略得当。

4. 背景材料

背景材料是指新闻中关于历史、原因的说明和环境、气氛的描写。它的作用是说明事项产生的条件、消息的性质和意义。它可以帮助读者理解新闻的内容,增加新闻的说服力和感染力。

5. 结尾

结尾是新闻的最后一句话或一段话。好的结尾能加深读者对主要事实的感受,让读者得到更多的启发和教育。但也有的新闻在主体部分已经交代清楚的前提下没有结尾。

五、新闻写作的要求

新闻写作的基本要求是由新闻的特点决定的。具体说来新闻写作的基本要求有以下四点。

1. 真实性

真实是新闻的第一生命。如果新闻不能坚持真实性,新闻就失去了它存在的价值,因此构成新闻的基本要素要准确无误;新闻反映的事实的环境条件、过程和细节都必须真实;新闻中引用的各种材料,如数字、史料、背景材料等,都必须准确,新闻中涉及的人物思想认识和心理活动等,都必须是当事人所述。

2. 时新性

时新性是时间性与新鲜性的合称。新闻写作不但要讲究时间性,还要给人以新鲜感。

3. 思想性

思想性即媒介通过具体的新闻报道,以影响、指导群众的思想、态度、情感和行为,最终把他们引导到一定的目标上去。

4. 简明性

简明是一切题材的新闻作品的最显著的特征。具体说来,简明性包含两层意思:一是语言通俗明了,二是语言简洁凝练。

第二节 消息

知识目标:了解消息的含义、写作原则、种类等理论知识。

掌握消息的结构。

能力目标:能根据需要写作比较规范的消息。

实际案例:

中海油“兴旺号”深水钻井平台在南海开钻

新华网北京7月3日电(记者安蓓)中国海洋石油总公司3日宣布,中海油又一座深水半潜式钻井平台“兴旺号”日前在南海荔湾3-2气田约1300米水深开钻。“兴旺号”也成为中海油在南海油气勘探投入的第四座深水半潜式钻井平台。

“兴旺号”此次作业的荔湾3-2-2井水深约1300米,设计钻井深度约3600米。该井第一阶段作业在2013年完成,“兴旺号”到达井位后将直接进行油气层钻井作业及油气测试作业。

中海油深水工程技术中心副总经理刘正礼说,此次“兴旺号”将在荔湾3－2气田钻两口评价井,为进一步证实气田储量提供更多地质资料。

国际上看,目前从水面到海床垂直距离达500米以上的可称为深水,1500米水深以上为超深水。近年在全球获得的重大勘探发现中,有50%来自海洋,主要是深水海域。中国南海海域拥有丰富的油气资源,但其中70%都蕴藏于深海。

“兴旺号”是目前全球最先进的深水半潜式钻井平台之一,是中海油第七座深水半潜式钻井平台。平台长104.5米,宽70.5米,高99.6米,最大工作水深1 500米、最大钻井深度7 500米,配备世界最先进的钻井系统和第三代动力定位系统,满足全球最严格的挪威船级社DNV规范要求和挪威海上钻井平台规范NORSOK标准要求。

据介绍,与中海油其他6座深水半潜式钻井平台不同,“兴旺号”达到冰级、环保和低温作业要求,可在极地1米深的冰海中自主航行,具备极地海域的作业能力,满足全球90%海域的钻探油气需求。

中海油已具备在全球各海域提供3 000米以内水深全方位的油气勘探、开发和生产服务的能力。中海油目前共管理和运营44座钻井平台,其中16座钻井平台正在东南亚、中东、北海、墨西哥等海外区域提供作业服务,参与国际市场竞争,其余28座平台在渤海、东海、南海等国内海域进行油气勘探开发。

案例分析:这是一则动态消息,它及时、迅速地报道了我国在深水钻井平台技术上的新突破、新成果。导语简明精炼,主体结构严谨,层次分明,内容充实准确,巧妙结合背景材料,在简短的篇幅内,给读者提供了丰富的信息和较高的新闻价值。

一、消息的含义

消息是指以记叙为主要表达方式,用简洁明快的语言,对国内外新近发生的具有传播价值的事实进行的及时的简短报道。

狭义的新闻就是指消息,它是新闻体裁的重要形式,是报纸和广播电视新闻的主角,其他新闻报道如通讯、广播稿、新闻评论等是它的发展和补充。它是我们使用的最广泛的一种新闻体裁。

消息一般都有“消息头”或“电头”,如“本报讯”(表示该消息由本报记者或通讯员采写)或“本报×地×月×日电”(表示本报记者或通讯员在外地采写的消息以电文发回报社)。

“消息头”是消息的标志。

二、消息的特点和写作原则

(一)消息的特点

1. 内容真实

事实是新闻的生命。事实是第一性的,新闻是第二性的,先有事实,后有新闻。只有新闻事实是准确无误的,才能使读者信服,发挥新闻报道的传播作用。因此,为了保证消息的真实性，要对新闻中的时间、地点、人物、事件原因、结果，都必须核实，一一交代清楚。所引用的数字、事实、引语都要认真查对，做到准确无误。人物的心理活动、思想认识，不能搞“合理想象”，随意拔高，要从整体上把握事物的性质，不能把个别说成一般，把计划说成现实。但是，消息不等于纯客观的报道。消息中的事实，是经过作者认真选择的，其中隐含着作者的思想倾向、爱憎感情、新闻素质。

2. 迅速及时

消息要求把社会上的各种信息，迅速及时地报道出去。重大的新闻更是争分夺秒。新闻界有一句行话“今日的新闻是金子，隔日的新闻是银子。”

新闻报道讲究时效性，但也要讲究适宜性，不能为抢新闻而盲目求快。有关国家政治、经济利益的报道，更要慎重，有时需要压一压，等待时机再作报道。

3. 篇幅短小

消息在新闻体裁中是篇幅最简短的一种文体。它叙事直截了当，语言简洁明快，要求用最小的载容量，使读者在有限的时间里获得更多的信息。

（二）消息的写作原则

1）用事实说话。消息要选择和运用典型事例，对事实用叙述的表达方式进行概括，议论必须是从事实本身得出来的结论，不能抽象推理。

2）有一说一，真实可靠。还要强调反映事物的本质，切忌片面性和表面性。

3）要时间新、内容新、角度新。

4）集知识性、趣味性于一体。

三、消息的种类

按照不同的标准，消息可以分成不同的种类。

1. 按新闻事实发生的地域和范围分

按新闻事实发生的地域和范围可分为国际新闻、国内新闻、地方新闻。

2. 按报道内容分

按报道内容可分为社会新闻、政治新闻、经济新闻、科技新闻、教育新闻、军事新闻、体育新闻、文艺新闻和娱乐新闻。

3. 按传播工具分

按传播工具可分为报刊新闻、广播新闻、电视新闻、网络新闻。

4. 从写作角度分

（1）动态消息

它迅速地报道国内外发生的重大事件和社会生活中出现的新情况、新动向、新成就。这类消息内容新而单一，报道快，篇幅短。

（2）经验消息

它是对具有代表性和含有普遍意义的典型经验或新闻人物的报道。

要求在叙述事实的基础上，通过分析、综合，从中总结出带有规律性的经验来，以指导面上的工作。

（3）综合消息

它是指把发生在不同地区或部门的具有类似性质的事件综合为一体的报道。这类消息跨地区、跨部门，反映面广，声势大，是反映全局性的情况、成就、趋势、动向和问题的。因此要求既有情况概述，又有典型事例的介绍，要点面结合。

(4)述评消息

这是一种边述边评，评述合一的报道。它以报道国内外重大新闻事件或具有普遍意义的新闻事实为主，通过对事实的分析和评议，揭示其本质意义，指明其发展趋势，用以指导现实工作。

它往往在事件告一段落或转折时刻，就事件的因由、动向、是非、意义，作出分析、评价，以帮助人们开阔视野，提高认识。它以叙事为基础，以评论为目的，兼有叙事和评论之长。

四、消息的结构

在结构上消息一般有标题、导语、主体、背景、结尾五个部分组成。

1. 标题

标题是消息的眼睛，它直接影响了读者对整篇文章的印象。标题要有个性，要体现文章的核心内容，要一目了然，能吸引读者。

消息的标题，分引题（又称眉题、肩题）、正题（又称主题、母题）和副题（又称辅题、子题）。形式有如下几种。

(1)多行标题

多行标题一般有三行，即中间一行是正题，是标题的核心，用来揭示主题或提示重要事实；正题上面一行是眉题，用来引出正题，说明事实，交代背景，烘托气氛，揭示含义；正题的下面一行是副标题，用来补充说明情况或说明正题或依据。如：

经贸部负责人发表谈话（引题）

希望海峡两岸实现直接贸易（正题）

愿与台经贸主管部门接触协商解决双方贸易中问题（副题）

(2)双行标题

只有正题和引题或正题和副题。如：

成都电信局花钱“买”批评（正题）

在报上登“公告”欢迎群众对通讯服务工作进行监督（副题）

(3)单行标题

单行标题只有正题。如：

地球三分钟 净增五百人

2. 导语

导语即消息的开头，可以是一句话，可以是一段话。它是用简明生动的文字，写出消息中最主要、最新鲜的事实，鲜明地提示消息的主题思想。要求要抓住事情的核心，能吸引读者看下去。

导语写作中的思维过程，通常是以作者的自问自答开始的。

1)什么事情是已经发生的事件中最重要的？

2)什么人参加进去了？——谁干的或谁讲的？

3)是用直接性导语，还是用延缓性导语？

4)有没有什么吸引人的词汇或生动形象的短语要写进导语中？

5）主题是什么？什么样的动词能最有效地吸引读者？

导语的类型主要有以下几种。

（1）叙述式

直接用叙述的方法，把新闻中最重要、最吸引人的事和思想，经过提炼、概括扼要地写出来。如："新华网快讯：阿富汗官员 12 日说，阿国民军与北约驻阿部队当天凌晨与企图袭击南部赫尔曼德省的塔利班武装发生交火，打死至少 64 名武装分子。"

（2）评论式

在消息的开头就对事物发表评论，使消息事实的意义更加明确，或者把事物的结论写在开头，揭示事物的意义和目的。如："本报讯：记者在工会法执法检查中了解到，部分跨国公司在我国的企业无视我国法律，公开抵制组建工会。"

（3）提问式

在消息的开头，提出读者所关心的问题，然后加以解答。如："央行宣布从 10 月 9 日起，下调一年期人民币存贷款基准利率各 0.27 个百分点，同时宣布下调人民币存款准备金率。这是一个月之内连续两次降息，对冷清的房地产市场将有何影响？"

（4）描写式

描写式也称见闻式、目击式或细节式。在消息中对主要事实或某一有意义的侧面、细节，作简洁朴素而又有特点的描写，以造成气氛，增添声色，引人入胜。如："本报讯：多么威武神气的猫头鹰！一对大眼睛正在扫射着什么，翅膀微微耸起，看来它准备振翼飞扑过去，抓住那狡猾的大田鼠。这只用棕榈树桩因材施艺而雕琢成的猫头鹰，最近飞越太平洋，在美国旧金山的'中国上海民间艺术展览会'上栖息。"

（5）对比式

把新闻事实同一个与之既有联系又与之相反的内容放在一起叙述，通过对比衬托，以突出新闻事实的意义。如："洞庭湖变大了！经过三年规模空前的治理，洞庭湖面积扩大 1/5。这个自明清以来不断萎缩的湖泊，终于出现了历史性大转折。"

（6）引语式

引语式即引用一两句新闻人物重要的讲话或精当的俗语、诗歌，借以概括地表达出新闻事实或揭示主题。如："本报讯：吴官正市长昨日清晨'微服'出访武汉港 15 码头，尝到了劣质服务的苦头后说：'武汉的服务工作没抓好，市长挨骂活该！'"

3. 主体

消息主体是消息的骨干部分，也是消息的展开部分。它承接导语，用足够的、典型的、有说服力的材料对新闻内容作具体全面的陈述，以体现全篇的主题思想。概括地讲，主体就是表述和说明新闻主题的主要部分。

主体部分结构要严谨，层次要分明；内容要充实，回答问题要有力；用词要准确，语言要精练。

主体部分常见的结构形式主要有以下四种。

（1）倒金字塔式结构

它是消息写作中最常用的一种结构方式。它以事实的重要性程度或受众关心程度依次递减的次序，先主后次地安排消息中各项事实内容，犹如倒置的金字塔，多用于事件性新闻。

倒金字塔式结构便于受众迅速掌握全篇之精华，满足受众尽快获取最新消息之需求；便于记者迅速报道新闻,将最重要的新闻事实,最先发出去;便于编辑选稿、分稿、组版、删节,如在版面不够时,可从后往前删,无须重新调整段落。

(2)时间顺序式结构

此结构形式又叫编年体结构。时间顺序式结构通常不一定有单独的导语,往往按时间顺序来安排事实,先发生的放在前面,后发生的放在后面。这种结构叙事条理清晰,现场感强,且很适合写那些故事性强、以情节取胜的新闻,尤适合写现场目击记。其缺点是开头平淡,难以一下子吸引受众。

(3)提要式结构

此结构通常把新闻中最重要的事实概括到导语中,然后将多项需并列出示的内容以提要形式,用数字程序一一分列出来。有时也可不用数字标示,而用"——"引出各个要点。

(4)问答式结构

此结构多用于记者招待会的报道。记者应善于组织问题,报道内容应忠于原意,行文时,也应注意内容的连贯和层次的明晰。

4. 背景

背景是指新闻事实出现的缘由、环境和主客观条件。背景是一篇消息的有机组成部分,是补充、反衬或烘托新闻事实和新闻主题的重要材料。在消息中有机地,恰当地介绍消息发生的背景,可以烘托主题,帮助读者理解消息的内容。因此背景材料必须紧扣新闻事实和新闻主题。

背景材料可以在导语、主体和结尾的任何部分,也可以独立成段。

5. 结尾

结尾是整篇消息的收尾。消息结尾的写法和一般文章的结尾相似。常见的结尾形式有归纳式、点题式、反问式、评论式、引语式。也有的消息没有结尾,主体部分叙述完了,即可结束。

【例文】

环保部公布北上广深等9城首要污染来源

中新社北京4月1日电(记者 董冠洋)中国环境保护部副部长吴晓青1日透露,目前中国9大城市已完成大气污染源解析工作。机动车、工业生产、燃煤、扬尘等是当前中国大部分城市环境空气中颗粒物的主要污染来源,约占85% ~90%。其中北京、杭州、广州、深圳的首要污染来源是机动车。

第一阶段完成源解析工作的9个城市中,石家庄、南京的首要污染来源是燃煤,天津、上海、宁波的首要污染来源分别是扬尘、流动源、工业生产。

吴晓青是在2015年监测工作现场会上透露上述信息的。根据源解析成果,各地能够更有针对性地调整大气污染防治措施。

近年,中国开始推行空气质量信息全面公开。目前,全国338个地级以上城市、1 436个监测点位的6项指标实时监测数据和空气质量指数信息已全部向社会公开发布。

中国环境监测实现了天地一体化。遥感监测在污染防治、监察执法、生态保护、环境应急、核安全监管等方面的作用进一步凸显。

卫星中心持续开展全国秸秆焚烧、重点区域灰霾、北方地区沙尘、"三湖"等内陆水体、近岸海域水质及富营养化遥感监测与预警等监测工作,对京津冀及周边19个重点工业聚集区大气污染源进行40多架次的无人机飞行核查,发现了一些隐蔽性很高的污染偷排问题,有效管制了企业污染偷排行为。

第三节 通讯

知识目标:了解通讯的概念、特点、种类等理论知识。

掌握通讯的结构和写作要求。

能力目标:在教师的指导下,能根据需要写作比较规范的通讯稿。

实际案例:

挺立在青春追梦的潮头
——80后基层党员干部风采录

新华社记者 廖翊 双瑞

新华社北京7月3日电(记者廖翊 双瑞)像一粒粒种子,像一棵棵小苗,他们播种在这片土地上;带着青涩和稚嫩,更带着清新和朝气,抽芽、破土、成长。

"80后"党员干部,越来越多地出现于中国城乡,以其"有激情""敢创新""能担当"的精神特质,以"于无声处见作为"的务实追求走向社会、起航人生,给党员干部队伍注入时代新风,日益受到公众关注。

背负使命的青春之歌,因融入时代交响而动人!

奉献,因为情怀

王姝今年28岁,2011年华中师范大学硕士毕业后到深圳工作。看完电影《第一书记》后,她作出了人生的重要抉择。

"优秀基层干部沈浩一心为民,选派到安徽凤阳县小岗村担任第一书记期间,村民两度集体摁手印将他留住,让我感动落泪。我想,自己也应该为农村发展做点贡献。"

2012年9月,王姝挥别深圳,来到赣南,在江西兴国县埠头乡枫林村任书记助理。她学讲客家话,走家串户拉家常,帮助村民做家务、干农活;买了辆电动车,骑行在乡野山间,摸情况,听建议,解民忧……

由于枫林村外出打工者多,留下大量空巢老人、留守妇女和留守儿童。她协助建起了居家养老服务站,发动志愿者上门为空巢老人送服务;组织留守妇女成立互助小组,倡导她们互帮互助;牺牲休息时间,每周六到留守儿童视频室值班……

细致、贴心的服务深得人心,并获得群众信任。而今,她担任枫林村第一书记。

"王姝是枫林村自家的妹子!"村民们赞道。王姝说,这让她感到幸福。

爬陡坡、过溜索、睡山洞……这是傈僳族儿子张晓东在西南边陲留下的身影。

26岁那年,张晓东放弃云南福贡县财政局的工作,自愿申请到怒江大峡谷里的马吉乡马吉米村任新农村指导员。

张晓东的父亲是孤儿,50多年前流浪到马吉米村,由于村民的收留活了下来。"我对这片土地充满感恩的情怀。"张晓东说。

由于恶劣的自然环境,2010 年,马吉米村村民人均现金收入不足 600 元。为改变穷困面貌,张晓东一干就是 5 年,最终带领村民走上了养蜜蜂、种草果等特色养殖种植的道路,仅草果一项,2014 年就为马吉米村增收 200 多万元。

"即使是条微不足道的小溪,我也会竭尽全力,滋润流淌这片土地。"张晓东这样诠释自己的付出。

在遥远的甘肃省武威市民勤县,蔡程程的名字则像"邻家女儿"一样为人熟知。这个 29 岁的东北姑娘、清华大学硕士生,扎根大西北已经 4 年,现在是民勤县委副书记。

初到民勤,县里把农业农村事务分给蔡程程。从小在城市长大的她,连农作物的品种都分不清,能不能管好?能不能和农民兄弟"打成一片"?

"我年轻,只要肯跑愿学,一定能补上贴近农民这一课。"蔡程程一上岗,马不停蹄地跑遍全县 18 个乡镇,白天下乡调研处理工作,晚上加紧熟悉乡镇材料;为了解最真实的情况,她一次次走进老乡家拉家常……

"当初,我是带着改变大西北面貌的信念来到这里的,希望自己能真正'贴'近这片土地。"蔡程程说。

……

改变,源于创新

2008 年 5 月,22 岁的大学生村官温振坐着一台三轮车,颠簸着进入河南省兰考县仪封乡胡寨村。

兰考是国家重点扶持的贫困县,胡寨人均年收入仅 3 500 元。利用自己学农的专业优势,温振毅然决定带领村民发展温室大棚种植反季蔬菜。那一年,一座示范性大棚建了起来,当年收益 3 万多元。2013 年,胡寨已建起 50 多座蔬菜大棚,规模达 200 多亩,成为远近闻名的蔬菜基地和经济强村。

敢想敢干、勇于创新——"80 后"基层干部在广袤大地上施展才干,书写出一个个精彩的篇章。

2007 年,21 岁的夏益民通过大学生村官招考来到浙江省台州市黄岩区平田乡牛游塘村。这个风景秀美的山村,人均收入不足全省平均水平的一半。工作中,夏益民埋头把当地的山地资源、生态概貌等细细捋了一遍,萌生出组建生态旅游合作社的构想。

2009 年,合作社挂牌成立,127 户农户入社,种植的杨梅、红豆杉苗等购销两旺。利用合作社的闲置资金,夏益民还推动成立了村资金互助协会,小额贷款不出村、手续简便利息低。村民们喜不自禁:"没想到泥腿子也能办'银行'、领分红!"

西藏墨竹工卡县扎西岗乡仁青林村紧邻拉萨市,当地传统习惯是"守黄土、靠牛羊",很少有人外出打工。守着大城市,这里的大多数人还是过着清苦日子。为改变群众固有观念,28 岁的第一书记扎西次仁苦口婆心地对乡亲进行引导和帮助。115 名青壮年终于走出了村子,迈出了脱贫致富的第一步。

在拉萨一家茶馆打工的拉姆,如今月收入达 3 000 元。她对记者说:"过去总觉得土地和牲畜就是我们的饭碗,没想到出来打工收入也不错。如果没有扎西次仁,真不知道什么时候才敢走出家门。"

解决民勤县优质农产品出口难、让民勤百姓富起来,这是蔡程程苦苦思考的问题。深入调研后,她大胆决定在当地推出新生事物——发展农产品电子商务,并主抓建成"民勤县电子商务创业孵化园",带领双联干部、年轻人共同打造农村电商扶贫生态链。而今,民勤被选为全国2015年电子商务进农村综合示范县之一。

……

守望,出自责任

"你一个大学生,为什么要到农村吃苦?"

在兰考县仪封乡胡寨村工作的5年中,温振许多次被问到同一个问题。几乎所有"80后"基层干部,都被问到同样的问题。

温振每月工资仅800元,住在上世纪70年代修建的破房子里,稍有大雨屋顶就漏。一天早上醒来,屋内锅碗瓢盆漂了一地,积水已经没过脚踝。

"基层工作很有意义,能用自己所学做点事情,有价值感和成就感。"温振回答。在他看来,当村官的日子,是可贵的经历,是"激情燃烧的岁月"。

而真正促使温振作出这一选择的,是贴近这块土地后对农村、农民、乡土的认识和深情,是乡亲们称呼他"振儿"的那份亲情。

"叔伯辈的手都粗糙得很,纹理里浸满尘土灰质,洗都洗不掉。"他动情地说,"农村太缺技术、缺人才了,太需要我们了!"

同样的深情,支撑着张晓东走过了5年最艰难的村官岁月。虽然已经离开村官岗位,他仍时时关注马吉米村的发展,利用自己熟悉村情和网络的优势开展公益活动,摸索出"网络扶贫"的新思路,延续着对村民的热爱。

时光飞逝,时代遽变。年轻基层干部们在守望中淬炼,在坚守中成长。

北京小伙杨明旭是一位社区服务站站长,2009年大学毕业后来到北京西城区新街口街道育德社区,开始了辛苦琐碎、待遇不高的社区工作,在各种诱惑中一直坚持下来。

"社区的事情虽然是些小事、杂事,但关系着居民的生活质量,影响到政府在居民心中的形象。社区工作最重要的就是工作态度,既然选择了社区,社区也需要年轻的力量,就要扎下根来,服务居民。"杨明旭平静地表示。居民们离不开"小杨",对他来说是最大的安慰。

"基层是最能锻炼人的地方,青年人应该有服务百姓的社会责任感和历练。"万添杰说,"对于工作在最基层的党员来说,我们的风采就体现在用实际行动去了解百姓疾苦,为百姓排忧解难上。"

"我们迎着初升的太阳,走在崭新的道路上。我们是优秀的中华儿女,谱写时代的新篇章……"在实现中华民族伟大复兴中国梦的征程中,年轻的一代党员干部健步起航,成为一支充满朝气、充满希望的巨大力量!

(2015年7月4日 中国青年报)

案例分析:这是一篇优秀的人物通讯,真实生动地报道了扎根基层的80后党员干部这样一个极具新闻价值的群体,用他们"有激情""敢创新""能担当"的精神特质所谱写的一曲新时代的青春之歌,具有深远的现实意义和教育意义。作为一篇通讯,语言简洁,内容富有代表性,充分运用叙述、描写、抒情、议论等表达方式,生动表现了一群可敬可爱的80后党员干部的精神品质,值得学习和借鉴。

一、通讯的概念和特点

1. 通讯的概念

通讯是一种以叙述与描写相结合为主要表现手段,综合运用多种表达方式,及时、具体、真实、生动地报道现实生活中新近发生的具有新闻价值的人物与事实的常用的新闻体裁。

2. 通讯特点

一般来说,通讯有以下三个特点。

(1)现实性

通讯要求报道新近发生的新人、新事、新经验,紧密配合现实形势,为现实工作服务。

(2)形象性

通讯要求对人、对事进行较为具体形象的描写,人物要具有音容笑貌,事情要有始末情节,以此来感染读者,因此它的表达方式常常是叙述、描写、抒情、议论相结合。

(3)评论性

通讯一般采取夹叙夹议的手法,表现作者强烈的政治倾向和爱憎,直接揭示事件的思想意义,评说是非。

二、通讯的种类

通讯的种类一般有以下两种分法。

1. 按报道内容分

(1)人物通讯

人物通讯是报道各方面的先进人物,从不同角度反映人物的事迹和思想为主的通讯。

(2)事件通讯

事件通讯是以记写事件为中心,重点描绘社会生活中带倾向性和典型性的生动事件及具有普遍教育作用的新闻事件。

(3)工作通讯

工作通讯又称经验通讯,是以报道先进工作经验或某项工作的成就和存在的问题为主要内容的通讯。

(4)概貌通讯

概貌通讯也叫风貌通讯、上题通讯、综合通讯。它是反映社会生活、风土人情、自然风光和现实中的建设成就为主的报道。

2. 按报道形式分

(1)访问记

由记者出面登场,以采访活动的过程为主要线索来结构和组织材料。有问有答,现场感较强,且可以穿插各种背景材料。

(2)专访

访问记的一种,是就特定的问题、特定的对象进行的专门的访问,内容集中。专访以人物、现场和记者为三要素,突出“专”“访”二字。

(3)新闻小故事

通常反映一人一事,表现一个片断,内容单一,篇幅短小、线索简单,精悍、生动。

(4)特写

将生活中某个特定的画面予以放大,集中突出地描绘事件和人物的某些片断、细节和部分,给人以深刻的印象和强烈的感染。

(5)大特写

抓住社会热点中的事件、人物或现象,对新闻事实作全方位、多侧面的报道。

(6)集纳

把表现一个主题的而又相对独立的小故事或片断事实组合起来,"集纳"而成为一篇。集纳中的事实,可以是发生在同一时间的,也可是不同时间的;可以是发生在同一单位、一条战线,也可以不是。

(7)侧记

抓住特点,扣紧受众的兴趣点、回答受众普遍关心的问题,从一个侧面反映新闻事件或新闻人物的通讯。

(8)巡礼

边走边看,巡游浏览,很自由地把所见所闻写出来告诉受众;讲求动态感、现场感、亲切感;常用移步换形的方法,有较多议论和抒情。

三、通讯的写作要求

1. 主题明确,思想深刻

明确的主题,深刻的思想是取舍材料、安排结构的依据。

2. 材料要精当

按照主题的要求,去选择最能反映事物本质的、具有典型意义的和最有吸引力的材料。

3. 角度要新颖

通讯所报道的新闻事实,可以从各个不同的角度去观察、去反映,诸如正面、反面、侧面、俯首、仰望、远眺、近看等。写作方法要灵活多样,除叙述外,可以描写、议论,也可以穿插人物对话、自叙和作者的体会、感受,既可以用第三人称的报道形式,也可以写成第一人称的访问记等。

四、通讯的结构

通讯由标题、开头、主体和结尾组成。

1. 标题

通讯的标题多为单行或双行标题,单行标题如"卓越的科学家竺可桢"" 人口、数量与质量";双行标题如"雄鹰猎鲨——随某新型反潜直升机海上实弹攻潜目击记"等。

2. 开头

通讯的开头多姿多彩,可以开门见山直述其人其事,直接抒发感情或直接发表见解;也可以利用铺垫的方法,娓娓道来,然后再进入正题等,不拘一格。

3. 主体

主体是通讯的主干部分,是对事件或事实报道的核心。其结构主要有三种形式。

(1)纵式结构

从通讯的内容来看,叙述单一事实的,多采用这种结构,即按照事物发展顺序来安排层次结构。这种结构便于读者了解人物成长、变化的全貌或事件发生、发展的全过程。如通讯《追求》(《光明日报》1981 年 4 月 10 日)便是这种结构形式,它是按照栾弗思想发展的过程来组织材料的。

(2)横式结构

综合性通讯多采用横式结构。即按事物的内在联系、按照问题的类型来安排结构。如孙杰的《金杯之光》(1982 年 10 月 7 日《中国青年报》)就是运用的这种结构。

(3)纵横式结构

纵横式结构就是把纵式结构和横式结构结合起来使用。

4. 结尾

通讯的结尾通常采用自然收束、卒章显志的写法。

五、通讯与消息的区别

通讯与消息都是新闻的主要文体,它们的共同点是都要求具有严格的真实性和及时性。它们的区别体现在以下几点。

1. 内容上消息简单,通讯丰富

消息容量相对小,大多是一事一报,而且只报道新闻事件的大致情况,篇幅短小;通讯容量大,既可报道一人一事,也可涉及众多人物和事件,事实详细,篇幅较长。

2. 结构上消息相对稳定,而通讯灵活多变

消息是　种程式化的文体,外部结构由标题、导语、主体、结尾组成,标题、导语都有常用模式。消息的结构形式主要采用“倒金字塔结构”,很大程度上是按照固定模式进行操作。通讯写作跟一般记叙文相似,没有固定格式。

3. 表现手法上消息单一,通讯多样

消息以叙述为主,要求简练、明白、迅速,不多加描写、滥发议论。通讯则可以叙述、描写、议论、抒情等多种表现手法并用,并通过多种写作技巧来增强作品的感染力。

4. 文采上消息不具文学性,通讯富于文采

消息语言简洁朴素 ,风格朴实无华。通讯行文生动、活泼、形象,具有较强的文学性。

5. 通讯不如消息时效性强

消息只报道新闻事件的大致情况,为了保证其新闻价值的实现,特别讲求时效。通讯则要求具体、生动,需要大量细节,采访和写作时间比消息要长,因此不如消息时效性强。

【例文】

莫言瑞典行开讲创作背后的事与人

新华网斯德哥尔摩 12 月 7 日电(记者和苗　刘一楠)“我是一个讲故事的人。因为讲故事我获得了诺贝尔文学奖。我获奖后发生了很多精彩的故事,这些故事,让我坚信真理和正义是存在的。今后的岁月里,我将继续讲我的故事。”

中国作家莫言 7 日在位于首都斯德哥尔摩老城的瑞典文学院里如是说。他身着胸前刺绣着“莫言”两字红色篆刻图案的深色中山装,面对着 200 多名中外听众,做了题为“讲故事的人”的演讲。

当地时间 7 日下午,莫言在夫人陪同下走入每年都会举办诺贝尔文学奖获奖者讲座的瑞典文学院大厅。全体听众起立鼓掌,莫言走上演讲台。

他在正式演讲开始前说:"瑞典文学院常务秘书的夫人生了一个小女孩儿,这是一个美丽故事的开端。"对新生命诞生的祝贺开启了莫言此次文学讲座的内容。

莫言此刻最想念的人,他的母亲,曾经是他故事的最初听众,记忆中关于母亲的深刻片段就像电影一样记录着一个农民的儿子如何在母亲的担忧、理解和矛盾下走向"讲故事"的职业道路。记忆中最早的一件事、最痛苦的一件事、最深刻的一件事、最后悔的一件事都道出了一位母亲纯朴的善良和一个儿子对母亲深深的怀念。莫言说,《丰乳肥臀》这本书实际上是献给天下母亲的。

亲人们的故事,自己童年的影子,天马行空的幻想都被莫言写进了小说。他说,故乡里的很多人,包括他自己,都是讲故事的伟大天才蒲松龄的传人;他还说自己也如前辈作家沈从文那样及早地开始阅读社会人生这本大书,离开故乡到外边去看世界,走出了高密东北乡这个让他爱又让他恨的地方,开始了人生的重要时期:用自己的方式,讲自己的故事。

虽然语言不通,一些专注的瑞典听众手捧瑞典语的演讲稿翻译文本,仔细地随着莫言讲话的节奏跟读着,用心灵的理解跨越语言的障碍。

平实的故事,人生的真理,莫言演讲时就是在给大家讲故事。小学的故事,部队的故事,爷爷讲过的故事,每个故事都是社会和人生的缩影。

在长久热烈的掌声中,莫言结束了对于自己创作有渊源的事与人的故事。掌声与鲜花带来的光荣,并未让他忘记在生活中的谦卑退让。结束时,莫言再一次起立,向鼓掌的听众深深鞠躬,表达谢意。

写作训练

一、简答题

1. 新闻的特点和结构是什么?

2. 试谈消息的种类和结构。

3. 消息和通讯的区别有哪些?

4. 通讯有哪几种?

二、阅读下列文章,判断其所属消息或通讯的种类,并分析文章的内容和结构

1. 世博会促上海海派民间文化复兴

中新上海网 3 月 5 日电(邹瑞玥)世博会是一个丰富多彩的展台,不仅将对中国经济发展产生巨大推力,也被看作中华民族文化复兴的契机。近日,一套以上海弄堂游戏剪影为主题的世博明信片现身沪,被人们淡忘的剪影艺术与弄堂游戏,再度浮现于人们的记忆。

"出口转内销"的艺术样式

明信片的策划者、上海美术电影制片厂高级设计师李建国介绍,剪影艺术是彻头彻尾的"出口转内销"。早在汉武帝时期,宫廷中的术士已运用皮影戏手法,再现武帝不幸早逝的宠妃李夫人。

自汉朝起,一批批商人、艺术工匠通过丝绸之路交流,将皮影艺术传到了西方。欧洲艺人用纸染成黑色代替皮来表现人物侧影,逐渐脱胎为剪影这一全新的样式。至今,在不少欧洲古典故事集里还能看到各种剪影插图。

20世纪20年代,中国新闻事业的先驱戈公振应邀赴法国采访。途经巴黎时,驻足不久一位剪影艺人便递上为他剪的肖像,令他十分惊奇。回国后,戈先生在《申报》上发表访法游记,配上的剪影趣闻在国内美术界引起轰动。此后《良友画报》辟"良友人影"专栏,并被上海小报沿袭传统。剪影逐渐成为典型的海派艺术样式。

主题拓宽现创作新生

"相比剪纸,剪影的表现力取决于形象动作的鲜明轮廓,而剪纸更适合表现细部和质感。"李建国说,随着科技发展,表达清晰形象的方式越来越多,剪影需要寻找新的表现内容,以焕发其生命力。

李建国发现,黑色的剪影能带来巨大的视觉冲击力,因此不少报纸都喜以此做题头。能否发挥了其优势,截取大场景中的小片段,组合多个人物,形成场景描绘呢?

他灵机一动,将弄堂游戏与剪影结合,创作出一系列主题剪影。滚铁圈、造房子、斗鸡、刮香烟牌子、跳橡皮筋、顶橄榄核……生动的造型,唤起了人们对正在淡出视野的弄堂游戏的温暖记忆。评家称,用典型的海派艺术剪影手段表现上海人文根脉之一的弄堂游戏,可谓创新。

找回失落的民间游戏……

"现在的孩子们整天对着电脑,弄堂游戏离他们越来越远了。"李建国颇为遗憾地说。弄堂游戏是半开放的居住环境里发展起来的特有产物,多为道具简单的集体游戏。而今,独门独户的居住环境里,孩子的娱乐呈现出多样和单一化,协作、沟通的游戏越来越少。

据了解,保留着众多新式里弄的上海市静安区,正在考虑筹划首届上海"弄堂游戏比赛",让经典游戏重回孩子的视野,留住城市记忆,留住上海一道亮丽的风景。(来源:中国新闻网)

2. 2011"中欧青年交流年"将拉开帷幕

《中国青年报》(2011年01月10日　01版)

本报北京1月9日电(记者陈小茹)1月9日,2011"中欧青年交流年"形象大使名单最终敲定,全国青联副主席、中国工程院院士邓中翰,全国青联副主席、联合国儿童基金会国际亲善大使、国际著名钢琴家郎朗,全国青联委员、著名电影导演陆川,中国国家篮球队队员、著名NBA球星姚明,著名演员、联合国环境规划署形象大使周迅成为2011"中欧青年交流年"中方形象大使。形象大使名单的公布,预示着2011"中欧青年交流年"即将拉开帷幕。

举办"中欧青年交流年"是国务院总理温家宝与欧盟委员会主席巴罗佐在2009年11月30日第十二次中欧领导人会晤时共同提出的倡议。"中欧青年交流年"是中欧建交35年以来第一个主题年,是中国政府与欧盟首次合作开展的大规模青年交流活动,也是一次让欧洲青年了解中国、让中国青年了解欧洲的公益性教育活动,旨在进一步促进和深化中欧伙伴关系,增进中欧青年之间的理解和友谊,鼓励青年关注和支持中欧关系发展。

交流年活动由中华全国青年联合会与欧盟委员会共同牵头主办。贯穿全年的交流年活动共分为旗舰活动、伙伴活动、重点活动、媒体宣传活动4类,分别由中欧政府机构、青年组织、社会组织、媒体和传播机构等实施,同时欢迎广大青年和社会各界积极参与。

刚刚当选的交流年形象大使都表示非常荣幸和期待,对中国青年、欧洲青年和"中欧青年交流年"发表了寄语。其中,陆川对中欧青年交流年的寄语是"青年交流、文化交流是我们这个世界、这个时代最迫切需要的,愿中欧青年交流年顺利举行、圆满成功!"

形象大使们纷纷鼓励中欧青年积极参与中欧合作进程,期望双方更加关注"中欧青年交流年",参与中欧交流与合作,为中欧关系发展注入新的活力。

据悉，2011“中欧青年交流年”欧方开幕式即将在欧盟总部比利时布鲁塞尔举行。届时，中华全国青年联合会将组派由各界优秀青年代表组成的中国青年代表团一行100人赴欧访问并参加开幕式。

3. 海口市加大打假力度

本报讯（记者杨连成）最近，海口市工商局焚烧了标值181万元的假冒伪劣商品。这批销毁的商品是海口市打假队今年春节以来查获没收的。由海口市技术监督局、工商、检查等部门组成的打假队去年以来出动了3 500多人次，进行了近200次检查活动，查扣各类假冒酒4万多箱，假冒劣质奶粉、饮料6.5万瓶（袋）；捣毁制造假冒商品窝点19个；有效地遏制了制、售假冒伪劣商品的行为。

为使假货无藏身之地，打假队深入全市各商业企业、批发市场、建立质量管理、监督和保证体系。在他们的帮助下，海口生生百货一次清退了108家不合格供货客户、清理销毁3 900多万元假冒伪劣商品，特邀30多位顾客为质量监督员，对投诉商品实行退一赔一。打假队设立了若干个举报电话，经常在新闻媒体上公布举报情况，对制、售假冒伪劣商品者发现一个，查处一个，曝光一个。

为鼓励和动员消费者参与“打假”，近日，打假队在海口市16家主要商厦门前举办假冒伪劣商品鉴别展览、保护消费者权益成果展示和抵制假货万人签名活动。

三、根据身边或社会上出现的新人新事，试写一篇人物通讯或事件通讯

附录　应用文写作格式

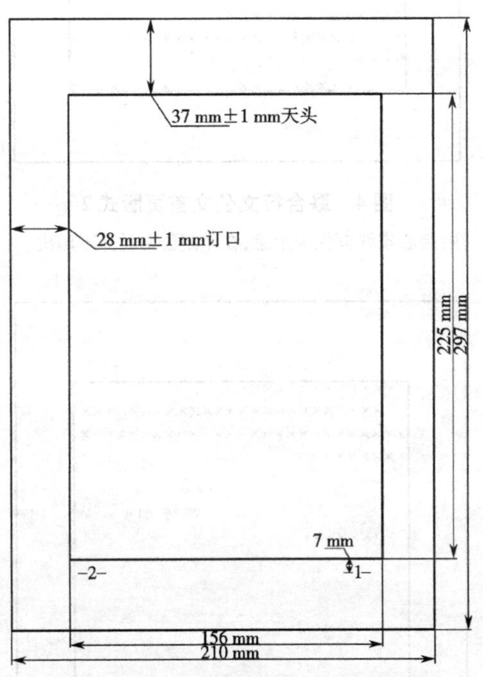

图1　A4型公文用纸页边及版心尺寸

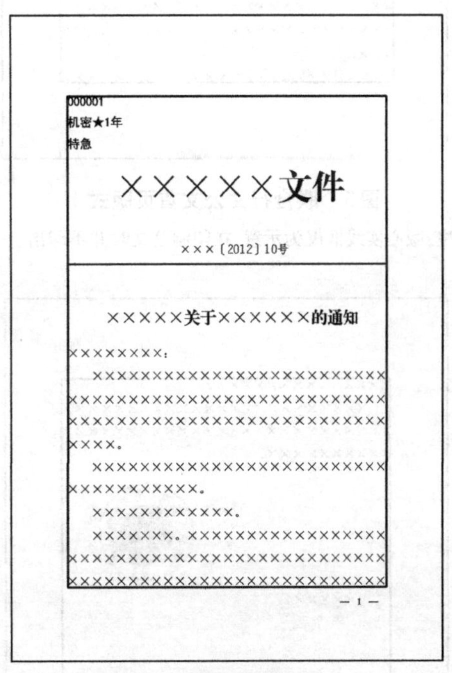

图2　公文首页版式

注:版心实线框仅为示意,在印制公文时并不印出。

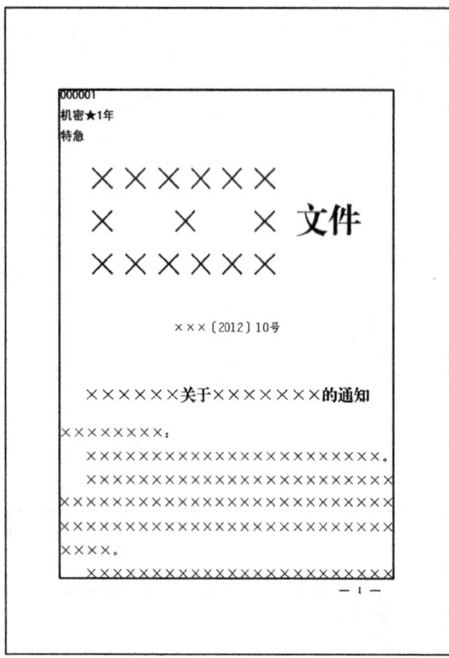

000001
机密★1年
特急

××××××
× × × 文件
××××××

×××〔2012〕10号

××××××关于×××××××的通知

××××××××：

×××××××××××××××××××××××。
×××。
×××××××××××××××××××××××××

— 1 —

图 3　联合行文公文首页版式 1

注：版心实线框仅为示意，在印制公文时并不印出。

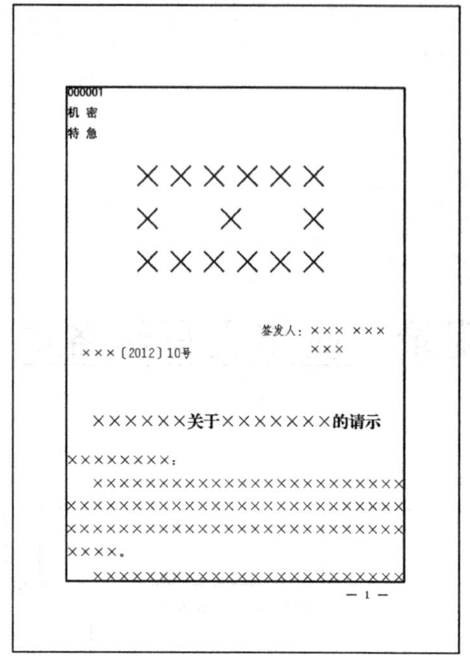

000001
机 密
特 急

××××××
× × ×
××××××

签发人：××× ×××
×××
×××〔2012〕10号

××××××关于×××××××的请示

××××××××：

××。
×××××××××××××××××××××××××

— 1 —

图 4　联合行文公文首页版式 2

注：版心实线框仅为示意，在印制公文时并不印出。

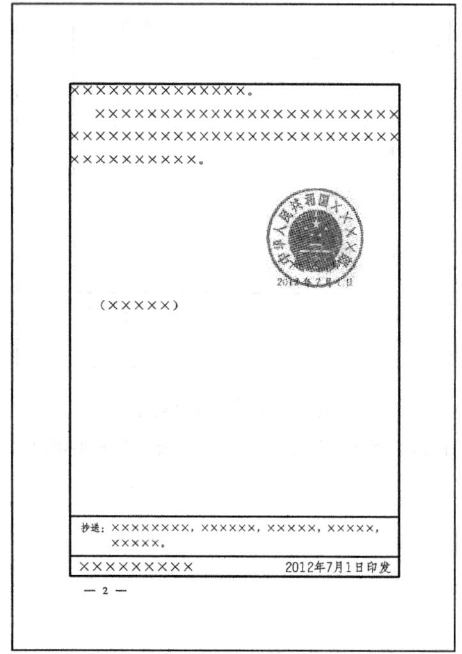

××××××××××××××。
××。

2012年7月1日

（×××××）

抄送：××××××××，××××××，×××××，×××××，×××××。

×××××××××　2012年7月1日印发

— 2 —

图 5　公文末页版式 1

注：版心实线框仅为示意，在印制公文时并不印出。

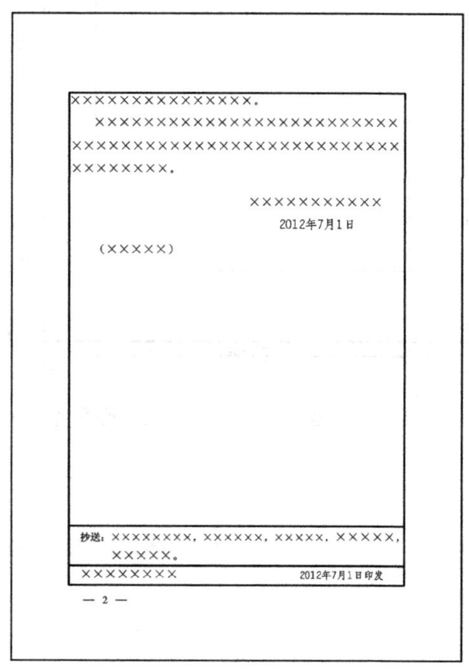

×××××××××××××××。
×××。

×××××××××××
2012年7月1日

（×××××）

抄送：×××××××××，××××××，×××××，×××××，×××××。

××××××××　2012年7月1日印发

— 2 —

图 6　公文末页版式 2

注：版心实线框仅为示意，在印制公文时并不印出。

图7　联合行文公文末页版式1

注：版心实线框仅为示意，在印制公文时并不印出。

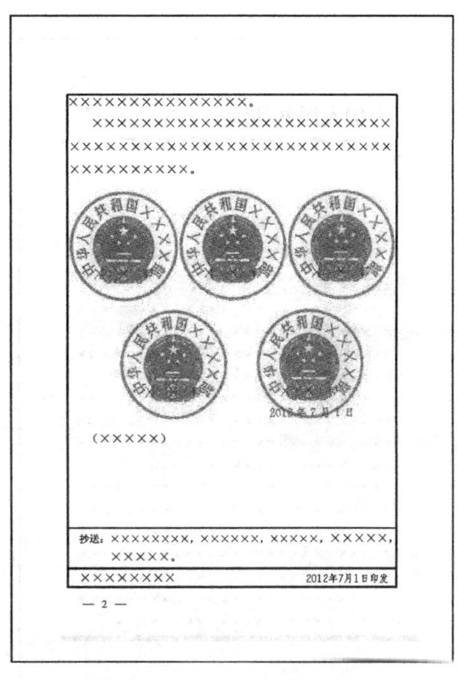

图8　联合行文公文末页版式2

注：版心实线框仅为示意，在印制公文时并不印出。

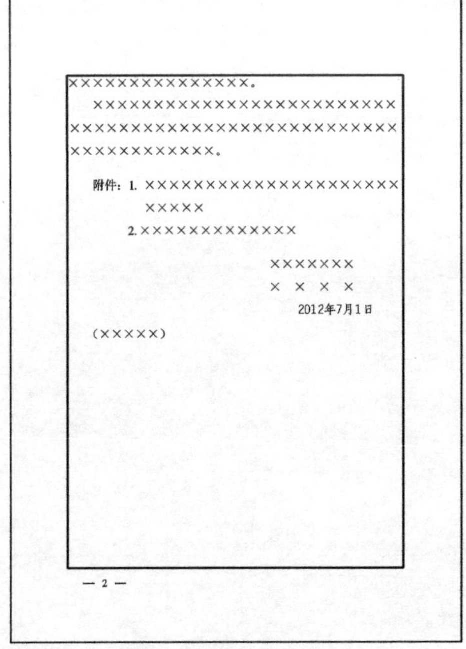

图9　附件说明页版式

注：版心实线框仅为示意，在印制公文时并不印出。

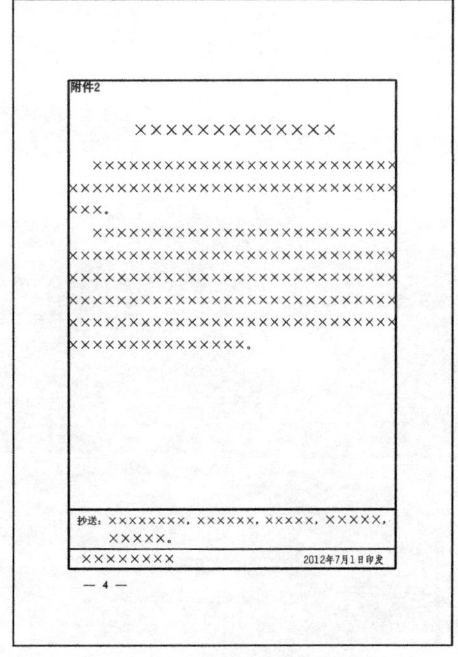

图10　带附件公文末页版式

注：版心实线框仅为示意，在印制公文时并不印出。

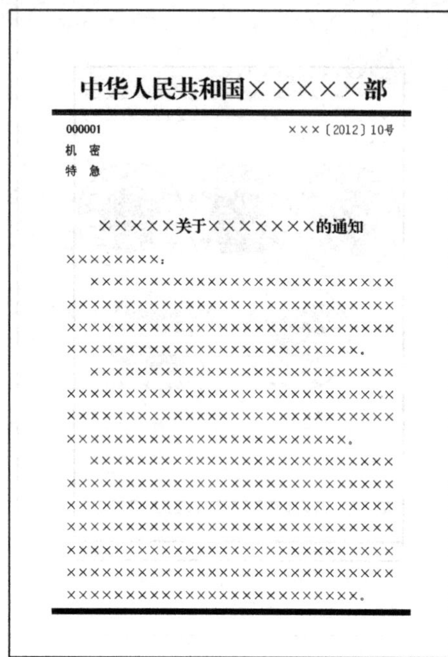

中华人民共和国×××××部

000001 ×××〔2012〕10号

机 密

特 急

×××××关于×××××××的通知

××××××××：

　　××××××××××××××××××××××××××
××××××××××××××××××××××××××××
××××××××××××××××××××××××××××
××××××××××××××××××××××××××。

　　××××××××××××××××××××××××××
××××××××××××××××××××××××××××
××××××××××××××××××××××××××××
×××××××××××××××××××××××××。

　　××××××××××××××××××××××××××
××××××××××××××××××××××××××××
××××××××××××××××××××××××××××
××××××××××××××××××××××××××××
××××××××××××××××××××××××××××
××××××××××××××××××××××××××××
××××××××××××××××××××××××××。

图11　信函格式首页版式

注:版心实线框仅为示意,在印制公文时并不印出。

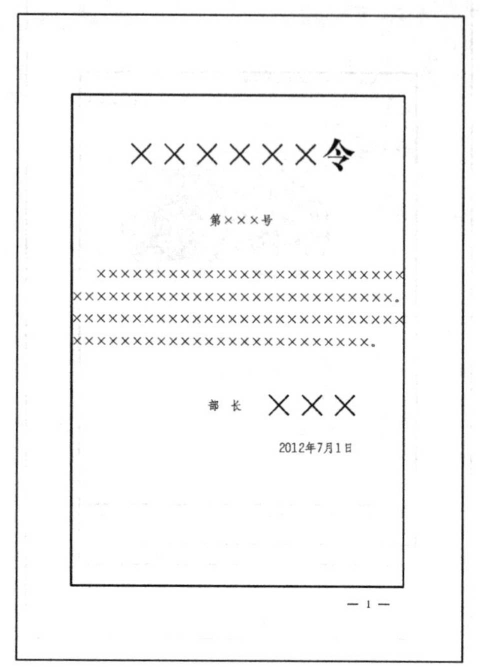

××××××令

第×××号

　　××××××××××××××××××××××××××
×××××××××××××××××××××××××××。
××××××××××××××××××××××××××××
×××××××××××××××××××××××××。

部 长　×××

2012年7月1日

— 1 —

图12　命令(令)格式首页版式

注:版心实线框仅为示意,在印制公文时并不印出。

参考文献

[1] 杨润辉.财经写作[M].北京:高等教育出版社,2006.
[2] 张文英,杨欣.新编应用文写作教程[M].天津:南开大学出版社,2010.
[3] 刘伶.当代应用文写作[M].天津:天津大学出版社,2009.
[4] 孙荣利.大学生常用应用文写作教程[M].北京:世界知识出版社,2010.
[5] 王志安,龙陵英.应用文写作[M].北京:科学出版社,2008.
[6] 孙秀秋,吴锡山.应用写作教程[M].北京:中国人民大学出版社,2006.
[7] 张瑾.应用写作[M].西安:西安交通大学出版社,2007.
[8] 中华人民共和国国家质量监督检验检疫总局,中国国家标准化管理委员会.GB/T 9704—2012 党政机关公文格式[S].北京:中国质检出版社,中国标准出版社,2012.

参考文献

[1] [illegible]
[2] [illegible]
[3] [illegible]
[4] [illegible]
[5] [illegible]
[6] [illegible]
[7] [illegible]
[8] [illegible]
[9] [illegible]